主　　　编：吴迎秋

编写组主任：王　鑫

编写组成员：孙铭训　　肖　波　　丛　刚　　周树远

　　　　　　　牛大为　　贾　翔

李书福的汽车密码

吉利并购宝腾路特斯始末

吴迎秋／主编

人民出版社

序 言

李 稻 葵

我们生活在一个伟大的时代。

这个时代，中国在一步步地开放，中国也在悄然改变世界。

每一个伟大的时代，都有传奇的行业，传奇的事件，传奇的
人物。

汽车就是我们这个时代传奇的产业。40年前，中国在全球的汽
车版图上几乎是一片空白，中国轿车的产量和销量在全球汽车行业中
几乎可以忽略不计。而改革开放40年后的今天，中国乘用车市场占
到了全球市场近1/3，如此巨大的市场预示着中国也必然是国际化的
汽车市场。

国际化首先意味着中国在吸引着国外所有汽车巨头的投资，中国
的企业也在这个过程中不断地学习吸纳国际上最先进的汽车制造技术
和经营理念。全球所有的车企几乎无一例外都已经涉足中国，大部分
都在中国设厂生产。国际化的另一个含义，就是中国的企业在中国市
场上积攒了自己的实力之后一定会走向世界，一定会把自己的理念、
自己的技术带向世界。

国际化是我们这个时代传奇的事件。国际化的重要的里程碑就是
2013年中国国家主席习近平在哈萨克斯坦和马来西亚提出的"一带
一路"伟大倡议。"一带一路"正在改变着世界，中国汽车产业也绝
不会在"一带一路"的伟大倡议中缺位，中国汽车在不断寻找自己走

出去的机遇。

可以毫不夸张地讲，"一带一路"中沿线最大的经济体就是东南亚。东南亚，这个由 6 亿多人口组成的经济共同体，2015 年正式宣布成立，但其目前在世界上尤其是在国人心目中尚没有完全引起足够的重视。但试问，未来 40 年全球经济有谁会复制或者接近过去 40 年中国经济快速发展的奇迹？我认为答案就是东南亚。东南亚国家目前拥有全球除中国与印度之外人口最多的统一市场，整个市场消费者受教育程度也相对较高，拥有优越的自然环境和区域优势。这一地区最有可能成为未来几十年全球最大的经济增长点，从很多方面推断，远远比西方国家最近几年来所热捧的印度更有前途。

在这个大背景下，本书的主角，我们这个时代的传奇人物、伟大的民营企业家李书福登场了。他曾是一个对现代工业一窍不通的农民，凭着宽阔的胸怀、敏锐的嗅觉、坚强的执行力和坚韧不拔的毅力，从脖子上挂着照相机给游客拍照出发，最后成功打造出了一个汽车帝国。

吉利汽车诞生初期，中国的国产汽车企业多如牛毛，合资企业也是强手林立，在当时特有背景下，包括笔者在内的许多观察者都不看好吉利，也不了解李书福。但是，经过近十年的努力，吉利汽车不断完善产品设计和质量，严格控制生产成本，在中国汽车井喷式的发展年月中实现了飞跃式的发展。到了 2009 年，谁也没有想到，一个农民出身的本土汽车企业家李书福，带领着自己的的团队居然把全球赫赫有名的豪华车生产商沃尔沃轿车全资收购。从收购的第二年开始，由于美国市场的迅速恢复，沃尔沃汽车就实现了盈利。李书福有福！但是，直到这个时候大家还在怀疑，在李书福和吉利的掌控下，沃尔沃还能继续前进吗？沃尔沃会不会被吉利的文化和品牌所拖累，沦落为一个中端品牌？

　　9 年时间过去了，沃尔沃现在不仅继续保持了高端车的形象，而且在不断研发新的产品，产量和利润也实现了迅猛的上升。沃尔沃与吉利共同开发了领克等新的车型，真正实现了双品牌协同效应。

　　李书福并没有停步，他不断地创造着汽车奇迹。2017 年，有消息传来李书福带领吉利居然进军东南亚市场，入股马来西亚自主品牌企业宝腾，同时，并购英国赫赫有名的跑车品牌路特斯，以及在世界跑车领域与法拉利、保时捷齐名的路特斯汽车工程公司。入股宝腾，让吉利牢牢地站稳了东南亚汽车市场的制高点，让吉利控股集团能够从东南亚的汽车发展史中获得自己的发展。并购路斯特，吉利不仅一步跨入了跑车的领域，更重要的是获得了市场上买不到的轿车底盘调校的技术。

　　那么问题来了，为什么是李书福？李书福有什么法宝让他成为中国汽车的传奇？我的观察，有三个重要因素。

　　第一，李书福视野开阔，胸怀远大，永远充满着好奇心和创新精神。他不断地在思考这个时代的大问题，思考企业的发展战略与机遇。他十年前就和我探讨人类乘什么交通工具，未来如何走向太空。最近见面，他又在探讨汽车除了电池和汽油、液化氢气，还有什么能源可以驱动。

　　第二，他谋大局而不计小利。李书福不计较短期得失，在与马来西亚谈判入股宝腾股份的关键时刻，他果断拍板，决定让出对宝腾的绝对控股权，完全照顾了对方的感受，目的是保证未来合作的成功。

　　第三，李书福广纳人才，抓大放小，大胆放权，坚决提升企业执行力。我曾经询问李书福，作为非汽车专业出身又不懂外语的企业家，你怎么掌控吉利这个越来越大的汽车帝国。他告诉我，能授权就授权，请世界上最合适的人帮助他打理相关决策！的确如此，这些年来，我熟知的许多汽车行业精英，转眼间不知不觉地都归到了李书福的麾下。我私下问他们，给李书福干活什么感觉？几个人不约而同地告诉我，跟李书福干，放得开，没有包袱！其中有一位曾经与李书福工作过的高管后来去了电动车行业，他最近向我表示，他在考虑重新回到李书福身边。

一个伟大的时代，创造了一个个传奇的行业，也创造了一个个传奇的事件和人物，这就是李书福并购宝腾路特斯的故事精髓。一个案例顶 1000 条理论。我希望所有有志于在这伟大时代中干出一番事业的朋友们，尤其是年轻的学子，好好读一读李书福并购宝腾路特斯的故事，这里面有你需要的力量和智慧！

目　录

contents

李书福的汽车"野心"究竟有多大

——写在前面的话

差不多去年这个时候，吉利并购宝腾路特斯的谈判进入到实质性阶段的消息传出，舆论场相信的人不多。一方面是因为有些人觉得李书福精力不够，又要搞吉利，又要搞沃尔沃，还要搞伦敦出租车，搞得过来吗？另一方面也有不少人不了解宝腾路特斯，认为马来西亚汽车工业有什么像样的产品，甚至还不如今天中国的自主品牌汽车呢，李书福买它干吗？路特斯倒是听说过，毕竟莲花跑车在很多人眼中是世界三大跑车品牌之一。但由于是小众品牌加上这些年"莲花"这个牌子被人抢注，只得取名"路特斯"，知名度大大下降，要想在中国搞成像法拉利、保时捷那样的市场地位不容易。

然而，我听说这个消息的第一反应是：这事绝对靠谱。不仅如此，我还深信在李书福的心中，远远不止已经拥有的沃尔沃，以及正在慢慢走近的宝腾路特斯。事实上，就在我们的写作组开始采写的几个月过程中，李书福又多次"出手"，先是在出席完并购宝腾路特斯签字仪式，从吉隆坡返回杭州的飞机上，他公开了收购美国太力飞行汽车的消息；随后又出资收购沃尔沃集团的股份，在已经拥有了沃尔沃轿车的同时，开始向商用车等领域进军。特别是前不久宣布参股戴姆勒集团，成为其第一大股东，李书福和他的吉利与世界汽车工业皇冠上的明珠"奔驰"连在了一起。这样一连串的合纵连横的令人眼花缭乱的动作，已经可以让我们得出一个结论：李书福的汽车"野心"不小。

以并购宝腾路特斯始末为主线展开本书的故事，意在与大家一起探究李书福汽车世界的密码，尝试着回答大家共同的一个问题：李书福的汽车"野心"究竟有多大？这是我们希望写本书的初衷。当这本书写作完成，捧起来通读一遍之后，我觉得这个目的基本实现了。一是并购宝腾路特斯的过程具有很强的故事性，谈判过程曲曲折折，一波未平一波又起，几近维谷又峰回路转。从中我们可以看到，李书福的"野心"与他的执着是紧紧联系在一起的，因为"执着"就有了机智。仅这一点，完全可以让本书有足够的卖点。二是围绕着本书的写作，我们接触采写了方方面面与本次并购有关的人员，对李书福的胸怀与智慧有了很深的了解。最终呈现给大家的是过去我们可能没发现过的新的李书福形象。并购宝腾路特斯本质上是一场商业谈判，是一次单纯的企业行为，事实上，我们只是想记录下这个并购过程，却在写作过程中不知不觉地被另一种东西触动，这是我们事先没有想到的。记得去年6月在吉隆坡并购签字仪式上，我站在会场内，与在场的中马双方来宾一起等待仪式的开始，突然有人拍了一下我的肩膀，我回头看，是马来西亚时任内阁成员、贸工部第二部长黄家泉。他将我拉到一边，很认真地告诉我，他昨天晚上想了一夜，希望我将一句话捎给李书福："地势坤，君子以厚德载物。"这句话出自中国的《周易》，黄家泉想以此来表达对李书福的尊敬。就在头天晚上，这位马来西亚政府部长应我们的临时邀约，与本书写作组有一次近三个小时的交流。在他看来，愿意推动宝腾路特斯与吉利的合作，很重要的是看重李书福是商人又不完全是商人的责任与担当。我相信，读者们在阅读本书的过程，一定会与这位部长有同感。我想，这种隐隐约约被触动的东西就是：做事先做人。探秘李书福的汽车密码，必须先了解李书福这个"人"。

　　就在几天前，一位朋友对我说，能否将书名改为"中国向上"？因为当年我曾同样以一本书的方式，记载了李书福并购沃尔沃这一直到今天仍然堪称经典的案例。那本书名叫"世界向东"。我明白其中的意思。从当年的沃尔沃，到今天的宝腾路特斯，无论从哪个层面讲都具价值。换言之，吉利这几年发展的过程，非常好地契合了中国经济发展变化的进程。从国家战略"一带一路"的实践，从中国企业国际化道路发展参与国际竞争的指导意义，从中国汽车如何抓住当前世界汽车面临新技术、新变化、新挑战下的新机遇，跻身国际汽车大格局等方面，吉利应该可以成为一个活生生的样本。但我想既然是样本、案例，最好将其还原到事件的本身去呈现。更何况，我始终坚持认为，李书福很难将他的汽车事业停下来。谁能说他明天还会不会整出个什么新的名堂呢。看他的每一步，我们都会有新发现、新收获。剖析李书福的汽车"野心"有多大这一过程，随着李书福的每一次出手，其中也是我们每一个人的内心在慢慢变大的过程。如果是这样，那我们这本书可就真的写对了。

　　巧合的是，就在本书即将付印之际，李书福的另一次重磅出手引起了各界很大的反响。参股戴姆勒，成为奔驰母公司的第一大股东，将原本聚焦并购宝腾路特斯探究李书福汽车密码的话题向更深引入。说实在的，回答李书福的汽车"野心"有多大的确很难，每次提及都会有新的认识。我的感受是，本书写完了，但答案却远远没完。我们愿意与大家一道将这个问题不断探究下去。在本书的最后附上我三月份以同样标题参与吉利参股戴姆勒引发的那场讨论中写的文章，算是对自己以上文字的补充吧。

吴迎秋

2018 年 4 月 12 日深夜

结缘宝腾

飞往吉隆坡

地点，浙江杭州萧山机场；时间，2017 年 6 月 22 日上午 9 点。两辆车停在了机场出发口，走下来的人被机场工作人员指引着进入候机楼国际出发港。在刚刚被大雨浸泡了一夜的这个工作日，人们行色匆匆，并没有注意这群人的特殊性。只有零星的度假旅游者打量着这群商务着装人士，口中小声嘀咕着："李书福。"

和随行人员不同，李书福一身休闲打扮，一件 T 恤，一条深色的裤子。如果不是同行者的包围，很难有人将他与福布斯中国富豪、吉利控股集团董事长联系在一起。看得出来，李书福今天心情不错，边走边与同行的人员交谈着，脸上始终保持着他特有的笑容——憨厚中略带一丝狡黠。

安检、通关、登上摆渡车，尽管随行人员很多，但李书福始终自己拉着一个不大的行李箱，这么多年除了工作，他已经习惯了这种独立的方式。坐在摆渡车上，李书福闭上眼睛思索着一些事情。除了公司业绩外，近些年他本人在外界的眼中似乎也变了很多：不再将自己抛向舆论的聚光灯下，也不再"语不惊人死不休"，更多的时候是他陪同各行各业领导参观吉利时的偶尔露面。有人形容，现在的李书福变得低调甚至有些"神秘"了。

用李书福的话形容自己："当年那么做为了企业，今天这么做仍旧为了企业。"这或许就是企业家精神，当需要冒险时，他会将自己抛向悬崖峭壁，推动企业的发展；当需要沉淀时，他也会将自己隐藏，低调地注视着企业前行。

现在的李书福和他掌控的吉利控股集团变得太快，甚至完全可以用势不可挡形容。仅在 2017 年，吉利汽车销量即达到 124.7 万辆，同比增长 63%，利润同比增长预计超过 100%，成为中国汽车第一畅销品牌（截至本书付印时数据）。而收购的沃尔沃汽车 2017 年营业利润达到 141 亿瑞典克朗（折合人民币约 110 亿元），同比增长 16.6%（截至本书付印时数据）。

摆渡车驶向停机坪，那里停着一架等候多时的湾流 550 型飞机，这是人类飞行史上首架直航范围从北京直达纽约的超远程公务飞机。这架飞机曾经见证了李书福掌控的吉利的多个历史时刻，其中最伟大的就是吉利收购沃尔沃汽车。这一次，这架湾流 550 将载着李书福一行，飞往马来西亚吉隆坡，完成吉利国际化发展的新使命，签署吉利并购宝腾路特斯协议。

飞机滑行起飞。望着窗外，李书福脑海中闪过了许多回忆。和 7 年前不同，这一次李书福迈出的是一条似曾相识的路，与其说是签署一份协议，不如说是去了却一桩埋藏他心底 12 年之久的梦想——吉利进军东南亚。

12 年前吉利梦断东南亚

　　时间拨回到 2005 年，上一年国内汽车市场的突然遇冷，使得一直看好市场忙于扩产的中国汽车企业措手不及。在经过连续 2 年高位增长后，2004 年中国汽车销量进入低增长期，虽然年产销突破 500 万辆，但销售增幅同比却下降 20%。当年 15.5% 的增幅显然无法消化"大跃进式"的产能增速。

　　在这样的背景下，出口成为中国车企消化剩余产能的突破口。从 2004 年下半年开始，很多企业开始加快出口步伐，出口的品牌、品种与市场也不断增长。根据 2005 年中国海关数据统计，2005 年一季度中国共有 840 家企业经营汽车出口，同比增长 110%。其中整车（含成套散件）出口 13.29 万辆，金额达到 2.68 亿美元，同比分别增长 156.4% 和 130.8%。

　　"你不需要找谁，有人自然会找上门来寻求出口合作。"一位经历过当时"出海热"的汽车人形容。由于车企纷纷寻求出口，同时扎堆在东南亚、非洲与中亚市场，因此在这些国家中出现了一批主动牵线中国企业的合作者。

　　相比整个产业的跌宕起伏，彼时的吉利却意气风发。2004 年，吉利轿车销量超过 10 万辆，跻身中国十大轿车企业行列，也是唯一的民营企业。尽管从体量来看当时的吉利仍被视为中国汽车行业的后来者，但李书福心里却在琢磨，能不能依靠另外一个年销 500 万辆的东南亚市场让吉利取得突破性发展。

　　"今后吉利汽车的三分之二要出口，内销只占三分之一。"李书福向媒体释放了这一信号，也让很多窥探机会的企业看到了与吉利合作的商机。

李书福起初并非不清楚"出口热"背后的问题。他特意让人找到一份上海口岸提供的汽车出口数据：2005 年 1—5 月，从上海口岸出口的近 2600 辆汽车出口总价为 1400 多万美元，平均单价仅约 5500 美元。与 2004 年相比，汽车出口数量上升 10 倍，但单车价格才上升 2 倍，直接反映出汽车"出口热"背后的泡沫问题。

有人劝李书福别去蹚这浑水，但在李书福看来这笔账不能这么算，更不能算小账。他看到的是东南亚 500 万辆产销市场这块潜力资产，而不是眼前卖多少辆车、挣多少钱。"一个 500 万辆的中国市场加一个 500 万辆的东南亚市场，吉利拥有的是超出对手一倍的市场空间。"抱着这样的想法，在参加完 2005 年 3 月全国两会后，李书福正式启动谋划已久的马来西亚项目。

决定容易，但怎么做需要好好琢磨。尤其是要找到能合作的人，成了李书福首先想到的事。那段时间李书福见了很多人，但都被他一一否定，就连身边很多吉利高层都不明白李书福在犹豫什么。只有李书福明白，自己要找的是一位能和他合作"做企业"的人，而不是一位只想着捞钱的商人。

在不断地与各色人等接触后，一位马来西亚华人苏锦鸿进入吉利的视野。时至今日，对于苏锦鸿以及其掌管的 IGC 集团资料都少之又少，网上只是轻描淡写地称这家马来西亚企业以汽车销售与零配件起家。

在苏锦鸿 30 年商场生涯中，他扮演过很多角色：个体中间商、马来西亚最大的铝合金轮毂上市公司创办人、跨国投资商、汽车销售服务商、赛车迷、F1 车队赞助商、马来西亚华侨、拿督（注：拿督，马来西亚荣誉制度下的一种终身荣誉身份，册封的标准是对国家做出

◎ IGC 集团执行主席苏锦鸿

杰出贡献，但必须要有皇室成员或政府的推荐）……接触过苏锦鸿的人用"善于捕捉商机"来评价这位马来西亚商人。不过在 2005 年，苏锦鸿最享受的一个称谓是"第一个将中国汽车引入马来西亚的最大操盘手"，有媒体甚至称他为"中国自主品牌汽车最捧场的人"。

2004 年—2005 年，中国汽车走出去的两件大事都与苏锦鸿有关：一件是 2004 年 11 月 12 日，苏锦鸿掌控的 IGC 集团旗下公司 ALADO 与奇瑞汽车的 QQ 合作项目；另一件则是 IGC 集团与吉利的马来西亚进口 CKD 合作项目。

打动吉利和李书福的不是苏锦鸿这些履历，而是他掌控的 IGC 集团在马来西亚布局的 150 家维修服务中心以及经销商网络。至今，李书福回忆起这位合作者，第一印象仍是"一位马来西亚经销商集团老板"。

经过谈判，双方最终达成协议，吉利汽车控股有限公司与 IGC 集团在马来西亚合作制造、组装和出口吉利汽车。根据当时协议内容，CKD 项目前期投资 2 亿林吉特（折合人民币 3.13 亿元），形成年产 3 万辆的产能布局。另外，吉利将在有"大马南方门户"之称的马来西亚第二大城市新山组装吉利汽车，今后还将在马来西亚东海岸最大的城市关丹设组装厂，享受"进口关税全免，前 5 年免 70% 企业税"的优惠。双方预计 2005 年年底前向马来西亚出口整车 3000 辆，2006 年达到 1 万辆，同时供给组装工厂 3 万辆汽车的成套散件。

在当时，双方都认为 IGC 有足够的销售以及维修网络可以覆盖马来西亚，保证合作项目顺利开展。再加上双方共同推出的两年免费保养服务，各方面都预示着合作项目一定能成功。吉利的配件便宜，可以保证吉利汽车能对用户有较强的售后服务吸引力。在当时有人乐观地评价，吉利距离李书福想要的"三分之二出口，三分之一内销"目标迈进了一大步。

不过，事实并没有那么简单，在签订协议不久，事态朝着不利的方向发展。马来西亚汽车行业出现抵制声音，包括宝腾汽车在内的马来西亚国有汽车企业敦促政府，希望出台相关政策阻止中国车企进入马来西亚市场。

马来西亚当地汽车人士普遍认为，由于来自中国等地的汽车价格过于低廉，会轻易地抢占宝腾原有的市场份额，同时宝腾难以打入外国市场，这会让宝腾等当地车企蒙受重大损失。他们希望政府应维持现有的竞争环境，一旦别国对马来西亚汽车实施进口管制，政府应予以反击以确保公平。

作为马来西亚工业化的象征，始终处于政策保护状态的马来西亚汽车产业无法接受新的企业进入市场。在马来西亚人眼里，吉利就像

◎项目签约仪式现场，左为李书福

是把人叮痒了就跑的跳蚤，是来赚钱而不是来安家的。

2005年11月，马来西亚政府出台了新的政策，要求新进入的汽车品牌可以在当地生产组装汽车，但不能在马来西亚当地销售，必须100%出口。明眼人立马看出，这是为中国汽车"量身定制"的政策。

由于这一政策，吉利先期以进口形式进入马来西亚的大量汽车停靠在港口不能进入市场销售。政策引发的震动也直接牵扯到两国高层，中国商务部随即就此事要求吉利提交一份报告，并计划与马来西亚政府进行交涉。

更坏的消息是，吉利马来西亚合作方用于散件组装吉利汽车的CKD手续也并不完备。事后了解到，在马来西亚当地组装汽车需要获得组装许可，苏锦鸿并没有完全获得这一资质。一系列变数导致这一项目变得扑朔迷离，走向搁浅。

"太难了。"2005 年 11 月，北京已进入冬季，瑟瑟冷风在位于北京北部的首都机场停机坪呼啸着，刚刚从国外回来的李书福得知马来项目搁浅的消息后，微微摇了摇头，轻声地说出了这句话。李书福一贯挂有笑容的脸上变得有些严肃，对他而言，这不仅是一件可惜的事情，更令他在意的是没有多少人愿意相信吉利在东南亚扎根发展的诚意。

或许这就是那个 500 万辆中国汽车市场特定时代下的一种普遍想法，没有对错之分，只有合适与否。也就是从这一刻起，李书福有了这一"心结"——"走出去比引进来更重要。"

结缘宝腾

2012 年，马来西亚首都吉隆坡机场，一群人在机场 VIP 接待室等待着从中国到来的客人。人群中，DRB-HICOM 集团实际掌控者丹斯里·萨义德·莫塔·沙滨·萨义德·诺（简称萨义德）(Tan Sri Syed Mohktar) 低头不语，踱步思考着与接下来见面的这位中国企业家的开场。一贯低调的萨义德做事缜密，他不希望任何人看出内心的活动。

2012 年 1 月 16 日，宝腾汽车控股股东国库控股集团（Khazanah Nasional）将持有的宝腾 42.74％股份以 12 亿林吉特（折合人民币 19.43 亿元）出售给马来西亚最大的民营企业 DRB-HICOM 集团。

作为马来西亚十大富豪中仅有的两位马来人，新掌门人萨义德对宝腾汽车的未来既憧憬又焦虑：他希望宝腾在他手中重回巅峰，然而

◎ DRB-HICOM 集团股东、实际掌控者丹斯里·萨义德·莫塔·沙滨·萨义德·诺

现实并不如人意,这一时间点的宝腾几乎跌入了历史发展谷底。2010年,马来西亚汽车市场首次突破 60 万辆,但宝腾的市场份额却逐步下降。

作为马来西亚唯一的自主汽车品牌,政府对宝腾倍加呵护。为了给宝腾创造市场,马来西亚对进口汽车征收高昂的关税,由于具有价格的优势,宝腾一度很畅销,市场占有率曾高达 65%。在 2000 年以前的马来西亚城镇中,到处都能见到宝腾汽车。

不过,现在的宝腾被马来西亚当地一些华人称为"笨蛋傻瓜"(宝腾首款汽车 Proton SAGA 的谐音)。由于日系车企在当地建厂销售,日系车的性价比与产品质量将研发迟缓、成本居高不下的宝腾一步步地挤出了市场核心。截止到 2016 年,宝腾汽车在马来西亚的销量已经萎缩到 8 万辆。

接手后的萨义德明白,宝腾以往依靠引进改装日系品牌老旧车型的发展思路已经被市场淘汰,必须找到在技术与研发生产平台上能够帮助企业的人。同时，马来西亚政府也提出要求，如果宝腾无法找到帮助长远发展的企业，财政部将不再给予宝腾汽车贷款。提供资金支持的政府和萨义德本人都希望寻找一位帮助宝腾的人。

在前期的接触后，来自中国的吉利让萨义德很感兴趣。其中，吉利提出愿意和宝腾在其与沃尔沃瞄准欧美市场正在联合开发的全新产品平台上开展合作。对此萨义德非常感兴趣，因为在宝腾私有化之后，DRB-HICOM 为宝腾注入了新的经营思路，他希望通过与吉利的技术平台合作让宝腾产品在市场上获得新的发展机会。

反复沟通后，萨义德正式向李书福发出了邀请，希望李书福带着他的吉利团队能够前往马来西亚认识一下宝腾汽车。

飞机逐渐下降、滑行，看着窗外的吉隆坡，李书福回想起 7 年前在这里的踌躇满志。即将从座位起身的瞬间，他讪讪一笑，心中既有着对这片市场的憧憬，又有着些许忌惮。不过他明白一点，吉利走出去，并购沃尔沃只是开始。尽管在 2005 年之后他再没有提及东南亚，但完成并购沃尔沃的大手笔后，李书福不断在审视这一市场，他内心对吉利走出去有一个判断，或许年销量达到 60 万辆的马来西亚市场是吉利全球化的必经之地。

宝腾母公司——DRB-HICOM

DRB-HICOM 集团，马来西亚上市公司，宝腾汽车全资母公司，也是吉利并购宝腾路特斯的直接谈判者。

根据该公司公布的 2016 年财报数据显示，DRB-HICOM 集团总营收 121.73 亿林吉特（折合人民币 191.12 亿元），税前利润 8.21 亿林吉特（折合人民币 12.89 亿元），固定资产 420.42 亿林吉特（折合人民币 660.06 亿元）。

在吉隆坡当地人眼里，这是一家与马来西亚经济变革同步发展的企业，这家业务涵盖汽车制造销售、军工、邮政、教育服务、房产、金融的集团由两家大型企业合并组成，分别是 DRB 与 HICOM。

1980 年，伴随着马来西亚总理马哈蒂尔提出的"农业向工业转型"改革开始，马来西亚政府成立了国有企业"马来西亚重工业公司"，也就是 HICOM。它的主要业务是担负整个国家工业变革的原材料以及相关服务。后来在宝腾的资本化过程中，HICOM 成为了宝腾的小股东。

作为 DRB-HICOM 的另一部分资产，DRB 从一家汽车贸易与零售公司开始，在政府先后推广进口替代政策以及本地化生产增加本地成分时，它及时抓住政策机遇，又先后开展了进口汽车 CKD 组装等业务，并逐渐渗透成为了梅赛德斯－奔驰、大众、铃木、本田等公司

◎ DRB-HICOM 集团总部

在马来西亚的分公司股东。其创始人叶海亚是当时整个马来西亚经济变革中最突出的实干人物，甚至总理马哈蒂尔用他的故事来不断鞭策国民对于经济变革的麻木与懒惰。

1996年，马来西亚政府在对国有企业实施私有化改革中，马哈蒂尔首先考虑的人选就是叶海亚。叶海亚也没有让马哈蒂尔失望，他用自有资金以及DRB与HICOM交叉换股的形式，完成了HICOM的私有化工作，DRB-HICOM集团正式建立。此外，马哈蒂尔还将宝

◎ DRB-HICOM集团大厅内象征集团广泛业务的影壁墙

腾的经营权交到了 DRB-HICOM 手上。

正是在叶海亚的经营下，他向马哈蒂尔建议宝腾收购英国路特斯，并且提出宝腾应该"增加合作伙伴，打造自己的研发实力"。在他的带领下，宝腾汽车一度取得很好的发展前景，在收购路特斯后，1999 年宝腾制定了实现年产 50 万辆的目标。

然而这位宝腾以及 DRB-HICOM 集团前掌门人叶海亚被一场偶然的飞机事故夺去了生命，为了稳固经济局势，马哈蒂尔最终找到了萨义德执掌的 Albukhary 集团公司来拯救 DRB-HICOM 集团。

与叶海亚的强势和冲锋在前不同，擅长资本运作的萨义德低调并且审时度势。萨义德在 DRB-HICOM 集团与宝腾汽车不担任任何职务，同时他称自己为马哈蒂尔的"门徒"，像尊敬父亲一样尊重这位马来西亚国父。

马哈蒂尔的家宴

"你好，阁下，我是萨义德。"

"你好，先生，我是李书福。"

飞机落地，在众人的簇拥下，宝腾母公司 DRB-HICOM 集团与吉利控股集团两位掌舵者第一次握手相识。

久经商场的萨义德明白，应该给这位刚刚收购沃尔沃的中国企业家足够的信心与激情。按照事先安排，他要带李书福与整个国家最尊敬的、决定着吉利与宝腾未来合作走向的人会面，让宝腾的"开创者"、马来西亚总理马哈蒂尔给予这位潜在合作伙伴足够的信心。

一个小时的车程，一行人来到一处幽静的庭院。庭院设施到处透

◎一手创建宝腾汽车的马来西亚总理马哈蒂尔（注：本书开机印刷前，他在马来西亚大选中再次当选马来西亚总理）

露着马来西亚特有的风格，也显示出主人并不愿被外界叨扰。这里就是总理马哈蒂尔的住所，这位宝腾汽车的创建者要在这里接待并审视李书福这位中国汽车人。

作为这个国家的领导者，马哈蒂尔在马来西亚享有"国父"的称号。1983年，马哈蒂尔对外宣布，到2020年将马来西亚建设成一个工业化国家。为了实现这一战略部署，在他的带领下，马来西亚政府建立了宝腾汽车。

马哈蒂尔为了让宝腾汽车第一款导入的产品能够更好地适应马来西亚市场，陆续颁布了各种产业政策扶持宝腾的发展，整个马来西亚工业政策从进口替代政策转变成鼓励汽车产业投资政策，也对外国车企在马来西亚的组装工厂设定了本地成分要求。

当时，马来西亚极度缺乏汽车研发人员和熟练的装配工人，在

"向东看"的战略影响下，马哈蒂尔向日本、韩国等先进国家派遣留学生，学习相关的汽车工程技术。

经过两年左右的积累，宝腾汽车开始陆续推出产品，配合着马哈蒂尔亲自设计的"低首付、长还款"周期汽车信贷产品，迅速占领了市场，一直到 2000 年，宝腾都占据着马来西亚销售冠军的位置。

随着马来西亚市场经济的发展，拉动宝腾汽车快速发展的三驾马车（日本汽车技术、低价和灵活的金融信贷产品）并不稳固，在政府保护主义政策下，宝腾渐渐失去了海外竞争的能力。

虽然后期马哈蒂尔将宝腾汽车逐步引入自主研发的发展轨道上，但是生产规模不能有效分摊研发成本，导致宝腾产品在充分的市场竞争中失去了竞争力。

所有人都明白，宝腾需要新的合作伙伴重新找回活力，但一手创建这家企业的马哈蒂尔对宝腾的未来有着更多的思考：和别人一样，他希望有人帮助宝腾；但又和别人不一样，马哈蒂尔希望宝腾找到一家长期帮助自己的企业，而不是利用宝腾甚至吞并宝腾。

马哈蒂尔对宝腾合作伙伴的态度直接影响着下一步双方的走势，萨义德比谁都清楚这一点。对于这位年近 90 岁的马来西亚"国父"，萨义德有着比其他人更多的情感。同乡出身，在马哈蒂尔的培养与关怀下，萨义德在商场上一步步积累着资历与财富。在他的内心，做好宝腾既是商业行为，也是帮助马哈蒂尔实现汽车强国梦。

当晚的马来菜并不合李书福的胃口，但是双方交流得却很愉快，马哈蒂尔表示会对吉利和宝腾的合作进行支持："宝腾是一个很好的企业，是我一手创立起来的，我希望它发展越来越好，如果你们能够一起合作、发展，我会支持。"

回忆起这次晚宴，李书福展现了他特有的判断力："这不是一次形式上的安排，而是直接关系到未来吉利与宝腾合作的一次会面。"

尽管马来西亚一方并没有彻底说明宝腾对马来西亚的重要性，但李书福已经隐约嗅到这次合作对于这个国家的意义，他甚至判断，这是吉利在马来西亚甚至东南亚发展最好的一次机遇。

在这场家宴中，除了马哈蒂尔夫妇以及 DRB-HICOM 集团几位高管外，还有一位身材瘦削的华人，他就是时任马来西亚总理对华特使黄家定。

整场晚宴，这位前马来西亚政府内阁成员虽然语调舒缓，但在交流中用流利的中文与李书福相谈甚欢。有着华裔特殊身份的黄家定坚定了李书福的判断，吉利即将接触的是一场推动中马两国经济发展的合作，绝非是一场普通的商业行为。而这位华裔人士也成为日后推动吉利与宝腾合作最关键的人物之一。

李书福的宝腾印象

清晨的第一缕阳光照射在窗上，酒店外舒缓的流水声，与草地上一群孩子的嬉笑声交织在一起，显得格外温馨。

李书福拍打一下裤脚，微笑地与迎接他的人一一握手。看得出，头一天晚宴上，马哈蒂尔讲述的宝腾让他神往，他希望亲自去认识一下这家企业。

汽车从吉隆坡市区出发，向着郊外行进。李书福望向车窗外，一辆又一辆宝腾汽车穿梭在大街上，刻意数了一段时间后他微微一笑，最终放弃了继续数下去。他有些理解马哈蒂尔昨晚描述宝腾曾占据马来西亚将近 65% 市场份额的那份骄傲从何而来了。

一个小时的车程后，眼前突然出现了巨幅的宝腾汽车广告标识，上面用英文写着"欢迎来到宝腾汽车城"。

这座距离马来西亚首都吉隆坡 90 公里左右的宝腾汽车城，占地 1280 公顷，犹如一个世外桃源。在群山环抱中，宝腾丹戎马林工厂的土地大部分还空着，工厂车间也没有完全开工，产能处于严重放空的状态。

作为陪同李书福参观工厂的时任吉利国际事业部负责人张林回忆起当时场景，他的感受与参观前的判断基本一致：宝腾的产品和技术都处于较低的水平。

令张林印象尤为深刻的是，宝腾展示了刚刚上市的一款新车，相当于吉利帝豪的级别，但是与帝豪的技术水平差距很大，尤其是涡轮增压器的噪音，他用"声音大得像拖拉机"来形容。

李书福转身对张林说："宝腾的研发体系急需改进，如果没有新

◎宝腾汽车城广告标识

◎宝腾汽车丹戎马林工厂内部

产品，未来市场前景更不乐观。"

　　虽然李书福和张林对宝腾都有了现实的判断，但是宝腾方面的陪同人员却并未察觉，仍在卖力地展示着宝腾的"新产品和新技术"。

搁浅的商业计划书

　　这次马来西亚之行，李书福对宝腾有了初步的了解，虽然宝腾品牌在马来西亚有独特的地位，但是市场占有率却不断下降，后续缺乏具有竞争力的产品，无论是产品本身的质量、技术或成本都不具有优势，尤其成本，宝腾甚至要比吉利高出一倍。

经过初期的接触，双方决定尝试推动合作。吉利随即向马来西亚派驻了一个团队，包括产品、财务、法律等领域员工。经过几个月时间的探讨，吉利决定向宝腾输出车型，这包括吉利的系列产品和正在开发的 CMA 平台上未来 A 级轿车与 SUV 车型。

随后，吉利开始做商业计划书，并探讨双方可能实现的合作模式。第一次与宝腾的合作，看似就这样简单地启动了。然而，吉利低估了宝腾这个被称为马来西亚国家汽车公司的企业的复杂性。

吉利团队回到杭州后苦苦等待了几个月，整个 DRB-HICOM 集团和宝腾的商务团队似乎消失了，关于后续的合作事项没有任何回复。

张林后来得知，其实在与吉利接触之前，宝腾就曾与德国大众进行过股权合作商讨，不过由于大众一方的强势控股以及马来西亚一方的不退让，让双方在最后签字时放弃了合作。

后来促成吉利与宝腾合作的另一关键人物、时任马来西亚贸工部第二部长黄家泉这样形容各方对宝腾的感受："宝腾以及马来西亚各方一直对中国汽车企业的技术和产品实力有所担心，认为一旦入股，马来西亚将失去民族汽车工业。同时人们认为，日本和德国作为强国的标志之一就是汽车，因此在与吉利的合作上马来西亚各方总是出现犹豫。"

而吉利对待此事的表态则是灵活的。张林当时向对方表示，在商务问题上，吉利可以灵活处理，关键是看双方怎么合作、达成什么目的。

不断接触后，张林等人发现，宝腾各方人士的意见并不统一，而且相互之间也在博弈。

当时，DRB-HICOM 集团刚刚入主宝腾，向宝腾派驻了 CEO 和

CTO，也在管理上设定了严格的 KPI 考核。作为民营企业，DRB-HICOM 集团明白一家运营正常的企业必须要有严格的考核。

这恰恰是习惯了国企体制的宝腾汽车最难适应的。当时在宝腾内部，许多老员工仍旧保持着一贯的优越感，认为公司的经营状况还不错。DRB-HICOM 与宝腾原有职员之间对企业发展存在着不小的分歧。DRB-HICOM 集团希望尽快找到帮助宝腾扭亏为盈的合作者，而国企思维下的宝腾员工仍旧抱着"人在厂在"的老旧思想。

在宝腾的犹豫与内部争议中，最终，吉利与宝腾的第一次接触不了了之。

与宝腾的第二次谈判

时间转眼来到 2013 年，伴随着并购后的沃尔沃汽车发展逐步步入正轨，吉利与沃尔沃汽车的沟通协同也度过了磨合期。这个时期的李书福频繁往来于杭州与哥德堡之间，布局今天外界耳熟能详的 SPA 与 CMA 平台建设。

此时的 DRB-HICOM 集团控股者萨义德仍在为宝腾接下来的发展绞尽脑汁地寻找办法。从 DRB-HICOM 的角度，萨义德从一开始就迫切希望与吉利展开技术合作，以此打开宝腾在市场上的困局。然而，习惯了国企思维的宝腾各方不愿意接受改变。对于企业的改革，处事老练的萨义德要求 DRB-HICOM 集团对宝腾内部改革不要操之过急，仅仅先期安排 DRB-HICOM 集团首席财务官担任宝腾汽车 CEO，同时安排一位首席技术官，从整体财务、管理与技术上对整个企业进行把控，而其他方面的变革则循序渐进地推进。

不过，进入 2013 年后宝腾在市场的业绩表现不断下滑，马来西亚政府与 DRB-HICOM 集团都不希望这种颓势继续下去，民选政府要求宝腾必须为政府不断注入的贷款负责。在市场与政府的推动下，

◎马来西亚总理对华特使黄家定

　　萨义德再次想到了吉利。为了表示诚意，他找到了祖籍中国广西的马来西亚总理对华特使黄家定。

　　作为马来西亚知名人士，曾经担任内阁成员、时任总理对华特使的黄家定与时任马来西亚内阁成员、贸工部第二部长黄家泉兄弟二人在马来西亚政府中有着很特殊的地位。作为祖籍广西的华裔政府高层，中马两国多项经济合作中都有着他们的身影。一位马来西亚经济领域人士如此形容："黄氏兄弟为马来西亚找到了中国机遇。"

　　深谙中国文化的黄家定向萨义德建议："这一次我们要去中国。"而选择的时机是2013年9月在中国广西召开的中国—东盟商务与投资峰会。

　　黄家定的安排可谓用心良苦。第一，到中国与吉利重新接洽合作事宜，表示出合作的诚意；第二，选择在中国—东盟商务与投资峰会期间会面，不会过于让马来西亚国内"民族工业"意识强烈的反对者敏感；第三，黄家定作为祖籍广西的华裔出面，广西地方政府能为双方的会谈提供各方面的人脉和资源支持。

9月的广西南宁处在一年中最潮热的时节，作为中国—东盟商务与投资峰会的举办地，南宁迎来了中国与东盟各国政商要员。在2013年的峰会开幕式上，中国国务院总理李克强提出将中国与东盟各国未来合作从"黄金十年"打造成"钻石十年"。

在这样的大背景下，黄家定向李书福发出邀请，希望促成吉利在南宁与DRB-HICOM再次会晤。为了万无一失，黄家定请时任广西壮族自治区政府副主席张晓钦一同向李书福发出邀请。

此时的吉利与李书福正筹备收购英国锰铜出租车公司。收到邀请的李书福没有说话，他需要思考并重新审视这家企业。在他的内心里，从没有一家合作者让他不断在希望与失望中徘徊。

一番考虑后，李书福接受了邀约。在李书福看来，如果这只是一场简单的生意，他早已关闭了合作的大门。在吉利整体快速发展的关口，他不允许任何人拖慢企业的发展脚步。然而，放在整个中马两国的经济发展以及吉利未来全球化大背景下思考，李书福明白这不只是吉利的事情，而是牵涉中马两国经济发展的大事件。李书福需要从大局考虑，也需要从企业长远考虑，没有东南亚市场的经验积累，中国汽车走出去就是一句空话。

首提打包宝腾路特斯

到达南宁的当天下午，双方在黄家定与广西壮族自治区政府领导的安排下坐在一起，在当地宾馆一间会议室里开启了第二次接触。

马方开门见山地提出新的合作思路："我们建议双方共同成立一

家新的汽车合资公司，既不叫吉利也不叫宝腾，而是做出一个新的品牌。"

"不可能，也不需要，"李书福当即否定了这一想法，"马来西亚不需要新的汽车品牌，中国更不需要再做一个新的品牌。"

李书福对这次合作的着眼点不仅是围绕中国和马来西亚，而是包括东南亚甚至更广阔的穆斯林市场。其实在会谈之前，李书福早已预料到 DRB-HICOM 的举棋不定，一方面为了企业长远发展急切地需要找到技术合作伙伴，另一方面是马来西亚各方的不同意见让 DRB-HICOM 不得不找寻一种平息各方争议的办法。

李书福明白，促成合作的前提是站在对方的角度思考问题，打消这些顾虑，从而让对方真正认识吉利的合作诚意。因此他提出了三点合作规划：

一、吉利完全尊重各国的文化，双方完全建立在开放共赢、共同发展的基础上合作。

二、帮助宝腾首先扭亏为盈，通过引入车型逐渐回到过去在东南亚市场最顶峰的发展轨道上。在此基础上，将宝腾汽车业务推向全球化，最终形成一家百万辆规模的汽车企业。

三、将路特斯品牌加入此次合作中，利用吉利与沃尔沃联合研发的 SPA、CMA 平台，未来将路特斯打造成一家全球超级豪华跑车和超级豪华 SUV 企业，并且形成一定规模。

这是第一次提出将路特斯加入此次合作中。李书福抛出的这三个观点将整个会晤内容提高到了另一层面。马来西亚一方对于吉利的规划十分吃惊，他们没有想到，李书福有着如此宏大的思考。

"这是一个做大事业的企业。"寻找了多家跨国车企谋求技术合作的萨义德认识到，只有吉利是真心实意帮助宝腾路特斯，是与他真正一同走下去的合作伙伴，而不是征服他们，不是收购他们，更不是打

败他们。萨义德当场表态："李先生，我同意你的想法，现在就可以
按照这一思路草拟备忘录。"

双方会晤结束已经接近晚上 10 点。按照合作思路，吉利与
DRB-HICOM 的工作人员连夜起草技术合作备忘录。参与这次协议拟
定的张林回忆，当晚双方就合作内容、宝腾路特斯合作细节以及品牌
规划等关键节点进行了反复磋商，直至凌晨才形成一份非正式合作备
忘录。

第二天一早，在广西南宁自治区政府主席与黄家定的见证下，李
书福与萨义德在非正式场合签署了这份备忘录。在场的很多人向双方
表示祝贺。但过去几年和对方打交道的李书福明白，这次合作能否落
实还要看宝腾各方的意见，需要给 DRB-HICOM 一点时间。

"我十分感谢并赞成你提出的合作内容，但请给我时间回国与各
方沟通。"

"这是应该的，我理解。"

"非常感谢，如果没有意见我们就按照这一方向推进。"

"没问题，我们等你消息。"

而这一次，吉利与李书福等来的又是对方的沉默。

一位"父亲"的责任

作为马来西亚过去 20 年经济改革的操盘者，将近 90 岁的马哈蒂
尔仍关注着他一手创办的许多企业与机构的发展，其中就包括宝腾
汽车。

在外界看来，宝腾汽车董事长职务只是给这位国家元勋的一种名

誉，然而在国际政坛上以坚毅著称的这位马来西亚"国父"，内心却将宝腾的发展视为自己余生的事业。一周至少三天，马哈蒂尔都会亲自来到宝腾工厂，这位老人像照顾自己孩子一样关注着这家企业的点点滴滴。

听完萨义德从中国带回的备忘录内容，马哈蒂尔沉默了半天。所有的人都期待能获得他的同意，遗憾的是他最终摇摇头，没有赞同这一方案。和其他人希望快速找到合作者完成自己的工作不同，马哈蒂尔对一手创建的这家企业有着特殊的情感，他必须加倍审视与宝腾接洽的每一位意向合作者。

所有人都明白这没有对与错。萨义德与马哈蒂尔都希望宝腾的明天更加光明，但两种截然不同的思考方式让宝腾的未来看起来更加迷茫。

在商场上摸爬滚打的萨义德明白，已经连续五年没有新产品投放的宝腾，如果不及时找到有力的合作者帮助，未来在市场上的机会将越来越少。实际上，2012 年 1 月，DRB-HICOM 通过并购宝腾和马来西亚邮政，市值曾一度增长至 62.25 亿林吉特（折合人民币约 97.78 亿元）。但随着宝腾及其旗下路特斯的持续亏损，DRB-HICOM 的市值在持续走低，最低时 DRB-HICOM 市值只有 15.56 亿林吉特（折合人民币约 24.44 亿元）。

而一手建立起马来西亚整个国家工业体系的马哈蒂尔不希望看着自己曾经倾注心血的企业一个个被外企左右，这是他当年推动整个国家从农业化向工业化转型的初衷。他不允许任何人破坏这个国家工业的独立性。马哈蒂尔希望推动宝腾路特斯国际化合作，但与萨义德不同的是，他认为宝腾和路特斯这两家企业是"宝贝"。一家马来西亚媒体如此描绘："马哈蒂尔用只有父亲为女儿寻找意中人的标准在考量宝腾的合作者。"

　　"这或许是萨义德在中国向吉利提出重新成立一家合资公司的原因。"马来西亚当地媒体认为，"萨义德希望尽快获得马哈蒂尔的同意，而马哈蒂尔将这家企业的发展定格为国家使命，他希望宝腾走出去前一定要做好充分的了解，马哈蒂尔决不允许宝腾在海外合作上再现'青年莲花'的失误。"

马哈蒂尔的"考核"——金星路特斯

　　一心想与吉利合作的 DRB-HICOM，终于摆脱了此前众多的掣肘和制约，希望以商业化的思维考虑宝腾未来的发展，所以才会出现双方签订南宁协议，并致力于车型和技术的合作。

　　但是，令 DRB-HICOM 和吉利都没想到的是，一个更大的变数发生了，2013 年 8 月，宝腾和金星的官司和解了。

　　宝腾与吉利的合作，经历了两次签约两次被推翻的过程，其中有一个很重要的原因就是马哈蒂尔坚守的东莞金星路特斯合作项目，这成为当时双方合作难以绕过的一道坎。

　　据公开资料显示，东莞金星重工其前身为广东省东莞市虎门洪利汽车修配厂，由东莞民营企业家翟文亮投资 29 万元于 1989 年 11 月 4 日在东莞工商局注册成立，主要生产销售汽车配件等，后业务逐渐扩展到以生产汽车冲压模具、车身内饰塑胶模具、车身主模型、冲压件检验夹具、车身焊装合件等为主的专业化生产企业。1993 年正式成立东莞金星重工制造有限公司，创始人翟文亮出任董事长兼总经理。

　　2002 年 6 月 17 日，宝腾汽车来中国选择合作伙伴，最终与东莞金星重工签署了 49%∶51% 的合资协议，成立"金星宝腾汽车有限公司"，并计划投资 4 亿美元，在虎门年产 6 万辆华嘉轿车和 1 万辆路特斯爱丽丝跑车，远期目标则是年产达到 45 万辆的整车规模。

但在 2002 年—2006 年的四年时间里，金星始终没能获得生产资质，双方的争议甚至到了对簿公堂的地步。

针对这次合作，马哈蒂尔显示出了他极高的商业灵敏度，他不听对方企业说什么，而是要亲眼去看他怎么做。2014 年，89 岁高龄的马哈蒂尔出任宝腾董事长，他对宝腾的感情很深，他希望为自己亲手创建的汽车公司找到摆脱困境的办法。

出任宝腾董事长后，马哈蒂尔马上提出了宝腾合作伙伴的门槛。对于很多不了解他内心思考的人而言，马哈蒂尔似乎在宝腾对外合作上有些谨慎，然而只有接近他的人才理解，或许他是整个国家最希望宝腾找到中意合作者的人，只不过他要不断检验对方，找到真正帮助宝腾的人。

出任宝腾汽车董事长不到半年，马哈蒂尔就来到中国寻找合作伙伴。在当时包括 DRB-HICOM 集团所有人看来，马哈蒂尔似乎确定了与吉利的合作，甚至有人称这是一次将宝腾彻底从金星解脱的中国之行。然而，这位马来西亚国家领袖做了一个出乎所有人意料的决定，对宝腾与金星的合作再进行考量。

2013 年 8 月，宝腾和金星打了 7 年的国际官司和解了，他的想法很简单，一心想进入中国市场，并要以此来对冲马来西亚市场不断萎缩的销量。宝腾与金星再次坐在了谈判桌前。2014 年 11 月 13 日，宝腾 CEO 参观了金星位于福建泉州和晋江的两处工厂。2015 年 2 月 13 日，地方政府领导会见了马哈蒂尔，第二天，金星莲花在晋江奠基。

2015 年 4 月 17 日，宝腾路特斯与东莞金星在厦门签约，成立了 50：50 股份比的金星莲花汽车有限公司，生产和销售路特斯产品，计划 2015 年—2030 年投资 100 亿元人民币，2019 年投产轻量化的 SUV 车型。

此次协议意味着宝腾和金星此前的合作协议废除了，重新签订了一份协议将宝腾置换出来，路特斯与金星一起合作，包括开发新的车型，并希望路特斯在中国落地生产。

金星当时仍然没有生产资质。因此在框架中，宝腾对金星申请生产资质的时间进行了约束，如果到期未能拿到生产资质，双方合同将自动失效。

事后人们了解到马哈蒂尔的决策是希望将宝腾置换出来谋求新的合作，而将路特斯装进与金星合作的公司继续试验对方的可靠性。同时他也借此考察其他意向合作者与宝腾的合作是否具有共同长期发展的思考，这不得不让人感叹这位马来西亚改革者的魄力与细腻的商业思路。

结果不出所料，金星最终没有通过马哈蒂尔的检验，由于资质至今没有获批，双方的合作也就自然走向终点，马哈蒂尔为宝腾路特斯重新寻找可靠的合作伙伴扫清了障碍。

喊话宝腾："你买不起 SPA 平台"

在外界看来，虽然马哈蒂尔否定了与吉利签署的两次合作协议，但是在内部他始终没有放弃考察吉利这家汽车企业与宝腾合作的可能性，在这期间，他要求 DRB-HICOM 集团一直不间断地到杭州与吉利交流，甚至约见李书福。

面对宝腾不断下滑的市场份额，以及亏损了 15 年的路特斯，执掌这家汽车企业的萨义德明白，与金星的合资就是"纸上谈兵"，无论是技术、产品、资金或全球资源，金星所能承诺的"中国市场"根本不具备拯救宝腾的能力，而宝腾的每一分钱亏损正一步步地体现在DRB-HICOM集团上市公司报表中。在这种情况下，马哈蒂尔决定进一步深度考察吉利与李书福的合作诚意。

2015年12月，在DRB-HICOM集团的推动下，马哈蒂尔前往瑞典参观沃尔沃的最新平台与车型。再一次与马哈蒂尔一同前往参观的宝腾汽车CTO感慨："吉利与沃尔沃毫无保留地向我们展示了未来车型与平台，尤其是SPA平台和从未对外公布的CMA平台，让我们十分震撼。"

收购沃尔沃并让沃尔沃获得发展，让世界重新认识了吉利和李书福。此时的沃尔沃，已经在SPA平台上推出了XC90，CMA平台也在如火如荼的准备阶段。就连一贯骄傲的马哈蒂尔也不得不承认，汽车制造技术的变革远远超出了他的想象，这不是宝腾一己之力能做到的事情。

不过，马哈蒂尔并没有急于表态，他明白如此先进的技术不会轻易放在宝腾身上。不得不佩服这位九旬老人，马哈蒂尔内心其实比任何人都希望宝腾尽快找到合作者，然而一手建立这个国家工业基础的他明白，必须保持镇定，让对方拿出更多诚意。在李书福的内心，他无比尊重宝腾以及马哈蒂尔这位马来西亚国家领袖，参与其中的张林谈到了当时李书福拿出比并购沃尔沃时更大的诚意与宝腾合作。李书福希望赢得这位潜在合作者的共鸣，而不是高姿态地拿钱解决问题。

最终在中国外交部、浙江省政府等各方面的沟通下，李书福与DRB-HICOM集团第三次坐在了一起。与前两次不同，这一次DRB-HICOM拿到了马哈蒂尔的认可意见，根据前两次与吉利的接洽经验，他们认为尽管合作内容有些变动，但吉利不会拒绝。

意外的是，与前两次的沟通形成巨大反差，会面一开始，李书福就开门见山："从2013年至今我们谈了很多，吉利也拿出了最大诚意，也希望贵方拿出诚意。"

其实从马来西亚出发前，马哈蒂尔就默许了引入吉利沃尔沃SPA平台，在此基础上打造一款大型SUV的设想。

作为沃尔沃投入百亿欧元打造的战略平台，谁都会明白，引入这一平台的成本与落地技术要求，这不是谁都能够掌握的。就连马来西亚相关汽车人士在当时媒体上也形容："吉利几乎不可能会答应这种要求。"

然而，马哈蒂尔十分清楚，从经济学角度当然要选择最佳产品才能获得最好的回报，任何成功的商业合作都是从不可能变成可能，这位带领马来西亚从农业转向工业化的国家领袖在对外合作上再次拿出了他的魄力。听完马来西亚一方的阐述，李书福给出了自己的态度："你们买不起SPA平台。"

这不是一句气话，对于吉利和沃尔沃联合打造的关键平台，李书福内心不知道算了多少笔账，他太清楚这两个决定吉利和沃尔沃命运的平台背后所付出的代价：投入120亿欧元打造的SPA平台，技术转让费用至少要在60亿元人民币以上，英国路特斯导入后还需要技术吸收资金，至少也要30亿元人民币，而当时处于亏损的宝腾和路特斯根本承担不起这个价钱。

两位在商业上有着足够智慧的人物上演了一场精彩的思想碰撞，一方希望用合适的价格获得最好的产品，另一方从实际的角度展现自己的合作诚意。

会议室一片沉寂，李书福不大的眼睛审视着坐在对面的专业素养十分突出的DRB-HICOM集团的几位高层。这时候，坐在一旁的张林给出对方合理的建议："我们不妨在CMA平台上尝试谋求合作，如果有兴趣我们可以谈一谈。"作为吉利国际事业部负责人，擅长外交谈判的张林为了缓和对方压力，详细阐述了这一平台的优势，"我们希望能够在众多意见中找到推动合作的路径。"张林认为，"董事长和我们达成了一致，我们真诚希望与宝腾合作，一起成长。"

差一步成功的中国汽车技术输出

马哈蒂尔哥德堡之行

　　12月的瑞典哥德堡，正处于寒冬，位于北欧的这座城市总是出奇地安静，连卡特加特海峡岸边散步的人也少了很多，当地人形容：哥德堡这时候还没从冬眠中醒过来。

　　2015年12月，瑞典哥德堡机场，刚刚落地的一群亚洲面孔组成的商务团队走出航站楼，走在最前列的是马来西亚总理马哈蒂尔，这一次他是以宝腾汽车董事长的身份参观吉利位于哥德堡的研发中心。

　　看着外面皑皑白雪，马哈蒂尔轻吁一口气，对于终年难见到雪景的马来西亚人而言，位于北欧的哥德堡给这次出行带来了很多的憧憬。在他心里，宝腾不缺优秀的人才和制造，唯一缺乏的是产品，他希望能从沃尔沃的诞生地带回想要的技术。为了将吉利的技术实力摸清楚，马哈蒂尔特意安排了宝腾CTO与路特斯全球CEO让·马克一同随行。

　　"你好，阁下。我是CMA技术负责人，很高兴见到您。"负责此次接待马哈蒂尔一行的是吉利欧洲研发中心负责人之一、CMA产品与战略高级副总裁魏思澜。有着多年从业经历的魏思澜在这里主要负责领导与制定基于 CMA 平台的产品族群开发。可以不夸张地形容，马哈蒂尔对 CMA 平台的所有问题答案都在他的心里。

从哥德堡沃尔沃总部出发，马哈蒂尔率领的宝腾团队一行驶车 20 分钟到达卡特加特海峡岸边的一座厂区。对于即将参观的这座研发中心，马哈蒂尔内心有很多思考。围绕汽车产业实现工业强国是他为这个国家注入的精神，他希望即将看到的技术能真正扎根马来西亚，而不是简单卖到马来西亚。作为这个国家的改革设计者，为了马来西亚整个国家和人民的利益，他必须比别人思考得更周全。

车队停在了一座工业园区，和想象中不同，研发中心的选址此前是一家废弃的大型造船厂，在厂区内除了新建设的几座大楼，依稀还能看到一些厂房建筑有着古老的印记，整个园区环境有一些北京 798 艺术中心的感觉。

这里就是 CMA 平台诞生的地方——吉利欧洲技术研发中心 (China Europe Vehicle Technology AB，以下简称 CEVT)。这座研发中心隶属于吉利控股集团，与沃尔沃汽车、吉利汽车并列，是完成未来沃尔沃与吉利协调研发设计的核心纽带。

吉利欧洲研发中心的工作范围可以说几乎涵盖了吉利未来战略产品以及研发平台的方方面面，从共享架构、底盘、动力总成到传动系统，直至上车体以及车型外观设计，还包括整车采购、质量管理以及新产品的市场营销等。

CMA 平台就诞生在这里，这个由沃尔沃和吉利联合开发的模块化架构，为吉利汽车和沃尔沃汽车提供下一代中级车模块化构架体系，并满足沃尔沃汽车和吉利汽车对未来紧凑型产品的多重需求，以期在沃尔沃和吉利之间实现最大限度的平台共享。

参观在一片惊讶与赞叹声中结束，作为以日系和韩系为发展标杆的宝腾技术团队，对于这些按照欧洲技术研发的产品与技术惊讶而又兴奋。

"这些才是我们真正需要的，马克，你觉得呢？"马哈蒂尔询问着这位路特斯的全球负责人。

"这是我们梦寐以求的。"让·马克耸耸肩。

"这是一件好事，我支持这个项目。"马哈蒂尔回过头，向前走去。站在他身边的宝腾高层明白，接下来，摆在他们面前的最大现实问题是技术转让金。

30 亿元 CMA 平台技术转让费

2016 年 1 月 18 日，位于杭州吉利总部大厦 10 层的董事长办公室里走出几个人，走在最后的一位被李书福留了下来。

"我支持与路特斯共享 CMA 平台，如果有机会可以收购部分路特斯股权。"李书福向刚刚接手吉利宝腾项目的余宁嘱咐。看得出，路特斯的跑车技术基础与 CMA 平台的结合是李书福发现的新商机。

时任吉利控股集团总裁高级顾问、吉利集团副总裁的余宁，在此之前负责吉利新能源汽车采购、国际商务部以及路桥工厂的全面建设。由于张林工作调动，曾经协调沃尔沃与 CEVT 资源的余宁成为宝腾项目的最佳人选。在外界眼中，余宁谦虚谨慎、谈吐优雅，如果不是自己介绍，没有人会将余宁与思维敏捷、锱铢必较的国际并购商务谈判操盘主帅联系在一起。

通过前期规划，项目组拿出了未来 CMA 平台与路特斯共享发展战略：通过技术合作或收购股权的形式共享 CMA 平台，未来路特斯形成 SUV 与轿跑两条产品线，由双方商议分摊 CMA 平台投入成本。

在李书福的带领下，吉利着手对宝腾与路特斯两家企业的经营报表做了尽职调查。分别准备了技术转让与股权合作两种思路：

一、按照技术转让形式，对于吉利而言，CMA 平台的整个造价成本超过 120 亿元，是未来吉利与沃尔沃战略产品的前沿技术平台。吉利给出的报价是 DRB-HICOM 集团支付 CMA 技术转让费 30 亿元人民币。

吉利给出了报价理由："整个 CMA 技术先后投入费用超过 120 亿元，经过划分，未来吉利承担 60 亿元成本，沃尔沃承担 30 亿元成本，剩下 30 亿元由宝腾一方承担。"

二、设想实现入股合作。吉利收购路特斯 70%～80% 股份，宝腾继续保留 20%～30% 股份，形式以现金或股权交换实现。这一设想先期暂未向对方提出。

2016 年 3 月 21 日，吉利商务团队飞往马来西亚，向宝腾方面谈判项目组组长、宝腾汽车时任 CEO 阿末弗亚递交了报价方案。

3 月 22 日，马来西亚吉隆坡宝腾丹戎马林工厂内，宝腾汽车 CEO 阿末弗亚坐在办公桌前，看着手中的这份文件迟迟没有作声。30 亿元转让费，曾经担任 DRB-HICOM 集团首席财务官的阿末弗亚明白，连年的亏损使得宝腾根本无法承担这笔费用，这笔资金由政府出资太难了。马来西亚年销 60 万辆的市场份额根本无法消化动辄几十亿元的资金技术投入，相比丰田、本田乃至年均技术投入超过 30 亿美元的吉利，宝腾的投入产出比时间跨度太长了。

如何降低投入风险，是摆在阿末弗亚面前最头疼的问题。尽管上任不到 2 年时间，但阿末弗亚一直在加紧推动宝腾新车型开发。2 年来宝腾推出 5 款车型，虽然市场反应并不强烈，但至少保证了宝腾整个公司资产不会过快贬值，以此来换回政府对这家企业扶持的信心。

经过 2 天时间的谈判，阿末弗亚带领的宝腾谈判团队对吉利的报价达成共识，但仍对 30 亿元总报价提出异议。

阿末弗亚知道，即使寻找政府援助，也需要给政府一个非常合理的理由。尤其是在年销仅有 60 万辆的马来市场，30 亿元的技术投入回报风险太大，政府不可能答应给予如此大的援助。他需要更高层对这件事情作出反应。

99%成功的中国汽车技术输出谈判

2016 年 4 月 6 日，DRB-HICOM 集团实际掌控者萨义德的专机降落在杭州萧山机场，他此行的目的是与李书福协商 CMA 平台技术转让。与上一次会面不同，除了随行的高级顾问陈国煌之外，他特意带上了自己的儿子。很显然，萨义德希望将这次见面变得轻松温馨。

在双方项目组成员的陪同下，李书福与萨义德围绕技术转让报价问题进行了发散性讨论。双方形成两种合作构想：

一、围绕平台授权，吉利向 DRB-HICOM 集团一次性授权提供 CMA 平台有限许可，用于 DRB 自身汽车开发，价格与授权范围有待进一步明确。

二、以委托管理的形式，由吉利为宝腾业务成立独立的管理团队与管理系统，与马来西亚宝腾团队一起负责产品开发、制造与销售等业务，宝腾一方向吉利支付公司管理费用。未来经营业绩达标后，宝腾将 51% 股权转让给吉利。

在这份会议纪要中，吉利重点提出宝腾股权转让的前提是达到盈利。以此来看，在宝腾亏损的情况下，吉利并不想过早地介入股权。双方约定 DRB-HICOM 一方在收到会议纪要 1 个月内对两项提议作出反馈。

不久，DRB-HICOM 集团给出回复：

1. 对 CMA 平台转让费用提出分两步进行，先期支付 15 亿元技术转让金，另外 50% 按未来单车售价的 5% 提取完成。

2. 希望与吉利建立深度合作，利用 CMA 平台，成立实体工作小组合作开发并销售路特斯未来产品。

双方在此后 2 个月中反复讨论。2016 年 6 月 1 日，余宁赶往马来西亚对商业计划书作最后的定论。为了彻底保证商业计划书的完整，第二天，张林也赶往吉隆坡与项目组会合加入谈判中。

经过一天的细节敲定，会议最终达成共识，宝腾一方只要得到政府注资答复就可以落实合作。走出会场，项目组马上拨通了李书福的电话，将这一好消息告诉了他。李书福非常高兴，在他看来，一旦合作开始，意味着中国汽车首次实现对外技术输出，是改变中国汽车制造业历史的大事件。

2016 年 6 月 7 日，马来西亚当地媒体爆出好消息，政府已经答应向宝腾提供折合 20 亿元人民币的软贷款。5 天之后，宝腾一方也建议由吉利准备合作框架协议，双方争取在 2016 年 8 月 16 日前正式签署这一项目。所有人都认为即将大功告成，吉利项目组甚至已经开始将重心放在另一个国际项目上。

2016 年 6 月 15 日早上，和往常一样，刚刚进入办公室的吉利商务部工作人员打开邮箱查收工作邮件，一封来自 DRB-HICOM 的信函给他当头一棒。邮件发自 DRB-HICOM 集团实际控制者萨义德，他告知吉利宝腾项目之前所有的谈判作废，政府要求该项目以全球招标的形式寻找宝腾股份合作者。

项目组马上意识到问题的严重性，如果真的推翻，意味着之前几年的人力财力投入都将付诸东流，同时对吉利国际商务的下一步发展都是极大的打击。余宁拿起电话拨通董事长办公室，向李书福第一时间汇报了合作变化。

之后吉利了解到，马来西亚政府其实早已否定了宝腾的技术转让合作思路。多年依靠政府财政投入发展的宝腾并没有改变僵化的机制，政府不希望再支持类似的资金支援。

在多变的环境下，马来西亚政府向宝腾汽车以及股东方 DRB-HICOM 提出新的要求，放弃此前技术转让协议，重新寻找入股合作伙伴来彻底解决宝腾发展难题。2015 年，马来西亚政府向其批准了 15 亿林吉特（折合人民币 24.27 亿元）的软贷款，但有一个附加条件：找到一个海外合作伙伴，以实施业务重整计划。

"这不是我们的责任。"意外的是，得知情况的李书福回复的话语显得十分平静。多年的商场沉浮，让李书福对意外有了更多认知。听完项目组的汇报，李书福决定继续应标，在他看来，中国企业是宝腾最合适的合作伙伴，吉利完全有能力、有信心竞标成功。

这不是一句空话，在后期吉利回答宝腾的一项并购调查问卷中，吉利列举了双方合作的 5 大优势：

1. 吉利与宝腾共同开发东南亚市场，帮助宝腾成为东南亚汽车领导品牌，且不会受到吉利自身产品的限制，其他企业无法做到这一点。

2. 吉利极具竞争力的成本效益，获得高利润（2015 年息税前利润（EBIT）> 9%）的同时又在竞争力最强的中国市场保持市场领先地位。因此，吉利可以帮助宝腾实现联合采购，从而达到快速扭亏为盈。

3. 吉利收购沃尔沃汽车并重整其业务的成功经验，说明吉利有能力重整宝腾业务实现持续收益。

4. 吉利对投资国的承诺兑现，从沃尔沃汽车到英国伦敦出租车公司，吉利不仅为其带来技术与资金，而且增加当地就业机会和政府税收。与其他兼并方相比，吉利的合作思维是互惠互利，扎根当地发展。

5.地理位置靠近，文化与价值观相似，两国也正就"一带一路"等谋求战略合作。更重要的是吉利与宝腾之间没有时差，这对双方高效合作尤为重要。

在"天时、地利、人和"的背景下，继并购沃尔沃汽车之后，吉利一场新的国际股权合作谈判开始了。日后李书福回忆，这是一场不亚于并购沃尔沃汽车的谈判。

比沃尔沃更精彩的股权谈判

23 家竞标者的淘汰赛

2016 年 6 月 15 日，DRB-HICOM 集团获得包括吉利在内的 23 家国际汽车企业关于并购宝腾路特斯股份的竞标回复。宝腾向所有意向合作者提出三项原则：一要战略互补（双方共同开拓东南亚和全球市场）；二要运营互补（双方产品、架构等优势互补）；三要文化互补（实现内部合作化学反应）。

入股合作，这是李书福从一开始就思考过的与宝腾展开的合作方式，不同的是吉利这次有了竞争者。在李书福看来，这并不是一件坏事："这说明宝腾有自己的价值，否则不会有 23 家企业应标。"

经过不到一个月时间的准备，在李书福的指导思想下，项目组很快拿出了第一版合作建议书。这份建议书详细阐述了双方股比、车型引进以及技术平台共享等规划。这份建议书内容非常接近日后双方签订的正式合作协议。

吉利建议未来掌握宝腾低于 49% 的股份，路特斯持股比例由双方协商；吉利帮助宝腾成立独立的商务管理团队，陆续引入博越、帝豪等车型；在工厂改造完毕后，共享 CMA 平台技术，先期在路特斯打造出具有竞争力的车型。

很快，DRB-HICOM 集团在 2016 年 8 月回复吉利进入下一轮竞标。宝腾一方提出希望在 2016 年 9 月底参观吉利工厂，对接下来的合作战略目标、产品工程开发技术、质量与成本管理方法等潜在合作模式进一步探讨。

通过详细调查后项目组了解到，宝腾在 2016 年 7 月从第一轮 23 家企业中选出包括吉利在内的 15 家企业进行考察；2016 年 9 月，第二轮筛选出 8 家企业；2016 年 10 月，宝腾又从 8 家企业中选出 5 家考察企业。截止到此时，宝腾并没有向外界公布 5 家企业的身份。

2016 年 9 月 8 日，中国国务院总理李克强与马来西亚前总理会晤，提出未来中国将在马来西亚开展更广泛的经济合作，其中特别提到吉利宝腾合作项目。国家"一带一路"战略为项目的推进提供了千载难逢的机遇，李书福指示项目团队"要认真准备竞标"。这项合作除了商业目的外，也承载起了两国经济更多发展意义。

就在 9 月底宝腾团队即将对吉利进行尽调时，不好的消息接踵传来。2016 年 9 月 27 日，路透社证实法国 PSA 参与竞标宝腾股权，PSA 成为吉利最大的竞争对手之一。作为在马来西亚市场发展较早的车企，标致汽车近年来在东盟市场的主要销量大部分来自马来西亚。同时 PSA 在马来西亚的经销商合作伙伴也曾表示有意参与竞标，甚至不排除联合 PSA 一同参与。

随后，彭博社引述消息证实铃木和雷诺也进入新一轮意向合作名单，并且指出宝腾将在 10 月初先后与铃木、雷诺洽谈。

随着竞标对手身份被媒体曝出，内外的压力让吉利必须面对所有预设的风险。直到 2016 年 10 月 6 日宝腾团队到访吉利前，李书福与项目组不断交流，包括吉利控股集团总裁安聪慧、常务副总裁李东辉协调集团所有资源，都在对宝腾的考察做着充分准备。

2016 年 10 月 7 日，位于浙江宁波杭州湾的吉利春晓工厂，阿末弗亚带队的宝腾团队参观了这座代表吉利先进技术的工厂与研发中心。第二天，双方从上午 8 点 30 分一直谈到下午 5 点 30 分，最终就合作谈判时间节点、技术授权费用、股权比例等各方面进行深入探讨。

会议纪要显示，宝腾一方承诺在 2016 年 10 月底前从 5 位候选企业中选出 2 ～ 3 家进行最终角逐。2017 年 2 月前吉利向宝腾给出有约束力的报价，所有谈判与协议签署最迟在 2017 年 5 月完成。

在关键的股权问题上，吉利提出尽可能多地拥有路特斯股权，而宝腾一方先期提出仍持有路特斯 50% ～ 75% 股权。宝腾希望吉利持有宝腾更多股权，甚至超过 50%，将宝腾作为吉利控股集团的附属公司，吉利承诺将宝腾扭亏为盈，帮助其发展国际业务。

吉利项目组成员事后回忆，这次与吉利的会面给了宝腾很大的信心，也直接保证吉利 8 进 5，进入第三轮候选名单。

比并购沃尔沃更强大的竞标项目组

此时，并购宝腾路特斯进入第四轮竞争，开始被舆论陆续关注，包括欧美、马来西亚以及中国各大媒体几乎不间断地关注着吉利入股宝腾谈判进度。2016 年 10 月 30 日，马来西亚前总理访问中国，在与李克强总理会晤前接受新华社书面采访时表示，中国是马来西亚的真朋友和战略伙伴。

2016 年 11 月初，宝腾一方正式通知吉利进入到 5 家候选企业名单。DRB-HICOM 集团也正式向吉利告知了对方项目组核心成员。通过分析，对方谈判团队成员无论在人数规模、专业分工还是知识技能上都是国际顶尖人士。

和他们打过交道的吉利项目组成员感叹："这是一支非常专业的正规军。"对方谈判团队成员几乎全部是英美留学人才，在商业谈判方面对各个细节把控非常敏锐。同时为了最终找到最合适的合作者，宝腾委任马来西亚上市银行作为售股计划顾问。

和对方相比，吉利的十几人团队必须扩充。李书福已经看到，必须有更多的人参与进来，调动更多的资源才有可能获得这场商业竞标的成功。

吉利内部开始调兵遣将，吉利控股集团董事长外事助理费翔迅速加入并购竞标谈判小组，并在一个月内锁定第三方咨询公司。2016年11月，30天的时间里余宁与费翔在数十家公司中最终锁定汇丰作为谈判咨询顾问、德勤作为财务支持、大成律师事务所作为法务支持。

三家顾问公司综合特点是经验丰富，对于马来西亚政府、宝腾以及DRB-HICOM的市场分析十分详细，同时对东南亚市场非常了解，汇丰、大成都在马来西亚设有分公司，可以直接获得当地资源支持。

除了寻找外部支持外，2016年11月6日，李书福召集吉利控股集团高层，听取关于吉利宝腾项目到2017年2月15日前的工作计划。为了更好调动集团内部资源，项目组在这次会议上提出由更高级别领导担任项目组组长，统筹协调谈判工作。最终李书福任命吉利控股集团常务副总裁、集团首席财务官李东辉担任项目组组长，甚至需要时，由集团总裁安聪慧亲自协调。

至此，吉利宝腾项目组从2015年10月仅有的几个人，到2016年11月形成了一支集财务、投资、风险把控、法务等各方面人才汇集的大团队，最多时项目组超过80人。曾参与吉利并购沃尔沃汽车的李东辉形容，这是一支不亚于当初并购沃尔沃的谈判团队。

说服"自己人"

2016 年 11 月 16 日，宝腾方面将所有资料发到吉利项目组，用于吉利尽职调查和制作竞标文件。为了保密，这些文件放在一个专用服务器中，仅限于 5 个人提取，并且在每份文件上都印着负责人的名字，用于最终责任落实。上千份文件的打印，在项目组办公室里堆砌出将近一米高，留给吉利项目组分析这些文件的时间只有 3 个月。对方要求吉利在 2017 年 1 月底作完宝腾与路特斯全部尽职调查，并在 2 月 15 日前提交投标方案。

此时，马来西亚媒体发出最新消息，5 家入围企业中，大众、通用与铃木出局，吉利只剩下一位竞争对手，胜负即将分晓。

压力、疲惫、紧张……从 2015 年到 2016 年年底，整个团队像一根绷紧的弦一样，不敢有半点松懈，高强度的工作以及关键时期的尽调问题争议，让吉利内部出现了情绪波动。

负责宝腾项目的同时，吉利还有将近 10 个国际商务项目在平行推进，这些工作全部由海外商务部负责。而在宝腾项目的细节问题上，内部为了寻找更好的解决办法总会出现不同争议。项目组个别核心成员甚至提出辞职。

作为项目组组长，李东辉此时观察着每一位项目成员的心理变化。经历过并购沃尔沃汽车的艰辛，他理解所有人的情绪波动，也很少对项目的工作细节给出具体指令，他希望整个团队充分讨论，只有在项目出现争议并搁置时他才会做出一个强硬的决定，推动整个项目前进。

李东辉定了三个原则：树立内部团队信心与凝聚力；说服顾问团队拿出最好的资源帮助吉利；不能靠报价取胜。

2016年12月23日，从伦敦开出的一列火车上，李东辉与吉利控股集团董事长顾问、通用汽车前欧洲CEO卡尔·彼得（Carl Peter）等一行人还在热烈讨论，他们刚刚对路特斯进行完尽调。坐在李东辉旁边的汇丰全球汽车业务总裁不断抛出问题，核心主旨只有一个，为什么吉利是宝腾最好的合作伙伴？3个小时的车程，李东辉没有停歇一分钟，向这位顾问公司负责人详细回答了所有疑问。

这不是李东辉第一次被问到这种问题，他理解外界的质疑。从并购沃尔沃汽车走过来，李东辉太明白说服"自己人"的重要性。"我们首先要说服顾问团队，才有可能让大家一起拿出最好的资源实现我们最终的商业目的。"在他的认知中，顾问团队的信心不是简单用金钱换取的，而是要让对方融入吉利、认同吉利。

3个小时的交流发生了化学反应。此后，汇丰团队无论是信息采集还是项目推进速度都有了质的变化，在吉利项目的人员投入上从初期的4～5人快速上升到将近20人的规模，一致的信念让外部力量翻了数倍。

不惜一切代价拿下宝腾路特斯项目，这是李书福给整个项目组的指令。随着竞争对手的明确，在报价方面项目组初期意见希望用价格打动对方，这遭到了李东辉的反对："董事长的不惜一切代价不是靠金钱砸下来，而是要让对方明白与我们合作的共赢。"

和竞争对手相比，吉利最后的报价并不占优势，甚至是一个偏低的价格，但李东辉给出了吉利更有竞争力的合作资源。通过与日系车在中国市场的对比，吉利向宝腾介绍了未来在马来西亚发展优于竞品的理由，也让对方明白，吉利的报价方案对宝腾是具有战略共赢意义的，是真正希望和宝腾一起长期走下去的。

"如此用心的竞标手册"

2017 年 1 月 27 日晚上 11 点，保安刘晓明按照惯例检查着吉利总部大厦每一间办公室，巡视一圈后他走下楼梯，关上手电进入保安室。尽管地理位置处于南方，但 1 月份的杭州寒气依然逼人，被空调暖风吹得有些困倦的他走出屋子，望着大街上挂满的彩灯，浓浓的春节气息扑面而来，他双手搓着脸让自己清醒一些。倚在门框上，他特意扫了一眼位于大厦左侧亮灯的办公室，按照排班表刘晓明每月需要有一周值夜班，印象中他上一月值夜班时这间办公室的灯就一直亮着。在吉利工作 3 年的刘晓明摸清了一条规律，但凡出现这种情况，吉利一定是在谋划一件大事。

在这间亮灯的办公室内，十几位工作人员聚拢在白板前写写画画，桌子上到处摆着厚厚的文件以及还没有来得及吃的盒饭。人群中，余宁看着同事送来的文件，连续一周的黑白颠倒让他不住地打着哈欠。看着眼前基本成形的投标书框架，余宁脸上露出一丝微笑，这一周与汇丰团队几乎每天 16 个小时的工作总算没有白费。

距离宝腾方面给出递交标书的时间只有不到 15 天，与汇丰顾问小组经过一番探讨后项目组认为，有必要建议董事长与马来西亚政府进行沟通。

尽管马来西亚舆论援引政府发言人观点一再表示，宝腾合作项目是民营企业的纯商业行为，但政府能否认可合作并同意之前的贷款承诺是日后宝腾项目的关键因素。项目组决定建议董事长春节期间安排与时任马来西亚政府财政部部长 Johari Abdul Ghana、DRB-HICOM

实际掌控者萨义德会面。

　　李书福要见的这两个人，一位掌管着马来西亚国家的"钱袋子"，一位是马来西亚大亨。前者决定是否同意对宝腾释放贷款，后者决定宝腾的合作对象是谁。作为马来西亚财政部第二部长（马来西亚政府规定，第一财政部长由总理担任），Johari Abdul Ghana 2016 年 6 月被提名为财政部部长，同年 9 月被提名为马来西亚主权基金国库控股公司董事，这两个人的态度直接影响吉利竞标宝腾路特斯项目的发展。

　　2017 年 2 月 10 日，李书福一行赶赴吉隆坡。自从吉利海外业务

◎时任吉利国际商务部部长谢枫（左一）、项目组执行组长余宁（左二）、项目组组长李东辉（左三）、李书福与时任马来西亚第二财政部长 Johari Abdul Ghana（右三）、DRB-HICOM 集团股东萨义德（右二）、DRB-HICOM 集团 CEO 拿督斯里赛法依沙（右一）在吉隆坡

开始筹建，李书福已经有将近 10 个年头没有过春节了，过年在他的印象中和平常没有什么区别。10 年来，利用春节闲暇时间拜访外商已经成为李书福的一种习惯。

在飞机上的 5 个小时，李东辉带领项目组核心人员再次将竞标细节向李书福进行了汇报，并对一些问题进行了讨论。落地吉隆坡当晚，各方畅聊到深夜，财政部长、萨义德和李书福从"一带一路"的发展机遇到如何推进吉利与宝腾的合作，开诚布公地进行了深度交流。和李书福一样，高中辍学白手起家的萨义德是一个性情中人，尽管在马来西亚舆论看来这是一位不爱抛头露面的商人，但面对李书福，他讲述了很多个人故事。看着眼前这位人生经历相似的马来西亚企业家，李书福也拿出了自己的诚意，他向萨义德表示，吉利一定会全力以赴准备报价。

◎按照伊斯兰教特有的蓝色风格与图案设计的吉利竞标书封面

吉隆坡会面后第五天的 2017 年 2 月 15 日，凝聚着 80 位项目团队成员心血、厚达 70 多页的宝腾项目竞标书终于完成。和以往白色打印纸装订起来不同，项目组特意找到了主管公关事务的吉利汽车集团副总裁杨学良，在他的协调下将这本标书重新装订，按照马来西亚信仰的伊斯兰教文化形式进行设计。当拿到这本竞标书时宝腾所有人都感叹："这是我们见过的最完美、最认真、最用心的竞标书。"

又变了！

2017 年 2 月 21 日，宝腾汽车总部总裁办公室，看着眼前摆放的两本竞标文件，时任宝腾汽车 CEO 阿末弗亚陷入沉默。和外界想象中的乐观不同，现在的宝腾汽车陷入一场痛苦的煎熬——吉利与 PSA 两个极富诱惑力的选项让宝腾管理层进退维谷。无论做出何种选择，都将对宝腾的命运产生不可逆转的影响。

两份报价中，PSA 报价高一些，但对支持宝腾长远发展并没有给出过多描述。相比之下，吉利方面拿出了长远合作的诚意，竞标书中明确了未来将拿出博越等多款代表车型出资，甚至吉利承诺和宝腾未来分享与沃尔沃的研发成果。

然而，一道宝腾股权"卖还是不卖"的选择题，在企业内部甚至马来西亚国内的争议进入白热化。从接到两家企业报价开始，宝腾汽车管理层已经连续多日高频度地召开会议，讨论对方提交的方案。会上争论异常激烈，声音在楼梯口都可以听到。

而就在几个小时前，类似的争论在更大空间展开。在商业上一向被西方发达国家压制的马来西亚当地舆论认为："宝腾不应该出售控股权给外国企业，宝腾应该在马来西亚人民手中。"

为了宝腾的前途，两种声音不断撕扯着宝腾管理层与马来西亚政府。时任马来西亚贸工部第二部长黄家泉随后站出来，用"一切尚未决定"的态度缓和双方矛盾："马来西亚政府不会出让国家所有权。我们只是在寻找一个有助宝腾获得更有效发展的机遇，以达到与全球汽车行业中其他大品牌同等的高度。"

当被问及马来西亚政府对外资入股的态度时，黄家泉表示，政府不会针对宝腾汽车的企业行为发声。他希望每个马来西亚人都能对此事表现得更有耐心："我们期待宝腾能通过此事，成为一个重要的汽车制造中心，提高马来西亚的高品质国产车制造能力，从而进入国际市场，尤其是在东盟国家。"

马来西亚国内的信息立刻传到了中国，吉利内部开始为可能出现的变化筹备相应预案。果不其然，2017 年 2 月 23 日，在 PSA 进行竞标答辩的头一天，宝腾一方告知股权架构需要重新调整，从此前的 51％降至 30％，同时要求宝腾与路特斯分开独立报价。吉利一方对此感到非常吃惊，同样，PSA 也表达了不满。

负责宝腾谈判事宜的 PSA 集团中国及东南亚区总裁德尼斯·马丁（Denis Martin）向对方表示了反对。作为 PSA"一键加速"战略的一部分，宝腾项目并非这家法国企业唯一的收购对象。几乎就在同时，这家法国汽车制造商与通用汽车就欧宝品牌的收购谈判正在世界的另一端进行。相比稳固欧洲市场地位，PSA 更多希望用资金在东南亚开辟一个新的市场，通过廉价车策略来满足当地经销商需求，从未想到这次东南亚合作会牵扯如此复杂的关系和精力。

更加微妙的是，就在争议出现的一周前，宝腾获得了政府额外给予的 15 亿林吉特（折合人民币 24 亿元）拨款承诺。马来西亚当地舆论纷纷猜测，宝腾持有者 DRB-HICOM 集团控股者萨义德或许从一开始就预想到了股权出售问题，但仍旧放出消息引导各方按照控股方案提交报价，从而达到获得马来西亚政府更多资金援助的目的。随着援助资金到位，宝腾因此修改股权比例，从而完成最后合作收尾，给马来西亚各方一个交代。

2017 年 2 月 24 日，吉利项目组成员通过微信向李书福详细汇报了宝腾突如其来的变化。看着这些内容，李书福闭上眼睛，迟迟没有说话，五分钟后他回复了最简单的几个字："好，知道了。"

舆论传出李书福"不玩了"！

2017 年 3 月 1 日，吉利向对方提出两个立场：1. 报价有效期截止到 3 月 22 日；2. 拒绝宝腾与路特斯的拆分报价要求。

两天后，和往常一样，吉利与宝腾的沟通工作仍在艰难地推进。对方仍旧在"提高宝腾估值，出售路特斯股权"等问题上不断犹豫着。临近晚上，余宁放下手中的笔，招呼几位同事一起下楼吃点东西。连续的加班熬夜让这些财务、法务出身的高材生蓬头垢面。作为领导，他想用仅有的闲暇时间让大家调节放松一下。

刚刚走出办公室，负责接洽马来西亚的同事的电话一个个响起，电话那头用英语不断询问着同一个问题："吉利真的要退出宝腾合作项目吗？"就在电话沟通的同时，各大媒体铺天盖地报道李书福公开表示计划退出对宝腾股权的竞购消息，这让所有人心头一紧。

"董事长，宝腾项目是要停下来吗？"

"为什么要停下来？"

当大家将媒体报道告诉李书福后，他表示媒体误解了他的意思，并且叮嘱道:"项目不要停,我们没有放弃的意愿。"

几个小时前,李书福在北京出席全国政协大会开幕式,匆匆赶往会场的他被媒体问到这一项目的进程时,简单描述了沟通进程:"他们老变。今天这样,明天又那样,没有想好。"

然而这场误会彻底打乱了宝腾的阵脚,也间接推动了整个项目谈判的进程。舆论很快传到马来西亚,吉利项目组不断接到时任宝腾CEO、CFO以及对方顾问公司电话来询问情况,并且表示任何事务都可以协商。

果不其然,李书福无意间的言论加速推进了项目进程。3月20日,在对宝腾估值调整后,吉利更新后的报价得到了宝腾方面积极的回复,同时对方请求将报价有效期延长到3月31日。吉利同意了报价有效期延长,但再次明确态度,关于宝腾和路特斯的报价是一个整体,并要求对方关于路特斯的谈判必须拥有两个月的排他性。

就在这一关键节点,2017年3月22日在香港吉利汽车港股沟通会上,吉利控股集团总裁安聪慧也回应吉利有意撤销收购宝腾股权,这再次让宝腾感到紧张,不断地向吉利电话询问。

2017年3月28日,距离吉利报价有效期还有2天时间,双方约定这一天下午5点给出最终是否继续协商的回复。项目组负责人不断地看着手表,5点没有消息,6点没有消息……直到晚上9点,对方仍旧没有给出任何消息。谁都明白,这时候宝腾内部也在不断权衡争议,等是唯一的选择。

这一天,电视直播中国与伊朗世界杯预选赛,吉利国际商务部部长谢枫打开电视,所有人都看着屏幕。然而日后回忆起这一晚,除了最后宝腾给出的结果外,没有一个人能想起那一晚足球比赛另一支球队的名字。

晚上10点,一阵急促的电话声打破了整个房间的压抑,整个房间里的人都从沙发上一跃而起。几分钟的交谈，放下电话后所有人长舒一口气。马方最终同意了吉利对于宝腾和路特斯报价一体性的要求，并答应给吉利两个月的路特斯独立谈判权。"这是一年来最幸福的时刻。"回忆起这一晚，项目组核心成员如此形容。

十分钟的电话沟通中，时任宝腾 CEO 阿末弗亚向吉利肯定了合作的需求，同时表示马来西亚政府方面会写信寻求中国政府支持。除了估值与股权占比问题外，其他的问题都可以商谈。大家明白，距离成功已经越来越近，双方沟通后将报价有效日期再次延长到 4 月 21 日，力争在马来西亚穆斯林斋月前签署框架协议。

竞争对手的挣扎

冒着谈判破裂的风险，吉利最终让宝腾下定了合作决心。进入 2017 年 4 月，吉利与宝腾几乎每周都会碰面，双方核心问题在于对宝腾路特斯的估值和股权问题。经过一系列谈判，4 月 6 日，双方确定路特斯估值从之前的 2 亿英镑降到 1.3 亿英镑。4 月 28 日，确定宝腾估值 10 亿林吉特（折合人民币 16.16 亿元），吉利一方拥有 40% 股份。

就在吉利与宝腾紧密沟通的同时，马来西亚舆论从 3 月初开始疯传 PSA 即将成为宝腾最终合作者，甚至连 PSA 顾问公司都向吉利透风："吉利已经没有胜算了。"

给宝腾的报价中，吉利的底线是与宝腾路特斯必须同时合作，不接受单独与宝腾合作。相比之下，PSA 更侧重与宝腾合作，PSA 希望通过收购宝腾汽车建立一个面向东南亚地区的出口基地，并推出适应当地市场的廉价车型。另外 PSA 给出的报价也高于吉利，种种条件都利好于 PSA。

就在此时，路透社传出消息，PSA 将在 2017 年 3 月 7 日宣布收购欧宝品牌。当所有人认为 PSA 可以全力拿下宝腾项目时，李书福却并不这么认为，甚至在他看来，PSA 收购欧宝对吉利来说是一次机会。

每到关键时刻，李书福总爱反向思考。和当初并购沃尔沃一样，当所有人认为吉利即将出局时，他反倒认为机会来了。在李书福看来，欧宝是一个大块头，PSA 不可能同时兼顾两个大的合作项目，整个管理层也不可能有精力做好两块市场，他大胆地预测："我相信 PSA 会放弃宝腾项目。"

没有人相信，就连吉利项目组大部分成员都半信半疑。几年来的接触，尽管他们很崇拜这位董事长，但这一次却找不到更多的理由来佐证李书福的判断。

出乎所有人意料，事件完全按照李书福的判断发展。在 DRB-HICOM 集团向吉利和 PSA 共同提出外方不能控股，要求重新提交方案时，由于法国方面审批流程过长，在吉利重新调整报价后，PSA 迟迟没有做出回复。

另外，马来西亚媒体注意到一个细节，在 2017 年 3 月 28 日时任法国总统奥朗德访问马来西亚期间，没有签署任何商业合作。一位马来西亚高层在媒体上推断："很明显，若 PSA 和宝腾有合作共识，完全可以在两国元首访问期间签署谅解备忘录，其他细节可以随后解决。"当地媒体甚至透露，PSA 已经不热衷利用宝腾来稳定东盟市场，原因在于双方在管理控股权上迟迟没有达成共识。

尽管宝腾与 PSA 都没有做出回应，但外界已经看出，PSA 的胜算正在降低。直到 2017 年 4 月 6 日宝腾正式通知给予吉利 10 周独立谈判路特斯的期限，大家明白胜利的天平已经倾向于吉利。经过马不停蹄的修改标书，4月28日，吉利重新递交最终版本的竞标书。

马来西亚大使出面捎话

2017年5月3日，街道上人头攒动。行走在北京驻外使馆区，余宁紧张而又兴奋，在宝腾项目交易最关键的节点，被马来西亚驻华大使约见，他明白这意味着什么。

大使准时出现，为了缓解余宁紧张的情绪，特意为他点了一杯马来西亚特产白咖啡。大使打趣说："马来西亚总理府特意打电话要求我与吉利会面，表达对双方合作的重视，我们的总理已经向习主席与李总理递交了信函，希望获得贵国领导人支持，你看信函还在我手里。"说完他将手里的信件摆了摆，笑着收了起来。

在交流中，马来西亚驻华大使向余宁完整阐述了合作对两国经济发展的利好，并嘱咐完成这项历史性项目，是改变中国汽车工业市场换技术最好的时机。对马来西亚而言，是复兴国家品牌最好的机遇。

与大使会晤后，余宁在北京威斯汀酒店向李书福再次汇报了近期工作，看着余宁憔悴的面庞，李书福拍了拍他的肩膀："你有任何困难尽管找我，我都支持你，项目一定要成功。"

在余宁的记忆里，一年来无论是半夜还是凌晨，每一次他的微信李书福总是在最快的时间回复，加油打气，很少给他压力。越是这样，余宁越感到决不能给自己留退路。

2个凉菜，2个热菜，一斤白酒。这天晚上，余宁与吉利汽车集团副总裁、首席技术官冯擎峰在北京的一家小饭馆内吃了一顿最简单的晚餐。两人聊到家庭和工作，余宁流下了眼泪，这是他来到吉利唯一一次落泪。

"老兄，你有任何难处，尽管开口。"冯擎峰拿起酒杯一饮而尽。作为吉利的老人，他太了解余宁肩上的这份责任和压力。这么多年，吉利就是淌着眼泪从腥风血雨中走过来的。

当天晚上10点，吉利商务团队赶赴北京机场，飞往吉隆坡。

几天时间，吉利与宝腾就股权问题进行了深度谈判，最终形成在关键问题上的意见并需要双方最高层决策：

1. 在路特斯估值上，吉利控股集团认为股权价值不能超过1亿英镑；DRB-HICOM认为，路特斯股权价值应提升到1.31亿英镑。双方有待进一步对路特斯估值进一步谈判。

2. 路特斯股权架构，吉利要求直接对路特斯持股70%；DRB-HICOM认为吉利直接持股降至50.1%，仍保有控股权。

3. 宝腾股权架构，DRB-HICOM要求持有60%股份，吉利持股40%。博越车型开始量产时，吉利将增持9.9%股份，拥有宝腾49.9%股份。

4. 未来在东南亚市场，DRB-HICOM要求宝腾汽车在东南亚右舵市场具有排他性，基于DRB-HICOM战略目标，力争在5年内让宝腾达到东南亚市场销量前三。

5. 双方同意合作达成给予12个月停滞时间。吉利协助提升DRB-HICOM供应商质量，达到更高的竞争力标准。12个月停滞期仅适用于DRB-HICOM的供应商、宝腾的现有车型。

顶级谈判——让出股权的深意

2017 年 5 月 8 日，杭州。连日的小雨让这座本就秀美的城市更具韵味，西湖被一片片云雾半遮着面容，让穿行其中的人们享受"上有天堂，下有苏杭"的美景。

杭州萧山国际机场，余宁在特殊通道外来回踱步，等待着 DRB-HICOM 掌控者萨义德的专机降落。余宁称这次萨义德与李书福的会面是"顶级谈判"。飞机准点落地，除了萨义德和随行的首席顾问陈国煌外，萨义德安排懂中文的女儿同行。

会议之前，李书福和李东辉再次明确了吉利的诉求：宝腾可以不控股，路特斯持股比例不能低于 70%，同时吉利必须拥有两家企业的绝对管理权。

萨义德首先介绍了自己的女儿，并且夸赞李书福，让女儿多向李书福学习经营之道。尽管碰面不多，但比李书福年长一些的萨义德总是称他为兄弟，这位马来西亚大亨用这种非正式的形式开始了最后谈判。

会议一开始，双方气氛变得严肃起来。萨义德的首席顾问陈国煌提出："如果 DRB-HICOM 持有路特斯股份太低就不再考虑出售。""你能接受的最低股份是多少？"李东辉反问。对方回答："宝腾我们持有 51%，对路特斯，吉利持有 51%。"

李东辉摇头否定了对方，这完全超出了吉利的底线。路特斯未来寄望发展，必须依靠吉利最新的 CMA 技术，如果仅仅比对方多持有 2% 的股份，意味着吉利的投入产出严重失衡。就连马来西亚贸工部

第二部长黄家泉都不止一次地向 DRB-CHIOM 表明态度："路特斯在你手里就像一个冰块，越来越小；但在吉利的研发体系里，它就像一个雪球，越滚越大。"

李书福拍了下坐在旁边的李东辉的肩膀，示意不要争论，然后面向萨义德，出乎意料地说了一句话："阁下，您一直称我是兄弟，对吗？"

"是的，你是我值得交往的朋友和兄弟。"萨义德微微怔了一下回答。

"既然是兄弟，我听哥哥的。"李书福肯定地回答。

李书福的这句话打乱了在场所有人的思维，李东辉诧异地看着自己的老板，尽管有翻译，但懂中文的萨义德女儿在场，一切都无法遮掩，谈判就这样在李书福的这句话下彻底反转，一场顶级谈判变成了一场"家宴"。这一天，萨义德与李书福交流了很多，关于宝腾路特斯的只有寥寥数语，两位性格相近的企业家惺惺相惜，直到很晚才结束会谈。

送走客人，李书福喃喃地问李东辉："我是不是太草率了？"不等其他人开口，他露出标志性的笑容看着大家："我觉得挺好，这是经营哲学——平衡。"

随后，李书福又把李东辉叫到办公室："我们充分体会了保持 DRB 对宝腾的控股权，是体现这家马来西亚民族企业的重要象征。路特斯股权上我们做出重大让步，就这样定了吧。但是宝腾可否在股权上实现 49.9%？这样既保全了宝腾的民族企业性质，又便于我们未来的管理。关键是把宝腾做成功，其他都是次要的。"

2017 年 5 月 24 日，吉利与 DRB-HICOM 就宝腾路特斯签署合作框架协议，在头一天晚上，DRB-HICOM 才宣布，PSA 退出竞标。

◎ 李书福与宝腾 GP1 合影

2017 年 6 月 22 日，去往马来西亚签署正式协议的飞机上，李书福道出了那一天答应萨义德的理由：

1. 吉利要在东南亚长远发展，必须获得合作伙伴的信任。如果在股份上斤斤计较，会伤害感情，也会对未来合作设置障碍。宝腾让出 0.2% 股份，让这家企业仍然属于马来西亚人民，大家一定会齐心协力将这家企业做好。

2. 马来西亚持有宝腾大股份，能够享受本国的政策，政府也会扶持这家民族企业继续发展，对于吉利的合作有帮助。

3. 持有更多股份意味着对方愿意承担更大的投入与风险，这对我们而言是公平的，也说明合作伙伴不是要抛弃这家企业，而是真正想和吉利一同将宝腾路特斯做大，我们要成全合作伙伴。

李书福的这种逆向思维让所有人恍然大悟。这或许就是伟大企业

◎李书福与参与宝腾项目的吉利高层合影

家身上的特质：没有章法可循，没有事先思考，灵机一动的判断总会将每一个商业行为升华。

　　2017 年 6 月 23 日，吉隆坡。签署完正式协议，李书福与吉利控股集团所有高层走下台阶，即将到达一楼时，他扭过头招呼大家："我们一起拍张照片吧。"和李书福站在一起的有安聪慧、李东辉、冯擎峰、魏梅、杨学良、张毅、余宁、胡峥楠、李力、江克洪、陈益民、谢枫……参与宝腾项目的吉利高层意气风发。

宝腾路特斯是什么？

受马来西亚人信赖的国民车

2017 年 7 月 21 日，距离 DRB-HICOM 总部非常近的一家大型商场里，一处临时搭建的汽车展厅吸引了很多吉隆坡市民的参观。其中一辆被切割开的展车格外受关注。一位接受采访的马来人，名叫达扬，他自豪地说"我已经有一辆 Persona"，他现在想买一辆 Iriz 给爱人用。达扬提到的这两款车都是宝腾品牌旗下的车型。

达扬今年 34 岁，说话声音很柔和，现在吉隆坡附近的韩国三星公司工厂里上班。他指着那辆已经被切开的车辆强调，选择 Iriz 是因为信任宝腾，相信它的安全。说这话时，达扬一脸的自豪。

仔细观察，这辆被切割开的汽车在前保险杠和车门处露出了被标有红颜色的钢材，达扬表示，这是宝腾用特种钢所做的安全处理，因此相比"二汽"的车更安全。

达扬所提到的"二汽"是指马来西亚另一家汽车企业北鹿大（Perodua），宝腾则被称为马来西亚的"一汽"。这两家企业都以生产普通市民能买得起的国民车为主，因此市民在购买车辆时经常拿两家企业的产品做对比。

　　北鹿大是一家由日本丰田汽车持股 51% 的车企，其生产的车型多以丰田大发品牌车型为原型的小型车，排量小、操控好、价格低廉，是目前深受马来西亚人欢迎的品牌。不过，"只有懂车的人才买宝腾"，达扬说，经过路特斯工程调校出来的宝腾是目前马来西亚市场上底盘性能最好的车。当你想在马路上安全行驶，并不时地想将车速开到 180 公里／小时以上时，就必须选择一辆宝腾。在达扬看来，如果北鹿大的车是廉价的代名词，那么宝腾就代表着安全和信任。

　　另一位接受采访的是一位陈姓华人，他选择宝腾完全是因为一份期望。1985 年他获得了人生的第一桶金。也是在这一年，他用当时所有积蓄 1.8 万林吉特（根据当时货币换算折合人民币 8 万元）买了一辆宝腾 SAGA。这是他人生的第一台车。SAGA 也是马来西亚的第一款自主品牌汽车，尽管他现在已经换车了，但他准备为刚刚参加工作的儿子买一辆新 SAGA。"SAGA 曾经给了我好运气，我也希望儿子的事业从 SAGA 开始。"陈先生说。

◎图为宝腾汽车旗下的首款车型 SAGA，1985 年上市，当时的售价为 1.8 万林吉特，按照当时的货币汇率，该车价格相当于人民币 8 万元左右

根据 2016 年数据显示，马来西亚共有 3118.73 万人口，每年的汽车销量为 60 万辆左右；汽车保有量超过 1200 万辆，汽车千人保有量达到 400 辆，已经属于相对成熟的汽车市场。

我们在马来西亚调研时发现，功能性和二手车残值被认为是影响马来西亚消费者购车的主要因素。由于日系车在马来西亚有着较高的残值，因此那些对未来有提高收入预期并准备短期内换车的消费者，基本会选择一辆日系车。而绝大部分的普通消费者则会选择购买一辆便宜的国产小车，这也是宝腾在马来西亚市场份额日渐下滑的重要原因。

根据 2016 年的销售数字，宝腾占据马来西亚的市场份额为 12.5%，创下历史新低，宝腾的相关管理者将主要原因解释为小型车布局不足，多为 A 级和 B 级车（相当于中国市场 A0 级和 A 级车），在价格上不具备竞争优势。但在更多的被调查者看来，宝腾已经很久没有推出令人眼前一亮的新车型，即使是 2016 年全部换代的全新车型，也只是在老车型上换了一个造型，整个车辆的工程技术和内饰设计都没有太大改变。

不过，被调查者仍然认为宝腾是马来西亚人的骄傲，尽管近年来它的产品很少，但只有它才是马来西亚真正具备整车开发和制造的企业，是马来西亚工业的精神所在，是马来西亚人民的骄傲所在，也是未来能够走出马来西亚，成为在汽车产业具有独立话语权和影响力的一个品牌。

这位被调查者的观点也在对另一位汽车工程师的采访中得到验证，他认为，宝腾是马来西亚唯一一家可以从一张白纸开始把汽车造出来的整车公司。从汽车设计，到研发、生产、销售，在马来西亚只有宝腾可以让汽车工程人员有这个机会实现他的造车梦。尽管马来西亚有本田组装厂和丰田组装厂。

宝腾的第八位 CEO

2017 年 6 月 22 日，是马来西亚穆斯林斋月的最后一天，第二天就是开斋节。在吉隆坡工作的穆斯林一般都会选择在这一天踏上回家"过年"的征程。下午 4 点多，从吉隆坡机场到市区的道路已经出现了严重拥堵。

作为一名穆斯林，阿末弗亚已经一天没有饮水进食了，但他依然耐心地陪同吉利控股集团总裁安聪慧完成对丹戎马林工厂的参观，以便让其对宝腾的生产线和车型状况有更多的了解。

丹戎马林（Tanjung Malim）位于马来西亚第二大州，距离首都吉隆坡 100 公里。和中国大城市周边的小城一样，这座小城大量的年轻人离家到吉隆坡寻找就业机会。为了保证当地就业，丹戎马林希望能够吸引更多的投资进入，以期待年轻人的回归。

丹戎马林汽车工业城就是这样一个被寄予厚望的地方。该工业城由宝腾设立，尽管在被吉利并购之后，大部分的地产项目被剥离至宝腾的前母公司 DRB-HICOM，但宝腾在该地的工厂将成为宝腾唯一被保留下来的生产工厂。

应该说，该工业城是宝腾发展最辉煌时期的写照，也是马来西亚总理马哈蒂尔留给宝腾的最优质资产。宝腾的丹戎马林工厂依山傍水，绿草如茵，自然环境优美。该工厂设计产能 100 万辆，拥有一个高环试车跑道，目前已建成的产能为 15 万辆。

尽管宝腾在 2016 年的销量已经下跌至 72290 辆，但这个浓缩了马哈蒂尔心血的汽车项目，一直都牵动着马来西亚政府的高度关注。

◎宝腾汽车城位于马来西亚第二大州——丹戎马林，是一个以宝腾汽车命名的地方，集汽车工业、房地产、商业和教育等多个项目于一体，但由于宝腾本身发展问题，汽车城的设想一直未能如期发展

安聪慧在参观生产线的过程中，不停地用手去感受着从生产线下来的整车，习惯了国内汽车的内饰，安聪慧对于宝腾的简配有些诧异。但阿末弗亚同样也不理解安聪慧的问题，在他看来，宝腾采用的是日本的生产线，自动化程度非常高，而关于产品配置方面的问题，阿末弗亚更是认为，市场没道理不接受性价比更好的车型，但关键是吉利能否拿出控制成本的有效方法。

从汽车产业发展的历史来看，宝腾的丹戎马林生产线如果在2000年后最初的那几年，的确是当时先进的汽车装配线之一，它几乎照搬了日本车企的整个流程。但随着中国汽车市场及工业互联网的发展，汽车产业的自动化程度进一步提升，作为全球最大的汽车市场，跨国车企纷纷把最先进的生产线搬到中国，中国的本土企业也随之更新生产线。

作为全球最大的汽车生产和销售大国，中国汽车相关的配套产业也高度发达，在规模经济的带动下，中国企业能够在提升配置的同时控制成本。

如果从上述的观察来看，宝腾对汽车工业的理解仍然停留在宝腾最辉煌的历史时期，而中国汽车工业已经实现了跳跃式的发展，这或许正是中国汽车产业崛起的秘密武器之一。

当吉利与 DRB-HICOM 完成对宝腾和路特斯的资产交割之后，去年还担任 DRB-HICOM 集团 CFO 的阿末弗亚结束他在宝腾的任期，重新回归到他原来的工作岗位，由吉利控股集团来统筹和运营这个代表了马来西亚工业精神的汽车公司。

当初吉利考虑到宝腾在马来西亚的地位，主动放弃了对宝腾的控股权，DRB-HICOM 也投桃报李地让出了公司的运营权，让吉利指定公司的 CEO。2017 年 8 月 22 日上午，原东风乘用车公司总经理李春荣来到位于中国杭州市的吉利汽车总部报到，正式出任吉利入股宝腾之后的第一任 CEO，也是宝腾历史上的第八位 CEO。

李书福多次表示，中国汽车企业还保持着创业者的心态，而跨国企业则多维持着一种守成者的心态。创业者与守成者最大的不同之处，就是前者敢于去创新、冒险，后者多循规蹈矩，缺乏创新力。

这种创业者思维，也是本土职业经理人的价值所在：中国本土汽车的成长已经证明，西方成熟国家的那一套产品开发和商业发展模式并不完全适合中国。此前很多汽车业海归在中国车企鲜有成功的案例就证明了这一点。这些职业经理人习惯了大布局、大规划、大手大脚花钱，并没有考虑到企业在创业阶段的资本和体系的现实承受能力，使得那些规划华而不实，没有有效地帮助到中国企业。

宝腾当前所面临的发展困境，正是中国汽车自主品牌五年前所面临的情况。在马来西亚这个年销60万辆的市场里，宝腾显然不能用跨国企业高举高打的产品与市场战略，必须向中国企业学习如何做市场、如何做产品。

尽管外界也看到丰田正试图通过打造"TNGA"（注：丰田全新汽车制造方式）这样的新造车方式来找回对过去汽车工业核心机密的掌控，但（传统跨国车企的）管理层已经没有了创业者的精神，它的发展方向要么是由资本市场上那些追求短期利益的机构制定，要么是来自负责守成的职业经理人，自然就少了许多创新的动力。得益于中国市场在过去30年内的高速发展，守成就能让跨国公司在中国企业的年度报表数字非常漂亮。当然那些在中国市场都没有发展好的跨国车企，其生存状况也并不比宝腾好到哪里去，要么已经获得中国资本的进驻（如东风入股PSA标致雪铁龙），要么等待中国资本的拯救（如菲亚特—克莱斯勒联盟的出售风波）。

中国的本土职业经理人不同，他们每天都在生命线上挣扎，并逐渐摸索出一套应对跨国车企竞争的方法。在李书福看来，宝腾与其面向低端市场与北鹿大争夺份额，不如直接瞄准日系车所占领的中高端市场。

马哈蒂尔的"汽车智慧"

丹戎马林市位于赤道线附近，受海洋季风的影响，常年温度在23至33摄氏度之间，是马来西亚一个非常舒服的小镇。

经过一个多小时的沟通和参观，安聪慧马上要回到吉隆坡的DRB-HICOM总部进行签约前的最后一轮谈判。当电瓶车从生产车间缓缓驶出时，一大群鸟儿披着夕阳的余晖迎面飞来，瞬间的平静让这座工厂多了一丝节日的气氛。

这一天是2017年6月22日，也是穆斯林斋月的最后一天。对于穆斯林来讲，这是个值得纪念的日子。第二天是开斋节，其盛大意义如同中国的新年。对每一位宝腾员工而言，他们将迎来全新的开始；对于这个有着马哈蒂尔"烙印"的汽车品牌而言，它将迎来一个崭新的时代。

从丹戎马林到吉隆坡市中心需要一个多小时的时间，由于已经过了晚高峰，负责接送我们的工作车开得飞快，个别时刻最高时速甚至超过200公里每小时。陪同人员说，宝腾汽车的底盘工程技术和产品质量是过硬的。

负责接待的工作人员是位马来西亚华人，中文名字叫李逸川。他介绍，马来西亚高速公路网络比较发达，主要城市中心、港口和重要工业区都有高速公路连通，又由于公共交通不够发达，间接支撑了马来西亚汽车市场的持续发展。

李逸川将这一功劳归到马来西亚第四任总理马哈蒂尔身上。作为马来西亚历史上唯一没有贵族背景、没有在英国深造过的大马总理，马哈蒂尔通过一套自己的政治经济学体系将马来西亚由单一的殖民地经济结构，改造为相对独立自主的经济结构，在对外贸易上由过去的原材料出口式结构，发展成以进口替代和出口导向改造国民经济结构，从而建立起马来西亚自身的独立经济支柱。

20世纪80年代，马哈蒂尔制定了"学习日本"和"向东看"的外交和经济发展思路。实践证明，这一战略使得"亚洲奇迹"在马来西亚开始上演。马来西亚迅速实现了国民经济工业化，建立起较为完

◎ 20 世纪 80 年代，马哈蒂尔制定了"学习日本"和"向东看"的外交和经济发展思路，使得"亚洲奇迹"在马来西亚开始上演

备的经济结构和经济运作机制。国家经济状况的改善，使马来西亚成为继新加坡、文莱之后第三个具备较高人类发展指数的东南亚国家，被外界称为亚洲四小虎之一。

"学习日本"和"向东看"既是马哈蒂尔推动经济发展的主要杠杆，也是他的外交方向。马来西亚原为马来亚，系英国殖民地，1957年摆脱英国殖民统治。

作为马来西亚的原宗主国，在马哈蒂尔之前的三位总理任内，英国一直都和马来西亚保持着千丝万缕的联系，在马来西亚的外交中处于相对特殊的地位。再加上二战之后的国际形势，当时的马来西亚政府还必须臣服于美国的霸权政治。

外交政策的取向也影响了经济现状。20 世纪 70 年代以前，马来西亚以农业经济为主，对外主要依赖初级产品出口。

1981 年 7 月，马哈蒂尔当选为马来西亚第四任总理。履任之后，他希望马来西亚能够复制日本和韩国的重工业计划，提出了"向东看"政策。在战略方向发生转移之后，马哈蒂尔开始有意拉开与英美的关系，发展至最后，马来西亚开始对美国的强权政治说不。在与英国的贸易抗争中，马哈蒂尔提出了"最后才买英国货"（Buy British Last）的政策，并故意缺席在澳大利亚举行的英联邦国家会议，甚至一度扬言退出英联邦。

2013 年，马哈蒂尔在接受日本《朝日新闻》采访时曾坦言，当时提出"学习日本"的战略，让马来西亚从日本那里学到了对劳动的真挚态度、对战后复兴的热情和爱国心、独自经营的风格、职场的纪律。马来西亚人还学习日本人的价值观和伦理观，努力保持各民族之间的协调。

马哈蒂尔认为，日本过去进口原材料，经过加工后再把产品出口到国外。对于力争实现贸易立国的马来西亚来说，这是一种凭技术打入世界市场的模式。而过去英美对弱国的外交是掠夺式的，这样的外交并不能为马来西亚带来经济的发展。

在提出了"学习日本"之后，马哈蒂尔发现韩国和中国也值得马来西亚学习。当时的韩国是亚洲四小龙之一，经济发展模式便于马来西亚学习和借鉴；另一方面，改革开放后的中国市场也开始快速发展，并且与邻亲善、避免战争、坚持原则的方式也是马来西亚实现持续发展所应借鉴的。

在那个时期，马哈蒂尔的"向东看"主要是"学习日本，借鉴中韩"。因此，发展与日本的政府关系也是马哈蒂尔当时最重要的外交政策。此外，马哈蒂尔还与中韩两国保持着良好沟通。

在"向东看"战略中，马哈蒂尔希望马来西亚能够复制日本和韩国的重工业计划，鼓励以本国原料为主的加工工业，重点发展钢铁业（典型代表是柏华嘉控股 Perwaja）。目前这家大马重工业先驱因为无法扭转业绩，于 2017 年 5 月 30 日正式从马来西亚股票交易市场除牌。汽车业（典型代表是宝腾 Proton）和混凝土业、石油化工和纺织业等。为了能够更好地学习，马来西亚也是交足了学费，在马来西亚早期发展的项目中，都有日本资本的影子。

投资环境的开放以及马日政府间的热络互动，让马来西亚吸引到很多日本企业的投资。为了实现重工业的快速发展，马来西亚还向日本派遣了大批留学生。这样，马来西亚在承接日本过剩工业产能的同时，又通过人才的回流实现了经济的持续发展，

经过一段时间的学习，马来西亚经济持续向好，从 1987 年起实现了连续 10 年保持 8% 以上经济高速增长。1991 年马哈蒂尔提出"2020 宏愿"发展战略，旨在 2020 年将马来西亚建成发达国家。此外，马哈蒂尔提出以"国家发展政策"取代"新经济政策"。1995 年，他又提出"多媒体超级走廊"计划和"生物谷"计划，大力发展信息产业和生物科技。

至此，马来西亚已成为亚洲地区引人注目的多元化新兴工业国家和世界新兴市场经济体。

作为当代工业文明的集大成者，汽车产业是马哈蒂尔"学习日本"和"向东看"战略中的重点。早在担任马来西亚副总理兼贸工部部长时，他就提出了建立本国汽车装备制造业的意见。该意见最早见于马哈蒂尔 1979 年提出的"国家汽车发展计划"，只是当时这一计划并未获得国会通过，一直到他成为马来西亚总理。

宝腾汽车的辉煌

从汽车、路网、钢铁、混凝土、石油化工这条线上，似乎可以看出为什么外界将宝腾视作马哈蒂尔最重要的政治遗产。

写作组先后两次到访吉隆坡，连续 5 天不间断地在酒店、工厂、汽车试验跑道、DRB-HICOM 总部大楼、经销商、商场和机场之间穿梭。可以很容易地发现，吉隆坡的公路交通特别发达，汽车行驶的平均时速都在 140km/h 以上，在某些路段甚至可以开到 200km/h 以上的速度，其他村庄道路的限速为 90km/h，而且几乎听不到道路、轮胎、车架甚至发动机的噪音。

根据李逸川介绍，不只是吉隆坡，整个马来西亚高速公路网络都比较发达，只要来到马来西亚，不管是在哪里，一定会惊讶这里的汽车数量和四通八达的高质量高速公路。马来西亚官方数字显示，截至 2013 年，马来西亚公路网已经达到 98721 公里，包括长达 1821 公里的大道。该国最长的高速公路是南北大道，全长 800 公里（相当于上海至武汉的距离），介于泰国边界与新加坡之间。

李逸川介绍，目前接近 10 万公里的公路网全都是在马哈蒂尔时期修建完成的，整个路网的设计、建造与管理统一由马来西亚国家大道局负责。尽管近年经历了持续的经济疲软，造成部分偏远城镇道路不再平整，甚至有些坑洼出现，但不得不承认，发达的公路路网是马来西亚汽车产业发展的基础。

1982 年，宝腾汽车项目获得马来西亚国会批准，却并不意味着可以马上生产汽车。作为现代工业发展的最顶端产业，要让宝腾成为一个有竞争力的品牌，不是只有路、钢材和橡胶产品就能生产出符合大众需求的汽车，还需要更多的其他产业及相关国家政策支持。

在 1967 年之前，马来西亚国内并没有任何汽车产业，整车主要依靠进口。但从 1967 年开始，马来西亚政府开始推行进口替代政策，即政府禁止任何车企向马来西亚出口整车，要进入这个市场，车企就需要在大马投资设厂。当时主要是以日本汽车企业为主导，基本是以全散件进口 CKD（Complete Knock Down）方式在当地组装销售。

1978 年，53 岁的马哈蒂尔开始担任马来西亚副总理兼国际贸易与工业部部长，颇具实业精神的马哈蒂尔提出了建立本国汽车装备制造业的意见。尽管他在 1979 提出的"国家汽车发展计划"没有获得国会的赞成，但这并不妨碍他开始提前布局马来西亚未来的汽车格局。

实际上，从 1980 年开始，马哈蒂尔就已经开始积极布局。他利用国家贸易与工业部部长的身份发布了一项新的汽车政策，即整车进口许可制。首先进口许可证只颁发给出口导向型汽车制造企业，对于在本地组装的整车则规定 13 种零部件必须是由当地供应商供应。

1983 年 5 月 7 日，宝腾汽车公司正式注册完成。但新公司只是一个空壳，马哈蒂尔决定为这个新的公司再找一个能注入产品的股东。

通过中间人介绍，马哈蒂尔接触到了日本三菱集团，经过一段时间的接触和妥协，宝腾汽车的股东中增加了日本三菱集团。这家日本重工业集团入股的资本就是三菱汽车第二代蓝瑟平台。变更过的股东结构是：马来西亚政府 100% 控股公司马来西亚重工业社（Heavy Industries Corporation of Malaysia，Hicom），占宝腾总股份的 70%，三菱集团的两个子公司（三菱汽车及三菱商事组成的联营公司）各占宝腾 15% 股份。

新车还未上市，马来西亚政府就陆续颁布了各种产业政策扶持宝腾的发展。从 1983 年开始，马来西亚政府终止了此前汽车进口替代政策，新实施的产业政策包括鼓励汽车产业投资、对外国车企在马来西亚组装工厂设定了本地成分要求，此外还设置了关税和非减税壁垒等。

当时马来西亚的汽车基础产业非常落后，不只是缺乏研发工程人员，甚至连熟练的组装工人都不多。

按照当时马哈蒂尔"向东看"战略，马来西亚政府一方面派遣留学生到日本学习相关汽车工程技术，另一方面也对新的合资公司提出要求。根据约定，新成立公司的营运模式为三菱公司提供生产技术，宝腾负责生产。

在宝腾的新车上市之前，三菱汽车要负责帮助宝腾培训工程师。根据后来的员工介绍，从 1983 年到 1985 年第一款新车正式下线，宝腾先后派出了三批年轻的工程人员赴日本学习。现在宝腾汽车生产线

◎ 1985 年宝腾第一款产品 SAGA 下线，马来西亚总理马哈蒂尔出席下线仪式

上的焊接、冲压和总装车间的各级骨干基本都是当时赴日学习归来的人员。

如果说一线技术工人的技术培训，只需要几个月甚至几周的时间，那么汽车工程技术方面的留学生培养则是长期的。马来西亚汽车留学生计划从 20 世纪 80 年代后期开始，绝大部分留学生是在日本高校取得学位之后，还要到日本企业工作一段时间，最后再回流到马来西亚。

在日企工作的履历，被马来西亚政府和宝腾所重视，因为只有这样的人才能够符合马哈蒂尔对"学习日本"战略的预期——学习日本人"劳动的真挚态度、对战后复兴的热情和爱国心、独自经营的风格和职场的纪律"。

为了迎接马来西亚历史上的第一款国产车到来，宝腾特意举办了一场命名大赛，最终首款车命名的获奖者是一名退伍军人伊斯梅尔·加法里（Ismail Jaafar）。"SAGA"一词来源于一种在马来西亚常见的种子——海红豆。伊斯梅尔是从 Scrabble 猜字游戏中找到的灵感。作为西方流行的英语文字图版游戏，它在一块 15×15 方格的图板上进行，每一格只可放一个字母牌，2 至 4 名参加者拼出词汇且词汇必须在词典中有收录而得分，而"SAGA"这词在游戏中得分最少，很独特。此外，伊斯梅尔还根据这 4 个字母衍生出了 4 个方面的代表含义：Safety/Stability（安全／稳定）、Achievement（成就）、Greatness（伟大）和 Ability（能力）。

1985 年 7 月 9 日，宝腾的第一款车型 Proton SAGA 发布。它第一个面向的市场便是在柔佛海峡对岸的新加坡。

如果说"政府保护性政策和三菱汽车产品输入"是宝腾发展的弹药，那么由马哈蒂尔亲自参与设计的汽车信贷产品就是宝腾发展的"发动机"。当时消费者只需要支付大约 10% 的首付款，就可以将一辆宝腾汽车开走，而且这些贷款还呈现出"利率低，还贷周期长"的特点，这令那些收入不是很高的消费者也能够用贷款买一辆汽车。

贴牌生产的三菱蓝瑟汽车，1.8万林吉特（按当时汇率折合人民币5.652万元）的低售价、灵活好用的信贷产品，再加上马来西亚经济呈现出的向好局面，令SAGA获得了巨大成功，产销供不应求。

我们在金河广场碰到的那位华人，至今仍然记得1.8万林吉特的SAGA对他意味着什么。这不只是一种生活方式的改变，而且新车开三年之后的残值也要高于这个价格。

SAGA的畅销，让宝腾加快了新产品的投放速度。1986年，在SAGA售出10000辆之后，宝腾又推出了Proton SAGA 1.5L轿车和斜背式车身车型。新上市的两款产品同样获得了市场的巨大反响，在这一年，宝腾一举拿下了马来西亚汽车市场64%的份额。之后，宝腾也开始尝试在孟加拉国、文莱、新西兰、马耳他和斯里兰卡进行组装生产销售。在SAGA累计销售5万辆时，宝腾宣布参加1988年的英国国际汽车展，并在车展上揽获质量、设计与制造、人机工程学三方面大奖。也正是在当年的英国国际车展上，宝腾汽车决定出口英国。

历史数据显示，一直到2005年，宝腾一直都占据着马来西亚汽车销售冠军的宝座，至1996年，宝腾已累计完成新车销售超过100万辆，在马来西亚的市场份额甚至超过80%。此时的宝腾汽车不只在15个国家销售，还完成了对英国著名跑车品牌路特斯的收购。

实际上，马来西亚经济的快速发展也与宝腾汽车的快速成长有着千丝万缕的联系，宝腾汽车的持续热销，不只是带动了当地钢铁、橡胶、石油化工产业的发展，也带动了当地汽车零部件产业的发展。

在20世纪90年代初，马哈蒂尔所期望的一个多元化、高速发展的马来西亚来了，伴随经济的快速发展，马哈蒂尔早期培育的一批重工企业也推动了马来西亚金融业的快速成长。

1992年，马来西亚政府准备让宝腾进入资本市场，马来西亚重工业社将所持有的所有宝腾股权转到另一个由政府直接管辖的国家股权基金（Khazanah Nasional Berhad），目的就是希望宝腾能够通过资本市场走向一条独立发展的道路。

1992年3月26日，宝腾汽车以马来西亚"国家汽车工业集团有限公司"的名称在马来西亚吉隆坡股票交易所挂牌（2004年，上市公司更名为宝腾），总市值10亿林吉特（折合人民币15.7亿元），共募得资金5.49亿林吉特（折合人民币8.62亿元）。

宝腾在销量以及融资方面的全面成功，再一次令马哈蒂尔坚定了发展汽车业的信心，就在宝腾完成上市后不久，马来西亚第二汽车公司的项目方案才完成立项。

改变宝腾命运的小股东

2017年7月21日上午，我们来到了DRB-HICOM总部。这栋建于20世纪90年代的建筑楼群透着马来西亚企业家的雄心。环抱式设计的总部大楼虽然不高，但占地面积极大，偌大的绿地广场让大楼与周边保持距离。汽车需要穿过一段很长的弧形道路才能到达办公楼群的大堂。大楼前的绿地上，一位身穿深色制服的清洁工正在清理草坪上的落叶。尽管当时的气温已经超过33摄氏度，但他的装束严谨，戴着太阳帽，上身穿着长袖制服，下身着黑色长裤，脚上穿着一双高帮皮鞋，戴着一副白色手套。每一个细节都体现着这家马来西亚企业的身份与严谨。

推开DRB-HICOM总部大楼的玻璃门，冷风扑面而来，将室外闷热的气息与室内隔绝。进入大堂，映入眼帘的首先是对面墙上的一幅巨大油画，这幅画作展示了 DRB-HICOM 庞大商业帝国的版图：从工业到商业再到银行；从海上物流运输、港口，到宝腾汽车、军工和航空飞机；从石油到高分子化学再到高科技的电子产品。

这幅画成于 20 世纪 90 年代初（这幅画上，宝腾的图标还是与马来西亚国旗一样，由星星和月亮组成，一直到 2008 年车标才更换成现在的异型猫脸样式）。当时的 HICOM 公司是马来西亚政府财政部成立的马来西亚重工业集团，后来在宝腾的资本化过程中，成为了它的小股东。

作为 DRB-HICOM 的另一部分资产，DRB 从一个汽车贸易与零售公司开始，在政府先后推广进口替代政策以及本地化生产增加本地成分时，它及时抓住政策机会，又开展了进口汽车 CKD 组装等业务，并逐渐渗透成为了梅赛德斯 – 奔驰、大众、铃木、本田等公司在马来西亚的分公司股东。

DRB 的创始人叶海亚（Tan Sri Yahya）是一名马来人，他的勤奋与成功受到了马哈蒂尔赏识。

"富民富国"是马哈蒂尔的经济思想，只有如此，才能最大限度地维持本国经济的活力。

作为一名马来人，叶海亚用成功赢得了马哈蒂尔的支持。

1996 年马来西亚政府对国有企业实施私有化改革时，马哈蒂尔首先考虑到的就是叶海亚。叶海亚也没有让马哈蒂尔失望，他用自有资金以及 DRB 与 HICOM 交叉换股的形式，完成了 HICOM 的私有化工作，DRB-HICOM 正式建立。此外，马哈蒂尔还将宝腾的经营权交到了 DRB-HICOM 手上。

与马哈蒂尔的乐观不同，成为宝腾汽车董事的叶海亚也看到了宝腾汽车繁荣表象背后的危机。1996 年之前，宝腾汽车所有销售的

◎马来人叶海亚是马哈蒂尔的支持者，他的勤奋与成功受到了马哈蒂尔赏识，前
　期是最著名的汽车经销商，此后参与宝腾汽车的经营和管理，并全程参与了宝
　腾对路特斯的并购，被称为马来西亚"汽车沙皇"

车型（包括 SAGA、Wira、Satria、Putra）技术平台都来自三菱汽车，
宝腾汽车并没有自己的技术优势，所有的成功都建立在本土的政府保
护政策之上，在全球其他市场的销量更是以牺牲价格得来的。

　　作为马哈蒂尔最优秀的门徒，叶海亚将他的观察告诉了马哈蒂
尔。在他看来，拉动宝腾汽车快速发展的三驾马车（日本汽车技术、
低价和灵活的金融信贷产品）实际上并不是那么稳固，只有信贷政策
是真正能够带动消费的关键，其他两大因素都不牢固，尤其是在政府
的保护主义政策下，宝腾已经习惯了在国内"耀武扬威"，而逐渐失
去了海外求生存的斗志。

　　"增加合作伙伴，打造自己的研发实力"，这是叶海亚给出的解
决方案。在他看来增加合作伙伴，就意味着有多个选择权，但最终还

是要依靠自己。

实际上，马哈蒂尔也意识到过度依赖日本企业所带来的危害，因此他支持叶海亚的战略，帮助宝腾度过转折期，迎来下一个销量快速增长的周期。

1995 年，欧洲经济出现了衰退趋势，单一奢侈品公司的经营出现了问题，一些公司甚至面临破产风险。这其中就包括罗曼诺·阿蒂奥利（Romano Artioli）所管理的一支私募基金 A.C.B.N.Holdings S.A.。该私募基金当时一共经营着两个豪华跑车品牌——布加迪和路特斯。其中，路特斯是在 1993 年从通用汽车以 3000 万美元的价格买下，而在投入了大量资金研发出路特斯 Elise 之后，公司出现了资金困难，破产风险迫在眉睫。于是，布加迪和路特斯都摆到了出售的计划中。

得知这一消息之后，叶海亚建议宝腾买下路特斯，这个提议再次得到了马哈蒂尔的赞同，叶海亚本人也直接参与到了宝腾对路特斯的并购案中。但由于大众汽车已提前买走了布加迪，阿蒂奥利在资金链不那么紧张的时候，也守住了底价。

经过三个月的谈判，1996 年 10 月 18 日，阿蒂奥利与叶海亚在英国赫塞尔签署了收购协议，最终叶海亚以 5100 万英镑（叶海亚个人出资 1300 万英镑、宝腾出资 3800 万英镑）价格完成了对路特斯 80% 股权的收购（其中叶海亚占股 16.25%，宝腾占股 63.75%，2003 年宝腾实现了对路特斯 100% 股权收购）。

宝腾汽车宣布，交易完成之后，宝腾将借助路特斯汽车全球最好的研发资源，帮助其在 1999 年实现 50 万辆的汽车生产目标。

宝腾的衰落

独立研发与周期性风险

1997年3月22日，50岁的叶海亚和他的妻子罗哈纳（Rohana Othman）准备去登嘉楼马兰看望生病的母亲，由于时间紧张，叶海亚从加代克私人直升机航空公司租用了一架阿古斯特 A109P 6座直升机。不幸的是，在飞经彭亨州瓜拉立卑时，飞机在半空中发生了爆炸，包括夫妇二人在内的机上人员全部身亡。

飞机残骸在 2900 米外的橡树林内被发现，DRB-HICOM 旗下子公司——加代克私人直升机航空公司对此空难的解释是，飞机从吉隆坡直升机停机坪起飞半个小时后，飞机发动机出现故障。

对于叶海亚的英年早逝，很多马来西亚人都感觉可惜，甚至有人预测，如果没有那次空难，宝腾与路特斯或早已成为年产销 100 万辆的汽车企业。还有人将叶海亚的死亡描述为政治谋杀。更有人认为，如果叶海亚弃商从政，凭借他超高的社会名气，很可能成为马哈蒂尔的接班人。

历史没有如果，这些没有依据的八卦新闻或许也只能说明，宝腾需要一位具备前瞻思维的掌门人。

◎ 1997 年 3 月 22 日，50 岁的叶海亚和妻子罗哈纳乘坐私人直升机回家看望母亲时发生空难。对他的死亡，外界有很多猜测，其中包括资产在什么时间过让给政府

　　为了稳定局面，在马哈蒂尔的主持下，莫哈末（Tan Sri Mohd Saleh Sulong）被任命为 DRB-HICOM 的临时掌门人。但随后到来的亚洲金融危机将马来西亚金融体系和工业体系全都打乱，DRB-HICOM 的发展陷入困境。为了拯救这家对马来西亚有着特殊意义的重工集团，马哈蒂尔不得不再次出面，邀请萨义德的 Albukhary 集团

公司来拯救 DRB-HICOM。

萨义德的确挽救了 DRB-HICOM，却无法挽回宝腾的颓势。在购回叶海亚所持有路特斯的 16.5% 股权后，宝腾一方面加大资金投入新产品开发，另一方面继续扩大和布局新产能，以期在 2000 年到来之前能够达到 50 万辆产销规模。

宝腾早在收购路特斯之前就有规划。在宝腾两大生产基地中，位于雪兰莪州的沙阿兰工厂是宝腾最早的工厂，年设计产能为 35 万辆。为了实现这一销售目标，增加新产能就成了必然。

在过去很长一段时间内，汽车产业都是一个有着周期性规律的产业，没有了叶海亚的日子，宝腾的确加大了研发上的投入，却忽视了自主研发所带来的周期性成本风险。

从严格意义上讲，1995 年至 2000 年期间，宝腾并没有新车上市，尽管在 1996 年有一款基于 PSA 旗下 AX 平台开发的超级小车 Tiara，但这款产品在叶海亚去世后也被放弃了。不仅如此，他们还放弃了叶海亚提出的增加合作伙伴的建议，将所有的希望都赌在 2000 年以后的完全自主研发上。

五年没有新车上市，实际上就是一次产品供应的断代。从二战后一直到今天，汽车企业的产品研发讲究的是上市一代、研发一代和规划一代，每一代产品都有一个相对固定的生命周期。例如德国车企习惯七年一换代，但会在新车上市的第三年推出中期改款车型，而日韩企业则多以三年为一换代周期。这种周期性的产品更新能够让市场保持新鲜感。

只是当时宝腾管理层并没有意识到宝腾已经在产品供应上出现了断代。在他们看来，市场对宝腾的老款车还有很大的需求。尤其是 SAGA，它的质量好，经久耐用。

特别是面对亚洲金融危机的影响，宝腾新领导的策略就是降低产能、降低销售量，只追求提高单车利润。实事求是地说，宝腾能在亚洲金融危机后凭借这些老款车迅速恢复至危机前的状态，表面上看很不容易，但人们忽略了一个原因，那就是政府的保护性汇率令林吉特处在贬值状态，致使进口零部件成本上升，迫使日韩车企缩减了在马来西亚的生产和进口。

很显然，金融危机让宝腾度过了产品断代风险，却忽视了自主研发的周期性风险。

汽车产业既然讲究产品周期性的更新换代，那就存在着周期性风险，因为无法保障每一代的产品都能获得市场的认可。

2000 年 8 月，被宝腾寄予厚望的自主研发新车型 Waja 宣布上市，这是一款带领宝腾走向新商业模式的车型，通过独立的产品设计，帮助宝腾进一步培养自己的供应商体系，彼此间建立起新的信任关系。

可惜的是，市场并没有对 Waja 做出积极反馈，原来贴牌生产日系车所带来的那种信任感也在流逝。造成另一可怕的效果是：消费者更信任北鹿大，因为他们还在引进丰田大发的车型，尽管多为小型车，但品质更可靠。

为了应对这一局面，宝腾只能利用老款 Wira 平台推出了一款 Jumbuck，这款只改了造型的新车型，在马来西亚市场的认可度只能算凑合，好在它意外地在海外市场（尤其是澳大利亚）获得热销。

2004 年，宝腾自主研发的第二个产品平台 Gen-2 投产，这可能也是宝腾自主研发最成功的一个产品平台。它是宝腾所有车型中第一个搭载国产发动机的平台。对宝腾来讲，Gen-2 最大的贡献就是在该平台上推出的 Persona，它成功地完成了对 Wira 系列车型的取代。当然 Gen-2 也为当年中国的青年莲花提供了两个车型，即

L3 和 L5。

从 1996 年、2004 年，宝腾用 Persona 的成功对外证明了它的价值，成为马来西亚真正意义上具备自主研发能力的整车企业，这足够令他们自豪。但自主研发所带来的不确定性风险，却令宝腾的大股东改变了对它的发展策略。

首先，1996 年—2004 年的独立研发，以及内部经营困难，让三菱集团逐步失去了对宝腾的投资兴趣，先后在 2004 年和 2005 年分两次将其所持有的剩余股权卖给了马来西亚国家股权基金。与三菱的资产交割中，马来西亚国家股权基金也对 DRB-HICOM 在宝腾的经营表现失望，2004 年，DRB-HICOM 所持有的宝腾经营权和股权一并被马来西亚国家股权基金回收。

重新做回了国企，新的管理层也希望寻找到新的合作伙伴来降低研发成本和提升产能，但实际也只是在 2010 年引进了一款基于三菱戈蓝平台上的 Inspira。相较于 Inspira 的平淡，自主研发平台在 2008 年改进的第二代 SAGA 和 2009 年推出的全新车型平台 P2（代表车型 Exora）都获得了市场的认可。

Exora、Persona 和 SAGA 都是宝腾自主开发的车型，被称作是宝腾在新时代的三驾马车。但从 1995 年算起，宝腾空缺了整整一代产品，在这种长期的期待与失望中，宝腾与北鹿大的产品竞争逐渐处于下风。

2006 年，宝腾在马来西亚的销量首次被北鹿大超越，而且差距被越拉越大。除了产品之间的差距，宝腾自主研发所导致的居高不下的成本也是关键因素。（如下图所示）

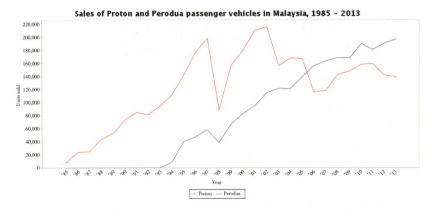

◎ 1985—2013 年间，宝腾与北鹿大汽车销量折线图（红色代表宝腾，蓝线代表北鹿大）

一个时代的结束

2003 年 10 月 29 日，马哈蒂尔主持召开内阁会议，这已是自 1981 年就任以来由他主持的第 883 次内阁会议。会议前半程一如往常，要求内阁成员就政府决策提出最新报告，但当会议进入后半程时，现场一片沉静，部分官员开始流泪。

因为下一个议程就意味着马哈蒂尔要和大家说再见了，即将接任总理的副总理阿卜杜拉·巴达维（Abdullah Ahmad Badawi）代表内阁发表简短的致谢演说后，马哈蒂尔感谢阁员们的支持，并要求他们同样支持他的继任人。

随后的两天时间里，马哈蒂尔与巴达维进行了相关交接，2003 年 10 月 31 日，马哈蒂尔正式辞职下台。

离开公职之后，马哈蒂尔成了宝腾的顾问。巴达维作为马哈蒂尔

◎马来西亚第五任总理巴达维（右）与马来西亚第四任总理马哈蒂尔（左）合
影，在政权交接仪式上，马哈蒂尔表示不会干预巴达维政府的工作，但后来双
方矛盾加剧，导火索就是汽车，就是宝腾

一手提拔起来的接班人，在早期的产业发展中也基本维持了马哈蒂尔
的政策。但他后期的经济政策改革却对马来西亚经济结构特别是宝腾
的影响深远。

　　马哈蒂尔时代的经济是靠政府支撑的，他钟情于大型项目开发，
利用大项目带动经济的发展。比如整个马来西亚公路网，特别是南北
大道的建设，在缩短了人们出行时间的同时还带动了汽车消费。

　　巴达维不同，他希望能打造一个更加开放的马来西亚，于是他采
取了一个对马来西亚工业能够逐步放手的援手政策。为此，巴达维在

东盟自由贸易协议上签了字。

巴达维在接受外界采访时表示："（宝腾）所有事务都应该有所改进。它必须扔掉拐杖。我们会尽我们所能帮助它，但我已经告诉他们，'千万别过分依赖外界帮助而不思进取'。"

马来西亚加入东盟自贸区对宝腾最直接的影响是，2005 年宝腾的马来市场份额跌落到了 30％，利润降至 760 万美元，同比大幅下滑 93％，营业额也从上年的 23 亿美元跌到了 21 亿美元。

巴达维政府很清楚地意识到，造成宝腾连续亏损的关键是生产规模不能有效分摊研发成本，从而使得宝腾的产品在市场中失去了竞争力。

2006 年 2 月 20 日，巴达维终于就宝腾汽车发展表态，他认为宝腾汽车必须要寻找一个跨国汽车公司作为自己的合作伙伴，以提高公司的产品质量、研发等技术水平和生产效率。

巴达维此言一出，立即引起轩然大波，将宝腾未来发展道路的争论推向前台：急于改革的巴达维政府主张宝腾对外合资，但马哈蒂尔明白，马来西亚的汽车工业还在成长期，还无法与世界汽车工业站在同一起跑线，因此他建议宝腾应该保持独立，马来西亚应帮助本土企业争取更多的空间和时间，以便提高企业的竞争力。

其实从 2004 年起，巴达维政府就开始为即将到来的改革做准备了。宝腾汽车的大股东马来西亚国家股权基金发起了对宝腾股权和管理权的回购，DRB-HICOM 所持有的 14％股权和日本三菱所持有的 16％股权，就是在这一时间被回购。

其实，从巴达维上台开始，马来西亚内部对于宝腾汽车未来发展就逐渐形成了两种对立说法：一种观点主张采取合资，大致类似于中国汽车自 20 世纪 80 年代以来的主要发展模式；另一种观点则坚持要求宝腾独立于跨国汽车公司力量之外存在。

在政府的介入下，2004 年 10 月，宝腾与德国大众签订了合作谅解备忘录，双方开始探讨合作方式。以扎因（拿督·阿末弗亚前任、宝腾第 6 任 CEO）为首的时任宝腾管理层认为，他们与大众汽车采取合资合作的方式，双方的合作主要集中在技术领域；但在大众汽车看来，只是将宝腾的工厂作为其在亚太地区主要生产基地之一，并计划掌控合资公司至少 51% 的股份（包括从马来西亚股权基金公司购买 30% 的股权等）。

政府在对外合资上的激进行为，引发了宝腾汽车管理层的不满。截至 2005 年 8 月，宝腾汽车 CEO、CFO 等多位高管相继离职。其中，时任 CEO 东古（Tengku Mahaleel）认为，按照 WTO 的规定，马来西亚要到 2020 年才开放国内市场，与大众汽车进行合资无异于将宝腾汽车卖给德国，这是他不愿意看到的事情。

在这种背景下，作为宝腾荣誉顾问的马哈蒂尔与巴达维就宝腾的发展问题产生了分歧。对宝腾了如指掌的马哈蒂尔痛心疾首："宝腾在劫难逃，巴达维正在出卖马来西亚的主权。"

这一时期巴达维在宝腾的改革方向上出现了明显的摇摆。他对外表态，宝腾是马来西亚汽车的钢铁巨人，是马来西亚汽车工业独立存在的标志，它的股权不可能卖给任何国外资本。出于战略层面的考量，宝腾汽车的合作对象必须具备这些条件：愿意长期进入马来西亚市场，为宝腾汽车提供先进生产技术、发动机研发、产品设计等方面的支持，而且双方必须完全是一种战略联盟式的合作。

与此同时，宝腾汽车的生存状况进一步恶化。2006 年 2 月 23 日，马来西亚汽车工业组织称，1 月份马来西亚商用汽车的销售同比增长 39.2%，达到 1.2 万辆；而乘用车的销量则下降了 7.2%，销量仅为 2.9 万辆。其中，宝腾和北鹿大两家本土汽车制造商的销量为 2.54 万辆；以丰田为首的跨国汽车公司则取得了 11.4% 的增长，销量为 1.59 万辆。当年 2 月 28 日，宝腾汽车公布了此前一季度的经营情况，其收益同比下降了 39%，这再次加重了宝腾汽车的盈利压力。据大马本土研究人士的分析，这种状况可能还将持续。

新接任宝腾 CEO 的扎因·阿比丁履新后发现，宝腾的三条组装线处在严重产能闲置。宝腾对外公布的产能利用率数字是 40%，但如果依照宝腾在沙阿兰和丹戎马林两个工厂的 65 万辆产能计算，宝腾在 2005 年产能利用率尚不足 30%。

此时，以丰田、日产、本田为主的跨国汽车公司，正在夺取马来西亚更多的汽车市场份额。2006 年 3 月中旬，当时被称作是"中国廉价车私营制造商"的吉利汽车终于被允许在马组装汽车，并且其组装的部分汽车可在马直接销售。

2005 年 6 月，吉利自由舰在中国国内上市，经过一段时间的市场培育，该车型在 2006 年已经实现了月均销量超过 1 万辆的规模。一位马来西亚贸易商试图说服吉利在马来西亚组装和销售自由舰。

经过对自由舰右舵版的试验性改造，吉利汽车启动了在马来西亚进行 CKD 出口的准备工作，并在当地投资建立了一条专门的生产线，甚至已经谈妥了当地的经销商。

尽管该项目早期曾获得了马来西亚政府的支持，但在最后阶段，吉利在当地的生产计划出现了变故。作为当时的项目负责人，现任吉利控股集团总裁安聪慧曾多次到马来西亚处理这项交易。到 2007 年 7 月，马来西亚政府叫停了该项目。

根据安聪慧的回忆，吉利与当地政府产生分歧的关键在马来西亚进口车关税政策中的"出口配额政策"，即在当地进行组装的自由舰必须要保证 50% 以上产量用于出口，且不能与宝腾和北鹿大的现有产品形成竞争。这些苛刻条件是吉利最终决定暂停马来西亚项目的关键。

当项目结束时，安聪慧曾希望去参观拜访宝腾汽车。尽管当时宝腾在马来西亚的销量已经被北鹿大超越，但宝腾的自主研发已经起步，而且产品质量控制比中国品牌要好很多。当时安聪慧抱着学习的态度参观的请求被拒绝了。

同期，巴达维的改革也遭到了来自国内保守势力更强大的反对，罢工、游行、民族运动愈演愈烈。至 2008 年年初，马来西亚即将迎来新一轮总理大选。为赢得选举，巴达维屈服于害怕失去生意的马来西亚转包商压力，取消了将宝腾出售给大众汽车或通用汽车的计划。

2009 年 3 月 26 日，巴达维在竞选中失利败给马来西亚主要执政党马来民族统一机构（巫统）。4 月 2 日，巴达维递交辞呈。

从历史角度看，巴达维的经济改革为宝腾的发展指明了方向，却没能提供改革所需土壤。但在马哈蒂尔留下的汽车智慧下，宝腾此时已经被推到了改革的前沿。

在中国走过的弯路

2017 年 7 月 20 日上午，带领我们参观完宝腾汽车研发中心后，宝腾负责接待的李逸川指着试验中心前一个巨大的空地说，这是宝腾的停车场，也曾经是走向中国的地方。作为宝腾在中国办事处的第一批员工，李逸川对那一段时光特别难忘："当时广场上摆满了运往中国组装的 KD 件，足足有几个集装箱。"

2008 年 7 月，宝腾汽车与中国青年汽车终于达成了合作协议：后者以 CKD 的形式在中国组装销售宝腾汽车，但新车不挂宝腾的标识，而是悬挂青年汽车自创的"青年莲花"品牌标识。

只是，这个"青年莲花"并不是宝腾以路特斯品牌与青年汽车建立的合资公司，它只是青年汽车自己注册的中国自主品牌。急于分摊成本的宝腾汽车只是从中赚取 KD 件的利润以及按照销量收取产品专利提成。

但对于宝腾而言，这是一个巨大的利好。经历了 8 年时间的摸索，终于在中国汽车市场找到了一个可以实现本地化生产的合作伙伴。

实际上，宝腾进入中国市场并不晚，早在 2000 年就已亮相于北京国际车展，之后一直寻求进入中国的机会。当时中国汽车市场正处于井喷前夕，时机抢得正好。但由于选择合作伙伴策略有误，宝腾蹉跎了美好时光。

在与青年汽车达成协议之前，宝腾与另一家中国企业有过合作。2002 年 1 月，宝腾与广东金星重工制造有限公司（下称"金星"）草签意向书，以 2500 万美元收购后者 49％的股权，合资生产轿车。2003 年双方正式合资成立金星宝腾汽车有限公司，计划当年投产，2008 年实现量产 10 万辆。

不可理解的是，身为国有企业的宝腾竟然忽视了中国市场土壤的相似特性：这家位于东莞的金星公司只是一家生产汽车制造模具的民营企业，根本没有轿车生产目录，需要向国家发改委申请，难度可想而知。这一等就是三年。

在经营状况日渐衰落，而在中国又迟迟不能获得生产资质的背景下，宝腾只能将目光继续转移。2004 年通过重组贵航云雀获得生产资质的浙江金华青年集团（下称"青年汽车"）进入宝腾汽车的视野，经过几轮沟通，双方迅速达成合作。

2005 年 9 月，青年汽车的轿车项目上报给国家发改委备案，厂

◎ 2005 年 9 月，宝腾汽车终于实现在华生产的可能，青年汽车的轿车项目上报给国家发改委备案，厂址定于济南高新技术开发区，主要生产 1.3—1.6 升排量的经济型中档轿车，图为首款国产车型——L3 竞速

址定于济南高新技术开发区，合作伙伴就是宝腾汽车，主要生产 1.3 升—1.6 升排量的经济型中档轿车。

2006 年春节前，宝腾时任 CEO 扎因·阿比丁率队专程考察了青年汽车总部，同时还拜访了中国另一家本土企业奇瑞汽车，据说也有合作意向。

李逸川就是当年随扎因一起来华的员工之一。但他来华不是考察合作伙伴，而是作为宝腾国家汽车有限公司杭州代表处的一名工作人员被派驻杭州。

鉴于宝腾当时的生存状况，以及中国政府对合资企业的审批流程，宝腾与青年汽车签署的只是代工协议。这种松散的代工协议，是

20 世纪 90 年代之前的汽车企业技术路线图，这种不牵涉股权的合作形式，令宝腾没有安全感。杭州代表处的设立，一方面是为了支持青年汽车的本地化生产，另一方面就是寻找新的合作伙伴。

从某种程度上讲，扎因已经将中国市场视为宝腾发展的最大期望。根据李逸川的回忆，宝腾杭州代表处的第一批员工都是在宝腾工作多年、会讲普通话的华人。他们从 2006 年年初来到中国，就开始寻找新的合作伙伴，从广州到鄂尔多斯都留下了他们的足迹。

2008 年年初，中国国家发改委终于批准了青年汽车的轿车项目，这对准备已久的宝腾汽车而言是一个巨大利好。

2008 年 11 月 11 日，青年莲花的第一款汽车在济南下线。2008 年 11 月 12 日，青年莲花的第二款汽车在贵州云雀的组装厂下线。

青年莲花将这款汽车命名为"竞速"，并将其与路特斯相关联，尽管这款车的技术平台就是 Gen–2，原型车就是宝腾 Persona，但青年莲花坚持称这款车是路特斯工程专门为青年莲花打造的一款全新车。但不论是竞速，还是后来的 L3、L5，实际上都属于同一个平台。

根据青年汽车发布的战略规划，该公司将在 2009 年总投资 444.43 亿元，在全国规划十大生产基地，计划建成后总产能达 146.3 万辆。

就是在这巨大的生产计划面前，宝腾默许了青年莲花对路特斯的品牌侵害，甚至连路特斯工程的研发人员在面对中国媒体关于"竞速"与路特斯关系的问题时，也模棱两可地表示："没有路特斯，哪有 Gen–2，更不会有竞速"。

2008 年是中国汽车市场大爆发的蓄势之年，虽然这一年中国汽车销量只有 938.05 万辆，在此后的三年时间里，中国汽车市场实现了井喷式发展，销量突破 1850 万辆，销量实现近 100% 的增长。

只是，宝腾赶上了中国汽车市场爆发的盛宴，却没有在这场盛宴中分得一杯羹。公开资料显示，2010 年青年莲花在华销量为 2.64 万辆，2011 年的销量为 3.53 万辆，2012 年的销量为 4.9 万辆。因为宝腾汽车的车型不够丰富，且与青年汽车的合作关系并不牢固，宝腾汽车与青年汽车的合作关系逐渐出现破裂，双方都开始寻找新的合作伙伴。

到 2011 年年底，宝腾汽车与中国另一家民营汽车企业华泰汽车逐步达成合资合作意向。同期，青年汽车与当时中国最大的汽车经销商集团庞大集团展开了对瑞典萨博汽车资产的收购。

然而就在宝腾与华泰汽车即将签订合资合同的时候，马来西亚政府紧急叫停了这一合作。原因是根据马来西亚新政府的进一步政治经济改革措施，宝腾的全部资产将被出售给 DRB-HICOM。

宝腾私有化与寻求国际合作

2009 年 4 月 3 日，马来西亚新一届政府上任之初，就颁布了全新的马来西亚"国家汽车政策"，根据政策规定，马来西亚将东盟成员国整车进口关税调整为 5%，2010 年 1 月 1 日起实现零关税；对非东盟国家整车进口关税调整为 30%、本地组装调整为 10%。但是，对进口汽车征收国产税及销售税，最少（1.8 升或以下）征收 85%（75%国产税，10%销售税）的进口关税。

为阻止跨国企业对马来西亚汽车产业的冲击，2009 年 4 月初，马来西亚政府希望将其本土两大车企宝腾与北鹿大进行合并。

在这一过程中，马来西亚贸易与工业部负责和两家公司进行协商，并得到了宝腾的积极响应。时任宝腾汽车执行董事阿末弗亚表示，两大车企合并有利于提升经济效益，并将降低高达 10% 的销售成本，增强了马来西亚汽车的市场竞争力。

但北鹿大方面并不积极。北鹿大在很大程度上由日本丰田汽车控制（丰田汽车及其子公司在北鹿大享有 51% 的控股权），合并后其权益将会被严重稀释。最终，这一计划于 2011 年 1 月 28 日被彻底放弃。

谋求国内产业重组的同时，马来西亚政府重新启动了宝腾对外股权合作计划，以拯救这个产能严重过剩的汽车企业。不过从 2010 年 6 月重启与大众合作谈判，以及 2011 年 3 月开始与日产谈判，始终没有涉及宝腾的股权。根据当地权威人士分析，随着马来西亚汽车市场的放开，大众只希望利用宝腾的剩余产能实现本地化生产，而宝腾与日产汽车的合作协议只是个初步协议，日产只是准备向宝腾出售过剩技术，并从出售关键零部件方面进行赚钱。

进入 2012 年，当时的马来西亚政府又针对马来西亚国有企业进行改革，以此减持政府在相关企业里面的股份，尤其是政府占股很大但没有带来相等价值的企业。在这一过程中，马来西亚政府相继对马来西亚邮政公司、宝腾汽车、北鹿大汽车、马来西亚机场、马来西亚国家能源公司等进行抛售或减持，并通过公开招标的方式寻找合适的买家。

作为一个与宝腾有着深厚渊源的公司，DRB-HICOM 已经拥有了奔驰、大众组装企业，零部件配套企业，汽车零售经销商，因此他们希望能够成为宝腾的竞标公司，以完善自身整个价值链布局。最终 DRB-HICOM 如愿成为了竞标公司，并先后将宝腾汽车和马来西亚邮政收归旗下。

2012 年 1 月，DRB-HICOM 集团宣布，将斥资 12.9 亿林吉特（折合人民币 20.253 亿元），收购马来西亚国家股权基金的 2.347 亿股宝腾汽车股权，占公司总股份的 42.7%。每股收购价为 5.50 林吉特（约人民币 8.64 元），比宝腾汽车当时收盘股价高出 6.2%。

根据马来西亚证券条例，如果任何一家公司收购上市企业超过 40% 股份，就获得了向市场上其他股东发起邀约收购的权利，但必须按照相同价格进行购买。

为了充分掌握对宝腾的管理权，DRB-HICOM 对宝腾汽车实施了退市计划，向马来西亚石油公司、马来西亚雇员退休基金，以及市场上流通的合计 52.3% 的股权发起回购。

至此，宝腾汽车完成了整个私有化进程，成为 DRB-HICOM 旗下一家子公司。尽管在收购之初，该控股股东也对外发布了一系列雄心勃勃的复兴计划和出口计划，但实际上 DRB-HICOM 很清楚自己的定位，它的作用还是帮助宝腾寻找一个新的战略合作伙伴，能够为宝腾的发展提供其所需要的技术和新市场。

DRB-HICOM 集团 CEO 拿督斯里赛法依沙在与我们进行沟通时指出，宝腾私有化时，马来西亚政府对 DRB-HICOM 提了两点要求：1. 必须要为宝腾找到一个外国策略伙伴。他们希望这个外国的策略伙伴可以帮宝腾不只解决宝腾问题，同时也把路特斯的问题解决，帮助其扭亏为盈。2. 政府希望 DRB-HICOM 将业务专注在宝腾方面。

成为 DRB-HICOM 全资子公司后，宝腾在对华业务上也出现了变化，他们开始重新审视这个市场以及合作伙伴。在这一过程中，中国汽车企业华泰汽车曾多次希望能够与宝腾完成此前已经沟通完毕的合资谈判，但都无果而终，宝腾原来设在中国杭州的"宝腾国家汽车有限公司杭州代表处"也被撤销。

2014 年 4 月，已经 88 岁的马哈蒂尔前往中国拜会政商界人士，DRB-HICOM 集团掌控者萨义德随行。与吉利的合作谈判就是在这次访问期间得到深化。当月月底，当时的马来西亚政府批准 DRB-HICOM 与中国吉利进行合作谈判。

2014 年 5 月，马哈蒂尔的身份从宝腾汽车总顾问变为宝腾汽车主席，亲自上阵以促成 DRB-HICOM 与吉利的合作。

根据 2014 年 6 月 10 日出版的马来西亚《财经日报》（*The Edge Daily*）报道，马哈蒂尔对于宝腾的重建充满信心，并声称将"不需要政府援助"。

当年，《日本经济新闻》对马哈蒂尔转向中国寻求帮助的方式提出了质疑，其在 2014 年 6 月 23 日的报道中指出，马来西亚的消费者已经转向了日本汽车，因此马哈蒂尔"要想把消费者拉回来"可能很难。

对此，马哈蒂尔并不认同，他认为日本经济的发展方向已经严重西方化，具有攻击性和侵占性，因此他在此后接受媒体采访时指出，日本也应该向中国看，而不是向西方看。

2016 年 4 月，吉利汽车邀请马哈蒂尔以及宝腾汽车高层参观北京车展。正是这次车展促使马哈蒂尔及宝腾下决心与吉利合作。

当年随行的宝腾汽车副 CEO 莱德载夫（Dato' Radzaif Mohamed）对此印象深刻，在此之前，他认为中国消费者对于汽车的要求比较低，比如安全。但到北京后才发现，中国消费者对汽车的需求提升到了一个非常高的层面。

透过各大车企的发布会，莱德载夫了解到，数字化智能汽车已经成为中国消费者对汽车的核心诉求。很多整车厂商在往这方面发展，推出的车型很符合消费者的需求。所以他相信，中国将会主导整个全球汽车产业的流行趋势。

在试驾了吉利的第三代车型之后，莱德载夫认为吉利汽车的造车水平进步非常神速，在质量控制和技术含量方面都有了飞跃式的发展。这与他几年前看到的完全无法比较。他认为，吉利已经可以和世界上最前列的品牌一较高下，它所展现出来的车型都非常前卫。

作为全球最大的汽车市场，全球最好的汽车、最好的技术都已来到中国，莱德载夫预计中国市场将会在未来继续引领全球的汽车市场。

与中国市场形成对比的是，马来西亚汽车市场正在老化，几乎所有的在售车型都不关注数字化应用，汽车电子产业发展缓慢。在这种背景下宝腾也逐步失去竞争优势。莱德载夫认为，宝腾要在马来西亚乃至东盟市场具备竞争力，就必须与吉利这样具备全球竞争力的车企建立伙伴关系。

对于与吉利的合作，马哈蒂尔认为，宝腾车以价格低廉为卖点，但被马来西亚消费者视为质量低，这也是造成市场份额下滑的最大原因。而吉利则拥有瑞典沃尔沃汽车，"今后将生产世界标准的汽车"。

2017 年 6 月 23 日，DRB-HICOM 与吉利就宝腾和路特斯未来发展签署了正式股权合作协议。整个合作谈判历时 3 年多，与此同时，吉利汽车的第三代产品开始热销中国，沃尔沃 SPA 平台产品也在全球市场获得认可。协议签署后，包括 DRB-HICOM 高层在内的绝大多数关心、关注宝腾汽车发展命运的人都认为，马哈蒂尔所期望的"世界标准汽车"也会在 2018 年年底进入马来西亚市场，并帮助宝腾夺回他在马来西亚乃至整个东盟地区的品牌影响力。

被低估的 DRB-HICOM

2017 年 7 月 21 日上午，DRB-HICOM 集团 CEO 拿督斯里赛法依沙准时出现在集团总部五楼的会议室。正式采访前，他向我们详细介绍了该集团的业务版图以及上一财年的营收状况。

正如集团总部大堂的那幅 HICOM 版图一样，DRB-HICOM 集团是一个"巨无霸"企业，业务范围涵盖了军工、能源、船运、高端制造和国际贸易等方面，只是 DRB-HICOM 的股票市值与其身份似乎并不匹配。

据拿督斯里赛法依沙介绍，DRB-HICOM 是一家上市公司，在马来西亚证券交易所挂牌名称是 DRBHCOM（1619.KLSE）。根据该公司公布的 2016 年财报数据显示，该财年公司总营收 121.73 亿林吉特（折合人民币 191.12 亿元），税前利润 8.21 亿林吉特（折合人民币 12.89 亿元），固定资产 420.42 亿林吉特（折合人民币 660.06 亿元）。

宝腾与路特斯的持续亏损影响了 DRB-HICOM 的业绩，截至 2017 年 3 月，DRB-HICOM 的总市值只有 30.54 亿林吉特（折合人民币 47.95 亿元），这一数字不及上年的营业额，更不足其固定资产的十分之一。

显然，不论按照什么方法估算，DRB-HICOM 都是一家被严重低估的企业。

实际上，2012 年 1 月，DRB-HICOM 通过并购宝腾和马来西亚邮政，市值曾一度增长至 62.25 亿林吉特（约人民币 97.78 亿元）。但随着宝腾及旗下路特斯的持续亏损，DRB-HICOM 的市值也在持续走低，2016 年最低时的市值只有 15.56 亿林吉特（折合人民币 24.44 亿元）。

一直到 2016 年下半年 DRB-HICOM 的股价才一改颓势，关键因素就是吉利等车企对宝腾实施并购。只是好景不长，这一轮的股价上涨更多是投资机构的短线投机行为，重在资产重组的概念。最显著的标志就是：在 DRB-HICOM 与浙江吉利控股集团签署正式的并购协议之后，DRB-HICOM 的股价却出现下跌。

2017 年 6 月 23 日，吉利控股集团与 DRB-HICOM 就并购宝腾与

路特斯签署了正式协议，当日 DRB-HICOM 的股价是 1.75 林吉特 /
股（折合人民币 2.75 元 / 股）。在随后的一周内，每股股价攀升至最
高 1.80 林吉特（折合人民币 2.83 元）。但此后的股价，出现了一个
持续下跌的过程。至 2017 年 8 月 31 日，其股价已经下跌至 1.58 林
吉特 / 股（折合人民币 2.48 元 / 股）。

历史数据显示，2011 年 DRB-HICOM 尚未决定竞标宝腾及马来
西亚邮政之前，股价在 1 林吉特左右（折合人民币 1.57 元），总市值
大约 20 亿林吉特（折合人民币 31.40 亿元），而宝腾的股价（按照当
时的收购价格）是 30.21 林吉特（折合人民币 47.43 元）。

有资料显示，1999 年宝腾是马来西亚市值排名第 18 位的上市
公司，其市值曾高达 7.03 亿美元（折合人民币 46.77 亿元）。当时
HICOM 的排名是第 24 位，股票市值为 5.09 亿美元（折合人民币

◎ DRB-HICOM 过去 5 年的股价波动图

33.87 亿元），两个公司的合并市值已经超过了排名第 11 位的云顶名胜世界（Resorts World）。

2016 年福布斯公布的一份全球市值排名前 2000 名的上市公司名单中，马来西亚共有 15 家公司上榜，其中并没有 DRB-HICOM。

从图中可看出，2011 年前，在宣布参与宝腾和马来西亚邮政之前，DRB-HICOM 的股价基本保持在 1.4 林吉特（折合人民币 2.2 元）以下，2012 年完成对两公司的并购后股价也达到顶峰。但从 2014 年开始，该公司的股票价格就进入了持续下跌状态，一直到 2016 年上半年出现历史低点只有 0.8 林吉特（折合人民币 1.26 元）。2017 年 5 月 23 日与浙江吉利控股集团签署并购协议时，股价出现小高峰，随后出现回落。截至 2017 年 10 月，其股价维持在 1.7 林吉特（折合人民币 2.67 元）左右。

2012 年—2017 年间，DRB-HICOM 相继为宝腾输血 11.2 亿林吉特（折合人民币 17.58 亿元），但未能阻止宝腾汽车销量持续下滑。至 2016 年，宝腾汽车销量已经下降至 72290 辆，市场份额（马来西亚市场）进一步下跌至 12.5%，已经出现连续亏损局面。据统计，2016 年宝腾汽车的亏损已经高达 10 亿林吉特（约人民币 15.70 亿元），其中路特斯的亏损为 2760 万英镑（折合人民币 2.47 亿元）。

因此，对 DRB-HICOM 而言，将路特斯从上市公司剔除并减持宝腾，实际上是减负的举措。

2017 年 9 月 29 日，就路特斯和宝腾的股权交易，吉利控股集团与 DRB-HICOM 集团完成交割，新任命的宝腾汽车 CEO 李春荣发布了旨在实现宝腾全球复兴的未来发展目标——致力于让宝腾重登马来西亚第一汽车品牌的宝座，并在未来发展成为东盟排名前三的汽车品牌。

拿督斯里赛法依沙认为，有了吉利帮助，宝腾能大幅提升设计研发能力和产品品质，加速推出满足市场需求的新产品，在东南亚市场抢占更高市场份额。同时宝腾也可以为吉利进入东盟及右舵车市场提供有力支撑。

至 10 月份，DRB-HICOM 的股价回升并维持在 1.7 林吉特（折合人民币 2.67 元）左右。一方面说明，减负之后的 DRB-HICOM 让马来西亚资本市场对它有了一定的信心，但对宝腾的未来仍有顾虑。

相对于马来西亚资本市场的顾虑，国内及香港资本市场对于吉利汽车的未来充满了期望。2017 年 6 月 23 日，吉利汽车（000175.HK，注：吉利汽车资产并不包括沃尔沃、伦敦出租车公司等，特指吉利控股集团旗下的帝豪和领克品牌）的股价为 14.84 元，至 2017 年 9 月 1 日攀升至 19.36 元。巨大的收益，令几位坚持向投资者推荐吉利汽车的券商公司兴奋不已。吉利汽车股价从 2016 年 12 月 30 日（2016 年最后一个交易日）收盘价时的 7.41 元到 2017 年 9 月 1 日，已经增长了近 3 倍，他们服务的一些大私募基金客户对其非常满意，也更加信任。

几位券商表示，吉利汽车股价从 2016 年 2 月份低谷时的 2.76 元至 2016 年 10 月最高时的 9.20 元，已经涨了 3 倍多，一些保守的证券分析师已经不敢再向客户推荐这只股票。于是在 2016 年 12 月，该公司的股价出现了回调，至 2016 年 12 月 30 日，吉利汽车的股价回调至 7.41 元。但进入 2017 年之后，吉利汽车的股价一路飙升。截至 9 月 1 日，吉利汽车收盘价已经攀升至 19.36 元。

影响吉利汽车股价持续攀升的关键在于吉利汽车的第三代产品获得了市场巨大认可。2016 年吉利汽车新车销售 76.59 万辆，同比增长 101%；净利润为人民币 51.7 亿元，同比增长 125.9%（总营收为人民币 310.38 亿元，税前利润为人民币 62.04 亿元）。不论从体量还是经营质量上，吉利汽车都远超 DRB-HICOM。

按照 2017 年 9 月 1 日股票价格，吉利汽车市值已经高达 1733 亿元人民币，是 2016 年总营收的 5.6 倍。如果从营业额上计算，吉利汽车的体量是 DRB-HICOM 的 1.6 倍；从市值上计算，吉利汽车是 DRB-HICOM 体量的 35.5 倍。但对吉利控股集团而言，除吉利汽车之外，还拥有更多庞大的优质资产，例如沃尔沃。而 DRB-HICOM 却囊括了 DRB-HICOM 几乎所有的优质资产。

DRB-HICOM2016 年财报显示，该上市公司主要有五大股东，在这五大股东当中，萨义德的埃里卡私人有限公司（Erika Strategi sdn Bhd）拥有上市公司 55.9% 的控股权，此外，马来西亚社会员工公积金（EPF）、马来西亚朝圣基金局、马来西亚退休基金和外国投资机构分别持有上市公司 7.5%、4.7%、3.9% 和 11.8% 的股权，市场上只有 16.2% 的流通股。

由于 DRB-HICOM 仍拥有宝腾汽车 50.1% 的股权，该上市公司仍将持续拥有对宝腾合并报表的权益。伴随吉利对宝腾的持续投资，特别是同步车型的跟进，DRB-HICOM 将持续从中受益，不论是利润还是相应的市值都将有更好的表现。

对于李春荣为首的宝腾全新管理团队而言，目前宝腾正面临吉利产品导入前的最关键也是最困难的 18 个月，直接影响着宝腾在两个财年中的业绩表现。

李春荣在去年 9 月 23 日接受马来西亚媒体采访时表示，过渡期内，宝腾将重点提升现有产品质量和销售服务满意度，做好产品导入前的市场调研，并持续提升内部体系的改善，从而降低成本。

拯救超级英雄

路特斯说这是好事儿

2017 年 7 月 23 日晚，飞赴英国采访路特斯之前，我们在上海浦东国际机场做了一次随机调查问卷。只有不足 15% 的被调查者表示非常熟悉路特斯，20% 的被调查者表示了解，65% 的被调查者表示不了解路特斯，其中有超过 55% 的被调查者认为路特斯就是青年莲花。

显然，中国消费者将路特斯（Louse，中文是莲花的意思，中国很多跑车爱好者习惯将路特斯称为莲花跑车）和此前宝腾与青年汽车合作的青年莲花混淆了。因此，即使被告知路特斯是一个同保时捷、法拉利齐名的跑车品牌，仍有超过 50% 的被调查者认为，吉利收购路特斯是一笔并不划算的生意。

2017 年 7 月 26 日上午，我们前往英国采访路特斯期间，在英国伦敦白金汉宫一侧的格林公园也做过一番调查。相对于中国消费者，伦敦人更熟悉这个超级跑车品牌。87% 的被调查者认为它代表了英国人的造车精神，是运动、坚持和冠军的代名词，并对其充满感情；11% 的被调查者表示它是一个只属于赛道的品牌。

不论外部人怎么看，作为路特斯商标持有者，查普曼家族对吉

◎路特斯品牌创始人柯林·查普曼的儿子克莱夫

利的收购却非常乐观。作为家族的代表，克莱夫·查普曼（Clive Chapman）希望吉利能够帮助路特斯恢复昔日的荣光。

7月24日下午，我们来到了位于英国诺里奇市路特斯总部不远处的一处工作室。这一工作室的主人是路特斯品牌创始人柯林·查普曼的儿子克莱夫，目前工作室的主要工作是修复经典的路特斯赛车，并组织车队参与全球各项经典车比赛。对于中国人的到来，克莱夫特别高兴，他希望自己的工作能够吸引更多年轻人的参与。

克莱夫表示"我90岁的妈妈说这是好事"。众所周知，查普曼将自己的汽车品牌命名为"路特斯"，一个重要原因就是因为他当时的女朋友、后来的妻子、克莱夫的母亲名叫路特斯。

如今柯林·查普曼已经去世近30年，对于查普曼夫人而言，纪念老查普曼先生最好的方式就是给路特斯汽车创造一个更好、更健康的未来。要知道，这个昔日的"赛道英雄"已经亏损多年。

1948年，只有20岁的柯林·查普曼（柯林·查普曼以下均简称查普曼）已经读完了大学的所有课程，尽管他的数学成绩不及格，没有获得伦敦大学颁发的学位证书，但还是顺利地进入英国皇家空军工作，成为其常设委员会成员。

和所有年轻人一样，查普曼喜欢赛车。也是在1948年，他第一次将一辆奥斯汀7改造成了一辆赛车，并将这辆名为MK1的改装赛车带上了赛场。MK1在赛场上表现非常突出，帮助他赢得了人生第一笔赛车奖金。MK1的成功，点燃了这个20岁小伙子对赛车运动的激情，也让他对英国皇家空军那种一成不变的工作状态感到厌烦。1949年通过补考获得学位证书之后，查普曼决定从英国皇家空军离职。

离职后的查普曼曾尝试了很多工作，但他最终选择了到英国铝业公司上班。选择这份工作的原因是，他希望能够利用自己所学的结构工程专业知识，将铝做成一种可塑型的建筑材料（铝质型材）。喜欢折腾的查普曼并没有在英国铝业公司工作很久，当然他也并没有将铝做成一种建筑材料，而是把对铝材料的研究应用到了汽车上，并影响了全球汽车技术的发展。

通过对MK1的开发，查普曼出售MK1部件获得了人生的第一桶金。此后他又先后开发了MK2至MK6（1955年MK6改名为Lotus 6）共5款车型。这些车型在一些地方的赛事中取得了不菲的成绩，让查普曼获利颇丰。

1952年，查普曼向他的合伙人提出赛车计划。路特斯早期经销商保罗·迈克尔（Paul Michaels）是查普曼的朋友。根据他的回忆，查普曼将他的赛车计划称为"路特斯计划"，这其中主要有两方面原因，一是"Lotus blossom"（意思是莲花盛开），意味着他找到了一个全新的方向；第二是他的女朋友（后来的妻子）黑兹尔（Hazel）女士的名字也叫路特斯（Lotus）。

基于上述考虑，查普曼在1952年注册成立了路特斯工程有限公司（Lotus Engineering Ltd.），并将第一家工厂设在伦敦北部霍恩西（Hornsey）铁路旅馆（RailwayHotel）后面的旧马厩里。从1952年至1956年，查普曼共卖出了100多辆Lotus 6，一直到1957年公路跑车Lotus 7的推出。

新公司在开始时并没有能力设计和生产自己的发动机，因而它把全部精力集中到车身设计上，且抱定一个原则：尽可能减轻车身重量，最大限度地发挥有限的动力。也正是从这一理念出发，1952年问世的MK6采用了蜂窝结构管状车架。这项技术在当时用于飞机制造已相当普遍，但用于汽车却是首次。

年轻的路特斯扬名于1957年的F2（二级方程式大奖赛）。这一年F2推出新的规则。英国几支车队早在1956年就开始迎接新规则的变化，他们采用的赛车都是Lotus 11型赛车。路特斯车队在这一年的F2中保持了领先。

1958年，由赛车手克里夫·艾利森（Cliff Allison）驾驶的Lotus 12型赛车在银石赛道击败了斯图阿特·刘易斯－埃文斯（Stuart Lewis-Evans）的康诺特车队，赢得冠军。1960年，路特斯推出了首款中置发动机赛车Lotus 18型赛车。这款具有里程碑意义的赛车在当年的摩洛哥赛场取得了首站胜利，罗布·沃克车队的赛车手斯特林·莫斯（Stirling Moss）凭借这款车击败了实力强大的法拉利车队。路特斯车队自1952年公司注册时就已经成立，查普曼本人也亲自担任赛车手（1956年因为赛车事故而放弃了他成为赛车手的梦想）。

通过赛车运动，路特斯为世人所知，但此前的荣誉大都来自独立车队。路特斯车队获得第一个胜利是1961年的美国大奖赛。20世纪 60 年代下半期到 70 年代上半期是路特斯车队的全盛期，车队在吉姆·克拉克（Jim Clark）、格拉汉姆·希尔（Graham Hill）、约亨·林特（Jochen Rindt）、埃莫森·费蒂帕尔迪（Emerson Fittipaldi）等车手努力下，在 F1 赛事中总共获得了 7 次车队总冠军和 6 次车手总冠军。这一成绩在当时是 F1 车队中最优秀的。

作为一个机械天才，查普曼把精力更多地投入最能体现他才能的地方——路特斯赛车。不得不承认，他有着超乎时代的设计理念，单体式车架、地面效应的应用、主动悬挂系统等，由查普曼首创的设计影响了未来三十年的 F1 赛场。

查普曼一边在赛场上积累锦标，一边不断研制独特的公路跑车。1957 年伦敦车展上，路特斯共推出两款公路跑车，分别是 Elite 和 Lotus 7。

查普曼本人非常看好 Elite，因为这是一款漂亮的公路跑车。该车虽惊世骇俗，但销售业绩不佳。尽管它抓地性能极佳，驾驶起来令人如醉如痴，但可靠性却很差，因此销量不大，甚至几乎令路特斯车厂倒闭。

Lotus 7 本身并不为查普曼所看好，因为它仍旧保留了摩托车式的挡泥板和无车门车身，好在其风格更具现代化。但这款车采用了多种管状结构的车架，车身铝板被直接固定在车架上；其前轮悬挂采用三角形悬臂式，附以防摇摆杠；后轮仅用硬式车轴。凭借超级轻量化的车身加上完美的 50/50 前后轴荷，以及出色的操控性能，Lotus 7 很快便取得了成功，在 20 世纪 50 至 60 年代的英国赛场上获得了无数冠军，也使查普曼偿还了债务，走出困境。

查普曼的汽车事业获得了极大的成功，不论是 1957 年推出的 Lotus 7，还是它在 60 年代初推出的 Elan（两座版）、Europa 等车型，都获得了市场的极好反馈。到 20 世纪 60 年代末，路特斯的盈利能力已经和当时的捷豹汽车并驾齐驱，而查普曼本人也成为了战后英国的一位亿万富翁。

20 世纪 70 年代中期，路特斯公司针对更富有的高端消费者推出了四座车型 Elite 和 Eclat。这两款车的亮点之一就是配有可选配置的空调和自动变速器。其中继续采用中置发动机的 Esprit，被证明是路特斯公司经久不衰、极具标志性的一款车型。然而，从 1973 之后，宝马在整个欧洲大陆快速崛起，尤其是在英国推广标准化产品和完善的售后服务之后，整个英国汽车工业开始遭受挑战，而这也正是路特斯命运的转折点。

拯救超级英雄

斜风裹着细雨，这是典型的英国之秋。

2017 年 7 月，英国诺里奇市路特斯总部大楼前升起了三面国旗，五星红旗在最右侧，比英国国旗和马来西亚国旗都要大。尽管秋雨让红旗变重，但当风来的时候，只有五星红旗迎风飘扬，格外鲜艳。

2017 年 7 月 24 日清晨，作者从伦敦希思罗机场直接来到位于诺里奇市的路特斯总部，这个闻名于世的跑车品牌企业坐落在四周全是绿地和树林的郊区。如同周边的环境一般，整个工厂及办公区的生活也都一切从简。

组装车间的一侧是路特斯的高速测试跑道。到现场之前，设想中在这条跑道的一侧会有一栋办公楼，在顶楼会有一个观赛台，观赛台会有一个玻璃长廊，企业会定期邀请消费者和媒体到这里观看路特斯跑车在赛道上的出色表现。

◎路特斯时任 CEO 让·马克与路特斯跑车

事实上，这条高速跑道旁除了组装车间并无其他任何建筑。幸运的是，路特斯首席测试师带我们到赛道上转了一圈。只是未能留下照片，也是一种遗憾。

路特斯时任 CEO 让·马克（Jean-Marc Gales）在工厂一侧的办公区接受了作者的第二次采访。相比 2017 年 6 月 23 日早上在吉隆坡的那次采访（DRB-HICOM 与浙江吉利控股集团正式签订股权并购协议前），让·马克更加坦诚。

这位 1963 年出生的 CEO 表示，在他的青少年时期，路特斯一直是赛车运动的王者，是他们那一代人心中的超级英雄。如今超级英雄遇到了困难。他认为自己非常幸运，能够参与到这场拯救超级英雄的行动中来。

让·马克介绍，通过降低成本，他已经有效地控制住了公司的亏损局面，并在 2016 年实现了盈利。但马克认为，要让这位超级英雄彻底走出困境，还要寄望量产车型的推出。

汽车产业发展的最显著特点就是全球化和规模化。回到路特斯，它的衰老起于全球化，而复兴必将从规模化开始。对于全球汽车工业而言，20 世纪五六十年代是产业恢复的关键时期。在这一时间段内，福特家族完成了权力交接，宝马汽车找到了新的接班人。这一时期，在福特的影响下，全球汽车产业进入到了一个以"聪明小子"为代表的规模化经济的时代。

"聪明小子"最早是亨利·福特二世从美国空军统计控制部招聘来的一个财务团队。该团队共有 10 个人，他们推行成本分析，将美国最著名商学院新研究出来的理论应用到公司中。他们为福特汽车留下了全能型的财务部门和层层制度（这些制度涉及到成本计算，经理人员的招聘、培训、评级和晋升，以及广告成本的估算等）。

到 20 世纪 70 年代，这 10 个人中，麦克纳·马拉成为了美国国防部长，雷德·波林成为了福特汽车董事长兼 CEO。在雷德·波林的影响下，鲍勃·卢茨成为了新的"聪明小子"。

按照"聪明小子"的成本计算方式，全球化是汽车产业发展的必然趋势，所以尽管通用汽车早在第二次世界大战之前就已经成功兼并了欧宝汽车，但福特是第一个把汽车成批量卖到英国及欧洲其他地区的美国汽车企业。

在同一时期，刚刚找到接班人的宝马汽车也开始着手进行全球化布局。在此之前，宝马尽管也将汽车卖到了海外及美国市场，但当时它在海外市场的销售主要采取授权代理制。

以宝马在美国市场的销售渠道为例，它在当地只有一个总代理商，名叫马克西·霍夫曼（Maxie Hoffman），霍夫曼持有宝马多年的销售合同，并建立了大量自有零售渠道。他还可以享受 15% 的经销商佣金，加上 22% 的零售佣金，如果自己开设零售店，那么他将得到超过 30% 的利润，而宝马只不过以成本价向他们发货。

1972 年，宝马集团董事长冯·金海姆决定聘请福特欧洲负责人鲍勃·卢茨加盟宝马，负责销售工作，鲍勃·卢茨决定要将宝马在世界各国的进口商进行统一管理，包括品牌和售后服务。

从 1973 年开始，宝马在英国推广销售整车，这种标准化的产品令宝马车辆的产品质量得到了保证。此外，宝马渠道的变革，令其有信心在欧洲市场推出统一、标准化的售后服务，也让其在英国的经销商有信心应对新版的《道路交通法》。

研究英国的商业历史发现，英国从 1940 年开征车辆购置税。按照当时政策，消费者购买一辆整车，需要向政府缴纳 45% 的车辆购置税。从 1962 年开始，英国政府先后对车辆购置税进行过多次调整，但税率一直维持在 20%～ 33.33%。

在这样的税收制度下，英国汽车企业多采用散件销售的方式，消费者也愿意接受这种避税的商业模式，即从经销商处买来汽车散件后，再雇用机械工人到家中进行整车组装。

这种 DIY 式的汽车销售模式，导致当时英国市场上的所有汽车质量并不稳定，这种不稳定一方面是组装工人技术不够专业，另一方面是因为汽车企业自身存在设计缺陷。20 世纪 70 年代初期，英国政府修改了《道路交通法》，要求经销商必须对所售车辆终身负责，那些靠卖散件组装为主的经销商面临巨大的法律风险。

查普曼的朋友、路特斯早期经销商保罗·迈克尔（Paul Michaels）经过一番慎重的思考之后，决定放弃路特斯汽车的经销权，转而去经营宝马。

对于当初的决定，迈克尔向我们表示，宝马当时在英国销售的是标准化产品，质量稳定，售后服务可靠。而路特斯当时的经销模式还是以散件形式进行销售，汽车组装需要其他工人才能完成。这就导致了路特斯的车辆质量非常不稳定。因此，"如果继续卖路特斯，我可能会走向破产"。

当然，这个时期转型的经销商不只有迈克尔一人，也不只有路特斯一个品牌受到影响，捷豹、利兰（后来改名为罗孚）、奥斯丁等均是采用这种散件销售方式的英国汽车企业。在宝马的影响下，包括路特斯在内的英国车企也不得不陆续推出他们的标准化产品。但对英国汽车工业来讲，新商业模式并没有想象中那么容易推广。

首先，20世纪70年代连续爆发的两次石油危机，全球汽车工业发展都受到影响，英国自然也不例外。其次，英国汽车工业的规模化程度不高。数据显示，1911年，英国已有24家汽车生产企业，其中有一些至今仍然是熠熠生辉的老字号，如罗尔斯–罗伊斯（劳斯莱斯）、罗孚、奥斯汀……但24家公司忙上一年，总产量都不到3万辆，而且大部分车辆生产仍处于手工作坊阶段。而这一年美国汽车产量已经超过20万辆，进入大规模流水线生产时代。

英国汽车工业虽然想推广标准化产品，但组装工厂和流水化作业又恰恰是英国汽车工业的短板。1972年，英国汽车工业创下了年产量233万辆的纪录，但在宝马等品牌的冲击下，英国汽车产业开始走下坡路。到20世纪80年代末，英国本土车企的产量已经下降到140万辆左右，比最高纪录下降了40%。利兰公司濒临倒闭，政府不得不将其收归国有。查普曼这位曾经的亿万富翁，也不得不从20世纪70年代后期开始四处筹集发展资金。

与美、日、德等国车企相比，英国车企的海外战略并不成功，这其中除了前文提到的英国汽车工业基础外，还与当时英国的汇率保护政策密切相关。

二战结束后，美元取代英镑的领导地位，世界金融体系形成了以"美元与黄金挂钩，其他国家货币和美元挂钩"为特征的布雷顿森林体系。

在这种背景下，英镑虽然仍是仅次于美元的国际储备货币，但随着英国经济实力的下降，英镑也处在被低估的被动局面中。

为了维持国际收支平衡，英国政府仍在竭力保持英镑在国际市场的地位，并从 1967 年 11 月开始了较为严格的外汇管理，不断提高利率，有选择性地提高税率以及向国际货币基金组织和美国等国家政府大量借款等，试图将英镑的汇率维持在 1 英镑兑 2.8 美元的水平。

这种外汇管理制度，造成英国汽车在海外市场上价格居高不下。为维持市场竞争力，英国车企往往只能采取低价销售的策略，造成了该国车企及海外经销商的利润普遍偏低的局面，这也令英国车企在海外经销商投资者眼中缺乏吸引力，影响了英国车企的海外发展。

到 1980 年，在国内市场遭受危机之后，路特斯集团陷入了严重的财政困境，产量也从每年 1200 辆骤减至区区 383 辆。为了获得研发资金，查普曼想尽各种办法。

首先，查普曼与丰田达成合作协议，交换知识产权和专业技术。根据此协议，路特斯工程部帮助丰田研发 MK2 产品——丰田 Supra（也被称作丰田 Celica XX）。此外，此协议的签订使得路特斯获得了足够的资金，推出全新的 Excel，替换已经过时的 Lotus Eclat。同时，通过使用丰田的动力传动系统和其他组件，Excel 的零售价格比 Eclat 便宜 1109 英镑。

其次，查普曼希望路特斯能够重新打入北美市场。当时一位年轻的法学教授兼投资金融顾问 Joe Bianco 建议查普曼在北美设立独立的销售公司路特斯性能车公司（Lotus Performance Cars Inc.，简写为：LPCI），并通过创建史无前例的激励机制（每个投资者都会收到一辆特别定制的路特斯 Turbo Espirt）鼓励经销商投资者能够代理和销售更多的 Lotus 车型，而新公司再将汇集的资金注入英国公司，支持其开发新一代的产品。

　　为此，查普曼聘用前法拉利北美地区总经理约翰·斯彼克（John Spiech）运营新的销售公司，同时引入了由乔治亚罗（Giugiaro）设计的一款卓越车型 Turbo Esprit。两项新政实施之后，路特斯在美国市场的销量迅速蹿升至每年三位数。

　　然而，查普曼并未能看到路特斯生存质量的改变。1982 年 12 月 16 日，这位年仅 54 岁的创始人因心脏病突发离世。

　　1983 年，路特斯濒临破产，经过查普曼朋友马克·撒切尔（Mark Thatcher）引荐，英国汽车拍卖集团（BCA）创立者大卫·威金斯（David Wickins）同意收购路特斯股权，通过 BCA 和个人购买，大卫·威金斯共拥有路特斯 29% 的公司 / 个人股份，并出任新公司董事长。

　　为重振路特斯公司，BCA 为路特斯投入了 350 万英镑，并引进了新的投资者，包括英国商业银行家施罗德 – 瓦格（Schroeder-Wagg）购入 14% 股份，迈克尔·阿什克罗夫特（Michael Ashcroft）的百慕大公司本诺机电公司入股 14%，欧洲主要工程机械制造商 JCB 集团主席安东尼·班福德（Anthony Bamford）购入 12% 的股权。此外，1983 年 7 月，日本丰田汽车以 160 万英镑买下路特斯 16.5% 股票，双方保持良好的合作关系。

　　大卫·威金斯帮助路特斯度过了最困难的三年时间，却未能带领公司成功走向复兴，1986 年年初，通用汽车以 3400 万美元收购了路特斯汽车 58% 的股权。次年，再将控股增加至 97%，完全拥有了这朵绽放的"莲花"。在这一过程中，通用汽车给予路特斯充分的自主研发空间。但路特斯在创始成员迈可·金伯利（Mike Kimberley）领导下，却变得更加闭塞，用金伯利自己的话说，"即使通用总裁罗德·史密斯也甭想偷看我们的实验室"。

　　移植到世界最大汽车集团的后院里，路特斯似乎有点水土不服。1989年上市的Elan跑车叫好而不叫座，被迫于1992年6月宣布停产。

　　在公路跑车方面的失败，并没有让金伯利停止在汽车工程及赛车方面的开发。最困难的阶段，路特斯公司为了彰显其欲成为汽车工程咨询公司的决心，采取了大胆举措，投资50万英镑在欧洲建立了两家最先进的计算机控制发动机实验室。

　　到1993年，路特斯已经彻底失去了昔日的光辉。1993年10月11日，通用终于同意以3000万英磅的价格，将路特斯出售给一家由意大利商人罗曼诺·阿蒂奥利（Romano Artioli）管理的一支私募基金A.C.B.N.Holdings S.A.。该私募基金同时也是意大利跑车公司布加迪（Bugatti）的持有者。

　　在新股东的管理下，路特斯仿佛找到了自己的位置，即全力支持布加迪的发展，把路特斯的独门利器主动式悬挂系统及噪音抑制系统，安装在量产超级跑车布加迪EB112上，并为EB112豪华四门房车的研发工作奠定扎实的基础。

　　此前因叫好不叫座而停产的Elan也在罗曼诺·阿蒂奥利的支持下，立即展开重新投入市场的准备工作。看起来，路特斯似乎生机盎然，前程似锦。但好景不长，1995年，欧洲经济出现了衰退的趋势，单一的奢侈品公司经营出现了问题，一些公司甚至面临破产风险。这其中就包括罗曼诺·阿蒂奥利所管理的私募基金A.C.B.N.Holdings S.A.。

　　1996年，路特斯的大部分股份被卖给在吉隆坡证券交易所上市的马来西亚汽车公司宝腾汽车。最终宝腾在2003年实现了对路特斯的百分之百控股。

　　因为宝腾自身股东的变更，路特斯也经历了在宝腾的两个不同发展阶段。如果说，叶海亚在收购路特斯之初是为了发展自己的研发能力，那么到 2009 年，宝腾汽车已经决定在全球复兴这个曾经的跑车品牌。

2009 年，路特斯在宝腾的支持下，花重金从法拉利挖来丹尼·巴哈尔（Dany Bahar）担任公司 CEO。这位新 CEO 和他的继任者让·马克一样，是一个路特斯车迷，怀着宏大的雄心壮志意图将路特斯恢复至与法拉利、保时捷并驾齐驱的地位。

为了实现这一伟大目标，巴哈尔先是恢复路特斯车队，重新参加 F1 赛事，并再次挖角法拉利设计总监多纳托科（Donato Coco）。2010 年在巴黎车展上路特斯一口气亮相多款概念新车。同时，多纳托科宣称将于 2015 年之前将这些概念车尽数量产，让人对路特斯的重新振作可以说是信心满满。

中国的经销商投资人也是在这一年正式接触到路特斯，并被巴哈尔的产品计划打动，甚至有不少中国经销商愿意加盟路特斯。

只可惜在 2012 年之后，DRB-HICOM 集团在完成对宝腾的私有化之后，采取了限制路特斯发展的策略，巴哈尔也遭解职。原本令人满心欢喜的新车开发计划也因此遭到了严重的延宕。

当然，另外一个不得不说的背景就是，自巴哈尔的产品计划公布后，路特斯研发成本急剧上升，亏损面也在持续扩大。2010 年的巨额亏损令吉隆坡投资者强烈建议宝腾出售路特斯。

巴哈尔被解职之后的一年多时间里，路特斯并没有 CEO。一直到 2014 年 5 月，宝腾汽车才任命让·马克担任新的 CEO。在加盟路特斯之前，让·马克是欧洲汽车供货商协会首席执行官，此外，2009 年至 2012 年间他曾担任 PSA 集团总裁一职，并成功推动雪铁龙建立 DS 副品牌的策略。

上任后，让·马克对已经连续亏损的路特斯开始了大刀阔斧的改革。在今天看来，让·马克的这种改革实际上是一种收缩战略，他先后砍掉了前任丹尼·巴哈尔时期规划的多个新车项目，并大幅裁减员工，工作人员由之前的 1250 人变成了现在的 850 人，并再次终止了路特斯征战 F1 的计划。

因此，在外界看来，路特斯在 2016 年实现财务盈利完全是省出来的。这种盈利没有让路特斯恢复昔日的荣光。

全世界最开心的人

7 月 26 日是我们英国之行的第三天。上午，天空又飘起了绵绵细雨，伦敦的室外温度下降至不足 18 摄氏度。

这一天要去拜访一位年逾古稀的老人。保罗·迈克尔（Paul Michaels）是伦敦海克斯冈现代经典车公司（HEXAGON）的老板，他经营这个公司已经快 60 年了，他曾经以朋友的身份成为路特斯跑车创始人柯林·查普曼指定的第一个经销商。但在 1975 年之后，他变成了宝马的经销商，一直到 2015 年，他才重新经营路特斯。

接受采访时保罗指出，在听到浙江吉利控股集团成为路特斯大股东的消息时，他形容自己当时是全世界最开心的人。那是伦敦时间 2017 年 5 月 24 日上午，保罗正在英国康沃尔郡波斯科诺海滩度假。这片海滩处于悬崖环抱之中，细沙柔软，海水碧蓝，已经有些微帕金森病症状的保罗在躺椅上晒太阳。初夏的阳光暖暖的，晒得他都快睡着了，放在躺椅边上的手机一直嗡嗡响了很久，他才懒洋洋地将手机拿起来。电话是他的商务顾问斯图亚特·戴波（Stuart Dyble）打来的。戴波告诉他，中国的吉利控股集团与马来西亚 DRB-HICOM 公司草签了并购宝腾和路特斯汽车的协议。根据这份协议，浙江吉利控

◎保罗是路特斯汽车创始人查普曼的朋友，是路特斯经销商和老爷车投资者

股集团将成为路特斯公司的控股股东，股权比例达到51%，这也意味着未来路特斯的管理权从宝腾汽车移交给了吉利。

　　得知这一消息的保罗感觉自己是全世界最开心的那个人。他让戴波搜集更多关于吉利和其创始人李书福的资料给他。他知道吉利汽车是沃尔沃汽车的拥有者，并在最短的时间内让这个持续亏损的企业开始盈利。但保罗还是感觉对吉利并不熟悉，也不了解李书福。

　　对于已经年过古稀的保罗而言，生意已经不再是生命的全部，他更愿意为了友情、情怀而做一些"任性"的事情——重新拿回路特斯的销售代理权。"因为在之前的一段时间，伦敦是没有路特斯经销商的，这是一件非常尴尬的事情。"保罗说，他把路特斯的经营权拿回来，更多是出于他对这个品牌的感情以及与查普曼的友情。按照当时路特斯的产品及市场情况，经营路特斯肯定会亏损，但他愿意用其他业务的利润来支持路特斯的复兴。

得知采访需求时，保罗非常兴奋地将老朋友塞德里克·泽尔策（Cedric Selzer）也叫了过来，希望老友能提供更多的线索。塞德里克·泽尔策是英国赛车手俱乐部中为数不多的工程师成员，他曾是路特斯早期的工程师，后来帮助保罗销售路特斯。

我们在与两位老人的沟通过程中注意到，两位老人其实很少笑，但在回答一些问题时喜欢用目光和对方交流并确认信息。在等待翻译的过程中，保罗经常会默默地望着前方，仿佛在回忆着什么。或许，上了年纪的人总是喜欢回忆，但更多时候是唏嘘。

我们抵达现代经典车公司见到保罗和泽尔策时，两位老人并没有立即接受访谈，而是第一时间带领所有人到位于伦敦北部的查普曼故居。这里以前是组装工厂，查普曼先生经常和他的车队在那个酒吧庆祝胜利。查普曼和他的研发团队经常在那一排房子里搞车型的设计。

今天，人们已经无法再去那个曾经的旧马厩凭吊查普曼，因为它已经被改造成一个百货店。但这栋并不大的建筑物早在 1984 年就被车迷们申请为伦敦保护建筑。2004 年，这一区域被英国政府列为历史保护建筑区。

作为查普曼的朋友，两位老人认为"如果中国能够取西方之长，补自己之短的话，以后会有更好的发展"。他们认为西方社会当中有一缺陷，就是烦琐的民主制度阻碍了整个社会的发展。但中国恰恰可以利用这一方面的优势，将第三方尤其是民主制度方面的一些顽疾放在一边，直接做决定。这是一个非常好的社会制度，同时也是能够让中国未来发展更好的一个关键因素。

作为一名经销商，保罗对查普曼之后的路特斯经营者非常失望："也不知道后续的经营者在想什么，并没有给路特斯相关的支持，将它经营得更好。"他们希望吉利可以将这个品牌从黑暗的世界重新带向光明的未来。

对于保罗所期冀的光明未来，吉利汽车非执行董事高博文（Chris Gubbey）认为，全球车企中只有吉利能够满足路特斯在技术、金融、财务和管理等各方面的需要。

2017年7月24日是吉利控股集团年中总结会的日子，作为伦敦出租车公司CEO、吉利汽车非执行董事，高博文需要通过视频与还在中国的浙江总部同事们交流工作。我们利用这个会议间歇与他进行了一番深入的沟通。

加盟浙江吉利之前，高博文曾是中国华晨汽车整车事业部CEO，此前他还担任过宝马集团工程负责人、通用欧洲总裁、塔塔汽车英国董事长、上汽通用执行副总裁等职务。

基于此前的工作经验以及他对全球车企的观察，高博文认为，不论是从意愿还是协同方面来说，吉利都是唯一能够给路特斯光明未来的合作伙伴。

高博文认为，以通用和福特为首的美国车企已经被美国总统特朗普的美国优先战略困在了美国本土市场，并逐步放弃了欧洲等市场。德国三大品牌都拥有了自己的豪华品牌，收购路特斯并不能为其增加收益。法国企业并没有豪华车的概念，它们走的是量而不是精致化路线。那么，作为路特斯这样一个精致化的品牌，谁会更加需要它？有可能是日本汽车品牌，但日本人没有什么好的收购案例。中国汽车企业的确有在全球进行并购的需求。但从国际并购经验方面考虑，只有吉利具备这些经验，并让被收购一方成功实现扭亏为盈。吉利通过对自身及沃尔沃的产品梳理，能够为路特斯提供发展所需要的产品平台，从而有效降低成本。

高博文利用岛屿的概念说明，为什么过去路特斯的经营者并未让路特斯复兴。首先，过去的 30 年，实际上是汽车企业进行全球化扩张的 30 年，是整车企业追求规模化发展的关键时期。但在这个过程中，路特斯除了在查普曼最后的日子里与丰田合作过一个车型之外，并未同其他车企真正进行过相应的产品联合开发。特别是在通用汽车"后花园"的日子里，金伯利醉心于赛车运动和独立化发展，并以"通用汽车总裁罗德·史密斯也无法看到路特斯实验室"为荣。但在高博文看来，像路特斯这样的超级跑车品牌基本没有独立生存的空间。因为跑车品牌很难上规模，如果单就它自己进行车型的开发，成本巨大，小批量生产的方式难以形成利润。他认为，超级跑车市场是跨国车企应该占领的一个岛屿。

曾经参与吉利全球化规划的高博文表示，过去跨国企业在追求全球化和规模化发展时，总是希望占领一片"海域"，但当前这些"海域"的竞争已经呈现"红海"趋势。因此他建议新时期的汽车全球化，不是要去占领一片海域，实际上只需要占领几个具有超额利润的"岛屿"就好了。

高博文说，当前的汽车市场上共有四个能够产生超额利润的"岛屿"。第一是中国市场；第二是针对美国市场上的大型、全尺寸 SUV或皮卡；第三是以德国奔驰、宝马、奥迪为首的高端车市场；第四是以路特斯为代表的超级跑车市场。高博文认为，第三"岛屿"和第四"岛屿"实际上是资源型"岛屿"，全球的高端车品牌和超级跑车品牌并不多，特别是具备整车工程技术的超级跑车品牌只有保时捷、路特斯和法拉利。

在高博文看来，超级跑车品牌如果发展得好，利润率会远高于高端品牌。但前提是它要在一个大型汽车集团，可以与集团内的其他品牌共享新车平台，那么这样的超跑品牌就会产生超额利润。而且这样的超跑品牌通过参加各种赛事，所输出的工程技术又由其他品牌承接，从而形成正向循环，正如保时捷与大众汽车集团。

他建议路特斯的未来发展应该对标保时捷，如果按此规划，路特斯本身应该分为两部分。首先是路特斯品牌，应该有一个超级豪华的全序列产品，超跑、轿跑、SUV 都应该具备。众多车型的推出及更新换代应该主要依靠吉利旗下的 SPA 平台、CMA 平台以及吉利现在的第三代产品平台，让路特斯与沃尔沃、帝豪、领克及宝腾在产品研发方面实现协同发展。其次，路特斯工程可以继续为集团外的车企提供技术支持服务，但当集团内的车型开发进入到高峰期后，它会像保时捷工程一样，只服务于集团内部的客户。

当然，高博文也非常清楚地知道，路特斯要成为一个像保时捷一样的全系列产品品牌并不能一蹴而就，至少需要十年的时间去进行相应的产品筹备。

等风来

电梯停在路特斯中国所在的大厦三楼，映入眼帘的是一个面积为40 多平方米的阳光房，阳光房右侧还有一个长长的玻璃走廊，透过玻璃，能够看到一辆奥迪 R8 和 2 辆保时捷 911 在对面的金港赛道上疾驰。

路特斯，也就是众多中国老车迷始终改不了口的"莲花"跑车，曾是世界三大跑车品牌，与法拉利、保时捷齐名。今天竞争对手早已开始了产品的多元化，但路特斯在市场上仍然只有三个跑车产品。目前，它在中国的车主多是赛车爱好者，其车辆更多时候只能在赛道上才能看到。因此，在有赛事的时候，路特斯中国的工作人员就会组织客户到三楼的玻璃房和阳光走廊看比赛。

在阳光走廊的另一侧有一个会客室，这个会客室跟外面的阳光房一样，都没有开空调。8月底的北京外面非常闷热，而这座会议室的温度和外面基本一致。

路特斯中国CEO陈菲进入会议室的第一件事情就是打开空调。他解释称："路特斯中国其实并不是一个行政单位，因为一年的销量非常小，目前也没有其他经销商，要生存下去就必须尽量保持节俭。"2017年1—8月份，陈菲他们在中国只卖出了7辆路特斯跑车。当然今年量少的主要原因是路特斯全系车型在年初升级改款，导致所有车辆的进口都需要重新经过相关部门认证。尽管如此，路特斯2016年在华的总销量也只有50多辆，2015年的销售数字也没有超过40辆。

在这样的市场规模下，不难理解陈菲的节约，更何况他每年还要承担高达200万元人民币的展厅及办公场地费用，养活14个人的团队。

2015年3月，陈菲加盟路特斯中国。此前他曾在菲亚特集团法拉利中国和玛莎拉蒂中国工作。之所以选择路特斯，他觉得路特斯是一个能够让普通人都能负担得起的跑车品牌，尽管当时这个品牌在中国还比较新。因此，陈菲抱着一个创业的态度加盟了路特斯中国。但在过去两年多时间里，陈菲并没有迅速开展销售工作，因为当时他面临的第一个挑战就是合规性问题。

"Lotus"这个品牌已经有近70年的历史，但要进入中国却并不能使用"Lotus"以及"莲花"品牌，因为已经被其他中国企业注册了。此外，青年汽车还利用与宝腾的合作，推出了"青年莲花"这样的"高仿"汽车品牌。虽然青年莲花只售出了很少一部分车辆，却对陈菲的工作造成了很大的负面影响。

　　除了要积极与国家商标局、海关进行新商标注册磋商外，他还要利用各种途径告诉消费者什么是路特斯、路特斯和青年莲花的不同是什么。

　　品牌建设是一个漫长的工作，虽然陈菲和他的同事在将近三年时间里，利用各种渠道解释什么是"路特斯"，但还是有很多消费者认为路特斯就是青年莲花。青年莲花早在 2015 年就已经停产，并提交了破产申请，但现在每天仍有大量的青年莲花消费者打电话给路特斯中国，询问 L3 和 L5（L3、L5 是青年莲花的两个车型）的售后及经销商问题。

　　陈菲坦言，这部分工作量大约能占到他日常咨询电话的三分之一。此外，他还有另外一项重要的工作，就是与中国的经销商保持持续的沟通，让他们对路特斯充满信心。特别是在他刚刚履新时，经销商对路特斯并不信任。原因就在于宝腾股东的变化及路特斯管理层的变动。2009 年丹尼·巴哈尔规划了大量的车型，并与中国经销商投资人谈妥了进入中国的时间表。但 DRB-HICOM 和让·马克却叫停了这一计划，路特斯不但没有新车推出，还大幅裁减员工，工作人员由之前的 1250 人变成了现在的 850 人。

　　陈菲说，在过去的 20 多年时间里，宝腾汽车向路特斯输入了很多资金，让这个品牌度过了最艰难的时刻。但由于宝腾汽车的市场太小，它自身的造血能力有限，也让路特斯很难有能力开发全新的车型。

　　正如路特斯退出 F1，尽管这个品牌有着辉煌的赛车历史，但在宝腾汽车旗下，它通过 F1 获得的新技术基本都被浪费掉了，并没有一个有效的转化，而且宝腾每年还要为其支付大量的技术研发经费。

　　路特斯的这些变动，让中国经销商与路特斯中国产生了矛盾。此前已经在全国一二线城市建立起的渠道开始崩溃，经销商陆续退网。

到 2017 年 6 月，路特斯在中国就只剩下一个展厅，并且这个展厅是归宝腾汽车所有，公司的法人代表就是宝腾在被浙江吉利控股集团收购时的 CEO 阿末弗亚，由陈菲和他的团队直接管理。展厅就位于路特斯中国办公楼的一层。

面对如此艰难的环境，路特斯中国要活下去，就必须是一个销售带动型的公司，而不再是一个行政单位；就一定要精简人员，让每位员工都是一线的销售人员。根据当时宝腾公司规划，路特斯中国满员的编制是 70 个人。陈菲加盟时，该公司的员工数量是 74 人。两年之后，他把公司员工缩减到了 14 人。

这实际上还比不上一个汽车经销店的人员规模。陈菲介绍称，目前这 14 人主要是售后人员，其中还包括 3 名财务人员、1 位媒体公关人员和 2 名内部管理支持员工。尽管如此，这个团队保证了路特斯在华的正常运转，并出现了些微的利润。在新的《汽车销售管理办法》出台以后，他们还积极地开拓其他业务，吸引宝马、奔驰、雷克萨斯、宾利的消费者能够到他们这里进行一些日常的维修保养。

对此，陈菲非常激动，也对他的员工非常自豪。他在接受采访时表示，每一位员工的业务能力都非常强，他们的销售线索不止来自展厅。最初，售后的同事能介绍来客户，后来对应海关和财务的同事也能带来销量。很显然，陈菲的团队必须要做生意，如果没有资金进账的话，以路特斯在华可怜的两位数销量，很快就会把销售公司拖到难以为继的地步。

在开源的同时，陈菲也要求团队尽量节约，包括公司的大扫除和卫生清洗也并不是每天进行，都是有计划地安排。办公室的空调也只在有人的地方开放，特别是客户所在的地方。

两年的时间里，陈菲和他的团队向市场证明了他们的生存能力，并逐步恢复了与经销商之间的互动。在沟通中，陈菲流露出自豪的神情，但同时也能从他的目光中感受到一份不甘。"我们都希望能够大干一场"，这是现在陈菲和他的团队的最大心声。在过去的两年时间里，他们已经修复了与经销商的矛盾，并同中国 200 多家经销商集团保持着良性互动。实际上，经过两年多时间的品牌熏陶，已经有经销商对代理路特斯表现出浓厚的兴趣，但要真正落实到建店，经销商则更希望路特斯能够给出一个清晰的产品战略。特别是吉利宣布并购路特斯之后，越来越多的经销商开始主动与陈菲联系。这也是近一段时间以来陈菲的一项主要工作。

2017 年 8 月初，宝腾汽车组织马来西亚媒体到杭州湾参观吉利研发中心，即将卸任宝腾汽车 CEO 的阿末弗亚也随媒体团来到中国。杭州之行后，阿末弗亚来到北京，陈菲的团队与他进行了一次座谈。

路特斯中国作为马来西亚宝腾汽车的全资子公司，在吉利并购宝腾和路特斯之前，路特斯中国与英国路特斯汽车公司是平行的姐妹公司，阿末弗亚是路特斯中国的法人代表，也是陈菲的直属老板。根据浙江吉利控股集团与马来西亚 DRB-HICOM 的合约规定，在吉利与 DRB-HICOM 正式完成对宝腾及路特斯的资产交割之后，路特斯中国将从宝腾汽车剥离，并入英国路特斯汽车公司，以其全资子公司的形式主导路特斯在华销售和品牌工作。

但阿末弗亚并没有将这一消息转达给陈菲。"他与每一位员工都聊了很久，每个人都问了很多问题。"根据陈菲的回忆，那场座谈会开了很长时间，他和其他 13 名同事没有提出一些相对负面的问题，而是站在客户和市场的角度提出了疑问，也给出了很多建议，包括未来路特斯是否会国产，零部件能不能直接在国内订货，能不能给他们提供一些培训的机会等。每一个人的情绪都非常正面、积极，都准备大干一场。

风真的来了，陈菲也对未来充满了期待。

宝腾路特斯的价值

宝腾的国民车价值

2017 年 6 月 23 日 8 点 30 分，马来西亚当地气温已经达到 32 摄氏度。吉隆坡君悦酒店外的停车场里，一排排采用本田雅阁底盘与动力总成的黑色宝腾 Perdana 顺序排列，被擦拭到像镜子一样映射人影的车身漆面，彰显自家主人显赫身份的同时，也在无声诉说着宝腾这位马来西亚"汽车长子"曾经的骄傲。

9 点整，在时任马来西亚财政部第二部长佐哈里、时任马来西亚总理中国特使黄家定、时任马来西亚国际贸易与工业部第二部长黄家泉、浙江吉利控股集团总裁安聪慧、浙江吉利控股集团常务副总裁兼首席财务官李东辉、DRB-HICOM 集团董事长萨义德、DRB-HICOM 集团 CEO 拿督斯里赛法依沙等与会嘉宾的见证下，马来西亚宣布，马来西亚第一国民车宝腾即将迎来新生。

作为拥有 34 年发展历史的民族汽车品牌，宝腾在政治层面有马来西亚政府的全力支持。就在宝腾与吉利签约仪式前，马来西亚政要们各自驾驶宝腾 Perdana 来到会场，也隐喻了对宝腾和吉利签约的复杂心情——皇帝的女儿出嫁，政府支持就是嫁妆，要让夫家看到娘家

◎吉利并购宝腾路特斯在马来西亚举行的签约仪式

人的实力和自信。

　　34 年的发展过程中，宝腾积累了诸多底蕴。与三菱合作时期培养的国际化员工队伍，拥有非常熟练的专业制造水平和国际沟通能力，对于马来西亚和整个东南亚市场了如指掌。收购路特斯 10 年以来，宝腾在车辆底盘技术研发方面也拥有非常丰富的积累。占地 1280 英亩的宝腾丹戎马林新工厂具备 100 万辆产能规模，控股股东 DRB-HICOM 是马来西亚实力最强的多元化集团之一，拥有很强的整合能力。

　　更重要的是，累计销量达 400 万辆的宝腾，在马来西亚拥有非常大的用户基础以及品牌知名度，在马来西亚拥有当地最大的销售服务网络，411 家店面基本遍布马来西亚各个地区。

遗憾的是，由于宝腾遭遇了经营危机，多数汽车厂商的收购目的都是继续让宝腾充当贴牌代工企业，并且要求控股权。这与宝腾的成立初衷——造马来西亚自己的国民车，形成激烈矛盾。

不同的是，来自中国的吉利与李书福的诚意，让马来西亚看到了宝腾的未来。作为秉承开放思维并且了解中国的马来西亚政坛人物，包括马哈蒂尔在内的多位关键人物明白，和其他重视资本利润的国际汽车公司相比，以和谐共赢发展为基础的中国汽车公司吉利，将是宝腾品牌获得再次腾飞的最佳合作伙伴。

为此，他们用最负责的态度，推进宝腾与吉利的合作。

让出控股权的大思考

吉利与宝腾的签约仪式上，时任马来西亚财政部第二部长佐哈里是仪式中排序第三的政府高层。和其他与会人士的兴高采烈相比，这位蓄着马来人传统八字胡的政府财务负责人表情严肃很多，即使站在主席台上，脸上也仅仅露出礼节性的笑容。

作为2016年新晋升的内阁成员之一，佐哈里可谓是最近一年来关注这一合作最多的马来西亚政府官员。

在他看来，创造更多的就业、引入新的科技、增加出口价值，是宝腾合作利国利民的举措。不管是中国、印度、沙特阿拉伯、日本、美国还是其他地方的投资者，都会获得支持，因为贸易增长不是零和游戏，而是合作伙伴之间的共赢。

这样的表述是有依据的，吉利与宝腾合作中吉利仅占49.9%的股份，宝腾的最大控股股东仍然是马来西亚企业。

◎马来西亚第二财长佐哈里（后排二）见证吉利并购宝腾路特斯签约备忘录

　　吉利汽车的诚意和大度也正是佐哈里支持现任总理决定的信心所在。由于马来西亚第一财长当时由纳吉布总理本人兼任，佐哈里才是马来西亚政府财务方面的实际执行人。自上任以来，这位马来西亚的第二财长既要在内阁方面贯彻民众意志，同时也要面对公众对政府每个项目财务措施的监督。

　　按照吉利宝腾路特斯项目项目组执行组负责人的说法，仅从项目收购价格而言，吉利的出价仅有竞争对手 PSA（法国标致雪铁龙汽车公司）的 10% 至 20%。真正打动宝腾和马来西亚政府的恰恰是李书福的共同发展诚意。

　　在吉利并购计划中，吉利将向宝腾注入 1.7 亿林吉特（折合人民币 2.8 亿元）现金和价值 2.9 亿林吉特的博越平台，并且在后续经营中，与马来西亚控股股东 DRB-HICOM 共同偿还 5.33 亿林吉特银行贷款，以及 5.67 亿林吉特的原股东预付款，完成交易后的宝腾汽车身价倍增，将由以前负债累累的亏损企业成为估值 9.2 亿林吉特的汽车品牌。

在马方看来，和宝腾曾经谈判的外方合作伙伴三菱、大众，包括参与此次最后竞标的 PSA 相比，中国企业的报价方案是最平等、开放，也是最有发展前景的。

在没有取得控股权的情况下，吉利依然同意向宝腾注入车型平台。更让宝腾方面意外的是，和日系企业合资提供的落后技术平台不同，博越平台是吉利汽车当下最先进，也是最适合马来西亚市场的量产车平台。

在全球经济形势不明朗的情况下，马来西亚目前整体经济形势处于上升通道。过去 6 年马来西亚国内创造了 226 万个新的岗位，通胀率和失业率一直维持在低水平，世界银行也将马来西亚 2017 年增长的预期调高至 4.9%。

就在宝腾销量一路下滑的同时，马来西亚另一个汽车品牌北鹿大迎来高速增长，2016 年 20.7 万台的年销量达到同期宝腾销量的 3 倍。

这充分暴露了宝腾现阶段存在的问题，在整体市场正变得日益成熟的大背景下，无法提供更优质的产品。

但很多非专业人士对此并不十分了解，甚至很多马来西亚媒体也是如此。在签约仪式当天，DRB-HICOM 集团就这一事件被众多马来西亚媒体提问，不少马来西亚人最关心的问题是，宝腾会不会被廉价卖给了吉利？似乎是担心"走漏风声"被周边的中国同行听到，抑或是这个问题过于敏感，现场一度中断了中方的同声传译。

不过，吉利的方案显然赢得了 DRB-HICOM 集团的认同，DRB-

HICOM 集团 CEO 拿督斯里赛法依沙坦率地表示，由于宝腾基本上只在马来西亚销售车辆，没有像其他汽车制造商一样享受到规模经济带来的效应，因此成本居高不下。所以宝腾必须要找一个具有规模生产能力的汽车巨头作为战略合作伙伴，年销量达到百万台的吉利汽车无疑是最佳选择。

作为近年来发展最快的中国企业，吉利有宝腾需要的技术、资金与高效率的领导团队，更重要的是吉利拥有国际并购最典型的成功经验。以沃尔沃汽车近几年的发展来看，被吉利收购 7 年之后，2017年沃尔沃汽车营业利润达到 141 亿瑞典克朗（折合人民币约 110 亿元），同比增长 16.6%（截至本书付印时数据）。这也是沃尔沃汽车成立 90 多年来交出的最佳成绩单。

针对宝腾的发展现状，吉利也进行了充分论证。李书福认为，产

◎吉利并购宝腾路特斯签约仪式后，马方政要高度评价吉利博越

品研发、成本控制、质量管理正是当下吉利的优势，通过引入产品线，改进生产工艺、降低成本后，宝腾和吉利将在马来西亚甚至东南亚共同创造巨大的价值和利润。在李书福看来，"是否控股并不重要，关键是共同发展实现共赢"。

感受到吉利诚意的宝腾控股股东 DRB-HICOM，对于宝腾的机遇和不足也非常清楚，因此在合作协议中决定，包括 CEO 在内，董事会的重要人选，均由吉利方面进行统一管理派遣。以真诚互信的合作态度，力图让宝腾可以在最快时间内实现盈利。

吉利和 DRB-HICOM 达成共识，也让佐哈里欣慰不已。作为马来西亚政府当时的财政负责人，他非常清楚宝腾对马来西亚的意义是什么。如果这家汽车公司倒闭，将直接导致上万名员工失业，而围绕宝腾整个产业生态系统的 20 万个工作岗位都有可能受到影响，这对马来西亚整个国民经济带来的损失不可估量。

这也是马来西亚政府不遗余力支持宝腾的核心原因，宝腾不仅是国家汽车工业的象征，更重要的是关系到几十万名员工和他们背后几十万个家庭的生存。

尤为难得的是，李书福大度地接受了宝腾提出的仅收购 49.9% 的股份要求，不仅让政府财政减轻了负担，而且让宝腾拥有新生的同时保留了创立时的初心：马来西亚自己的品牌，造马来西亚的国民好车。

当然，宝腾在感谢吉利的同时，也不忘展现自身价值。宝腾在引入吉利的平台和技术后，将有望实现建立之初一直未能实现的愿望——进入年销量 300 万台规模的东盟市场。

三位"关键先生"

签约仪式主席台上，见证吉利与 DRB-HICOM 合作的嘉宾中有 3 位外界陌生的华人面孔。一位是时任中国驻马来西亚大使黄惠康，一位是时任马来西亚国际贸易与工业部第二部长黄家泉，还有一位是时任马来西亚总理对华特使黄家定。

在 3 位"黄家人"中，最具传奇色彩的是黄家定。这位出身贫苦，凭借政府助学金进入马大深造的马来西亚华人，精通中、英、巫三种语言。1996 年当选马来西亚第二大党——马来西亚华人公会副总会长。之后出任马来西亚房屋和地方政府部长，2003 年当选马来西亚华人公会总会长。媒体形容黄家定是马来西亚华人界举足轻重的人物。

让很多人惊讶的是，2011 年，有"双部长""会长"背景的黄家定，转换了之前的仕途跑道，选择出任马来西亚总理对华特使。

对此，黄家定说，他遇上了中马关系最好的时代，不能错失这一贡献自己更大能力的机会。

这绝非片面的溢美之词。在马来西亚，华人尽管最多时曾占总人口比例的 37% 以上，但仍被视为少数民族。虽然华人纳税较高，可受保护本土马来人政策影响，在马来西亚政府就业机会、高等教育名额等方面华人都会受到限制。这也导致马来西亚很多华人精英选择移民，目前华人在马来西亚人口占比已经降至 20%。

在黄家定家中，一直珍藏着与中国领导层的照片，其中最重要的一张就是与 2013 年 10 月到访马来西亚的中国国家主席习近平握手的照片。在这次到访中，中马两国领导人确认了中马 2017 贸易额达到 1600 亿美元的目标。

这位儒雅内敛的马来华裔"正部级"特使，在整个吉利宝腾合作事件中，一直在背后牵线搭桥，付出不少努力。

正如宝腾一位华人员工所言，与吉利汽车合作之后，中国技术、马来制造的宝腾，将不局限于马来人的第一国民车，也将是马来华人的国民车，这不仅会翻开整个马来西亚华人经济走向新的一页，也将揭开吉利乃至中国汽车公司在东南亚经济发展中的新篇章。

现在，对于吉利汽车带给宝腾的新产品，以前只能选择日系车的马来西亚华人，已经翘首以盼。

整个签约仪式现场，最喜形于色甚至欢欣鼓舞的，是黄家泉。

如果没有介绍，人们很难看出他和黄家定是亲兄弟，和略显瘦削的哥哥相比，身材壮硕的黄家泉脸上始终挂着笑容，和蔼健谈是他留给外界的最大印象。尤其是站在主席台上，这位马来西亚国际贸易与工业部第二部长精神抖擞，完全看不出前一天与来自中国的我们深谈到半夜。

这位自 2015 年就任马来西亚内阁成员开始就频繁往来于中国和马来西亚之间的贸工部部长，与哥哥黄家定一起不断推动中马之间贸易往来。对于吉利和宝腾的合作他寄予厚望："这将是实现中马贸易额由 1000 亿美元至 1600 亿美元提升最重要的新增长点。"

作为丹戎马林选区议员，他认为吉利并购后的宝腾将给这座小城迎来新的就业与经济增长点。宝腾丹戎马林工厂百万辆产能如果得到充分释放，将为丹戎马林地区新增将近两万个就业岗位，不仅大幅改善当地经济和就业环境，当地人也不必"背井离乡"到吉隆坡找工作。

对吉利汽车而言，丹戎马林的新工厂也具有非同寻常的意义，和吉隆坡的高房价、高工资相比，丹戎马林地区的工资标准较低，人员比较稳定，而且宝腾在 10 多年的运营过程中，也培养了一批当地技术工人以及供应商。

还有一个非常重要的因素，丹戎马林所在的霹雳州是马来西亚华人聚集地之一。2010 年当地华人占比达到 30% 以上，高于马来西亚平均水平。这也正符合黄氏兄弟的预期，吉利的到来将再次提升当地华人的自信。收入较高的华人也可以成为吉利宝腾的消费者，实现经济相互带动。

也正是在他们的努力推动下，才使得马来西亚高层最终在签约仪式主席台上，向马来西亚以及世界宣告了宝腾的新生未来："我们将建设一个更进取的国家，我们在宝腾与吉利的精诚合作中看到信心，宝腾将踏上新征程，马来西亚会支持你们！"

台下，掌声雷动。

丹戎马林为吉利准备了什么？

马来西亚午后的天空略显阴郁，云层中不时掠出一抹亮眼的热带阳光。一条高速公路连接了吉隆坡和丹戎马林两个风貌完全不同的地区。一边是摩天大厦、金融中心、巴士车站集中的商业首都，一边是教会中学、医院、祈祷所组成的具有原始风貌的公共设施区，以及马来西亚产能最大的汽车工厂——宝腾丹戎马林工厂。

一辆黑色的宝腾 Perdana 以 110 公里的时速行驶在吉隆坡至丹戎马林的高速公路上。驾驶汽车的是宝腾的专用司机苏卡，一顶牛仔遮阳帽、晒得黝黑的皮肤、T 恤下隆起的肌肉、虔诚与精悍的目光，处处显示着他标准马来穆斯林的身份。

作为宝腾汽车的专职司机，苏卡对这条高速公路再熟悉不过了。自丹戎马林新工厂建成后他就频繁往返于吉隆坡与丹戎马林，也见证了宝腾工厂在丹戎马林从一个原生态资源供应地，一步步成长为工业重镇的历程。这个历程深深改变了苏卡的生活轨迹。

此刻他心情既欣喜又忐忑，尽管董事长、CEO、制造总监、研发总监等领导层反复强调，宝腾被吉利收购让丹戎马林看到了新的曙光，但吉利是一家什么样的企业，会给当地人带来什么改变，作为基层员工他并不了解。

在苏卡看来，这是真正决定丹戎马林迎来转折的一天。之前，他听到过一些传言，却不相信一切是真的。毕竟位于丹戎马林的"宝腾工业城"一直揪着他的心。

在历史上，丹戎马林被称为"宝腾工业城"，自创立伊始就是马

◎宝腾总部大厦

来西亚的焦点，也被誉为"希望之地"。

1996年3月23日，时任马来西亚总理马哈蒂尔亲自出席了丹戎马林宝腾工厂的地基落成仪式，这在其他领域极其罕见。尽管政坛领袖的关注让新工厂成为举国聚焦之地，但丹戎马林需要经历更多的考验。

自1997年3月19日工厂动工开始，这座工厂就历经坎坷。刚刚启动8个月，席卷亚洲的金融危机让亚洲四小虎之一的马来西亚遭遇重创。1997年至1998年，马币林吉特累计贬值高达56%，马来西亚13年来经济首次出现1.8%的负增长，失业率由2.7%升至6.4%，对外贸易出口和进口总额同比分别下降9.85%和66.18%。

国内经济形势的大萧条与购买力下降，使马来西亚"向东战略"兴起的制造业大幅衰退。作为大宗商品的汽车首当其冲，当时市场占有率最高的宝腾汽车更是重灾区。刚刚在1997年创下近20万台历史销量纪录的宝腾，1998年就发生了断崖式下跌，被打回1993年之前不足10万辆的业绩水平。

前途未卜的形势，让正在建设中的丹戎马林工厂在1998年1月停工，整个霹雳州乃至马来西亚陷入了恐慌。好在马来西亚政府及时作出应对，通过实施多项货币管制政策、吸引外商投资，同时加强基础建设投资。最重要的是马来西亚推出一系列贷款优惠政策，促进居民消费，扩大内需，使经济逐渐恢复平稳。这也让宝腾迎来一轮增长高峰，2001年销量突破20万辆。

2001年7月丹戎马林工厂工程重启。2002年1月15日，现场工程交由承包商正式开工。2002年10月厂区建成，首批生产设备进驻厂区。2003年4月，首批WRM mode原型车壳正式下线。

尤其引人瞩目的是，工厂仅在27个月内就建成，并且以全新引擎为基础开发生产全新车型，宝腾丹戎马林工厂的效率在当地创造了

◎规模宏大的丹戎马林工厂

史无前例的工业发展奇迹。

2003 年，宝腾丹戎马林新工厂的营运在当地催生了大量工作机会，让苏卡从一名从事种植采集业的农民，变为了丹戎马林工厂的司机。

在当时的苏卡眼中，丹戎马林就是世界上最好的工厂。屋顶是现代化"鸥翼式"设计，充满机场的飞翔感；带有自然流线感的高顶设计，利于设备通风；亮色地板和砖墙加上大面积的绿地，看上去整洁时尚；高效有弹性的自动预警生产线系统、高度清洁且自动化的友好工作环境、考究的人体健康学场地设计、严谨高效的流水线……每日的工作经历告诉他，这里是一座"可以满足未来需求的、有竞争力的工厂"。

"听说中国的大人物对丹戎马林也很满意！"说这句话时，苏卡脸上有掩饰不住的得意和自豪。

"从生产线水平到场地规模，丹戎马林在世界上都处于领先水平。"在宝腾高层心目中，丹戎马林工厂也是与吉利合作最重要的价值之一。占地面积 515.05 公顷的丹戎马林工厂，建筑面积达到 20 万平方米，是宝腾莎加南老工厂面积的 5 倍，主要分为 5 个车间——发动机车间、冲压车间、车身制造车间、涂装车间和整修车间。

在这座配备了东南亚地区汽车行业中最大的 4600 吨冲压设备的现代化工厂内，曾经生产过 Savvy、Satria Neo、Persona 及 Gen.2 等经典车型，目前每天都有 Preve、Suprima S、Iriz 及新型 Persona 从这里下线。

现在的新工厂已经实现了高度自动化，自动控制生产线和防错技术系统的配备，让 60% 的生产活动无须人力参与，帮助员工提高生产质量和生产效率。先进的丰田流水线系统，使工厂的直接合格率达到 85%，百车身部件准确率达 95%，百车故障率为 2%，运行率达 90%，每车的时间成本为 18 小时。

而且，就目前来看，宝腾新工厂具备车辆组件产能 25 万辆，成品车（中小型乘用车）产能 15 万辆，最大可以扩展到 100 万辆。

这一系列数据足以说明，丹戎马林工厂是同行业中的佼佼者。"丹戎马林的硬件条件，很多比目前的吉利还要好。"李书福这样评价丹戎马林工厂的价值。在他的心目中，吉利接手后将让丹戎马林工厂获得远超想象的增值空间。

期待"李书福"

"他们迎接的那个人就是李书福吗？那个将改变丹戎马林地区命运的中国企业家？"在飘着宝腾汽车旗帜的丹戎马林工厂门前，老保安拦下苏卡的车辆，指着工厂内的一行人问。

这位 60 岁的老保安阿萨伊也是丹戎马林人，和苏卡的叔叔是好朋友，两家住得很近。对于已是一头白发、即将退休的阿萨伊来说，自己的工作已经是发挥余热的状态，但他的整个家族子女却与丹戎马林息息相关。

苏卡非常理解老人的心态。苏卡的叔叔以前就在宝腾丹戎马林的供应商处工作，2010 年因为宝腾销售不景气，供应商大面积裁员，叔叔不得不到 100 多公里外的霹雳州首府怡保讨生活。他的几个儿子、苏卡的表哥表弟们也散落在吉隆坡与怡保各地。对于重视家庭团聚的马来人来说，这是很痛苦的生活方式。

当苏卡顺着老人的指向望去时，吉利考察团已经进入工厂车间，只留下随行人员的背影，但他非常肯定地告诉阿萨伊："这个时间，能让宝腾 CEO 亲自迎接的来宾，一定是李书福和他的吉利考察团。"

"放心吧叔叔，从领导层传来的消息是，工厂要扩建了，丹戎马林要起飞了！"为了让阿萨伊吃个定心丸，苏卡透露了自己从老工厂听到的消息。

宝腾新工厂修建之初，曾经带给丹戎马林地区巨大的希望。

作为马来西亚汽车产量最高的品牌，宝腾新工厂选址丹戎马林也是经过深思熟虑的。丹戎马林所在的霹雳州，处于马来西亚西北部，曾经是著名的锡矿产地。但 1990 年前后锡产业不景气，锡价的下滑使锡矿公司纷纷倒闭，当地经济受到严重影响，迫使霹雳州政府把州内的经济蓝图转向更高价值的制造业。

20 世纪 80 年代中叶，许多中国台湾地区的电子公司被吸引到霹雳州的斯里并（Silibin）和九洞（Jelapang）工业区。但到了 90 年代，大部分工厂迁到了生产成本更低的中国大陆。

作为马来西亚汽车产量最高的工厂，宝腾之所以在这里选址落户，是因为和其他地区相比，霹雳州有较为完好的基本设施和大批空闲劳动力。但事与愿违的是，新工厂成立后，宝腾的销量却一路滑坡，已经不再具备增加产能的条件。至今，新工厂仅有 1400 名工人，这种规模显然不具备衍生供应商链条的条件，更谈不上带动丹戎马林地区的经济腾飞。

在整个马来西亚政坛，最关心丹戎马林就业问题的政要，就是时任马来西亚国际贸易与工业部第二部长黄家泉，因为丹戎马林是他的选区，这里生活的每一个人，都是他的家乡父老。

"6 月 18 日父亲节仪式上，我向丹戎马林当地父老表态，吉利与宝腾的合作，让你们的孩子可以选择就近工作，不用背井离乡，我认为是对每一位父亲送上的最好礼物。"黄家泉也坦言，大力推动吉利与宝腾合作，从宏观上讲是促进中马关系在"一带一路"上深度合作，从微观意义来说，可以有效促进丹戎马林地区的经济增长和就业提升。

按照规划，宝腾位于莎阿南的老工厂即将迁至丹戎马林，老工厂现有的 14000 名员工中 50 岁以上的员工可能会选择提前退休，30 岁以下的员工则有可能换工作，因为宝腾目前的工资不足以支持异地工作成本。真正有可能到丹戎马林的是 30 岁至 50 岁、有一定工作经验且不容易找工作的工人，这批人大概占到整个宝腾员工的 60% 左右。

因此，仅是老工厂搬迁，就可以提供 6000 个就业机会给丹戎马林。而且，因为生产汽车需要使用许多配套电子产品，政府还计划在丹戎马林兴建电子工厂，这也将全面带动当地电子产业的发展，以及更多的就业机会。

"丹戎马林的汽车工业城每年会生产 50 万辆各类汽车，除了马来西亚市场外，也将销售到东盟与世界各国。"宝腾所有高层更是在憧憬，博越在工厂生产之后，吉利能否引入更多的产品，甚至将沃尔沃引入马来西亚。宝腾与沃尔沃两大品牌汇集在丹戎马林后，将会带动汽车上游和下游的工业，给大家带来了无穷的想象。

同时，马来西亚的精英们还有更深远的布局，意在丹戎马林"产业升级"这盘大棋的，也不止黄家泉。

早在 2014 年，霹雳州大臣赞比里就提出一个发展计划——耗资千亿林吉特打造"南霹雳经济特区"，覆盖霹雳州和雪兰莪州交界地区 42 万人的范围，包括丹戎马林、马登巴冷至下霹雳的广大地区。

2017 年 8 月，丹戎马林工厂又被马来西亚政府纳入"北部经济走廊大蓝图 2.0"的国家宏图。这项计划共设 80 项，主要涉及制造业、农业、生物工业及服务业这 4 大领域的项目，旨在全面提升半岛北部吉、玻、槟、霹 4 州经济增长，时间周期长达 10 年（2016 年至2025 年）。

该计划实施后，有望为 4 州吸引 1465 亿林吉特（折合人民币2369.05 亿元）投资，以此拉动 3000 亿林吉特（折合人民币 4851.3亿元）国内生产总值，为这一地区带来 161197 个就业机会。届时，4州家庭平均收入有望达到 12964 林吉特（折合人民币 20964.1 元），而收入较低的 40% 人口的家庭平均收入也将达到 6043 林吉特（折合人民币 9773 元）。

对于吉利这是非常积极的消息，这意味着丹戎马林工厂的发展将获得更多马来西亚政府的支持，而且能以较低的成本获得更多当地优质劳动力。吉利的到来，让马来西亚这个宏伟计划变得触手可及。

带动丹戎马林经济发展的身后，是宝腾吉利；在马来西亚经济发展的身后，是友邻中国。

目前，中国已超越美国与日本成为世界最大汽车生产国，2017年中国汽车年产量接近 3000 万辆，美国汽车年产量为 1700 万辆，日本则是 1000 万辆。中国汽车市场要高于美国与日本两大汽车生产国的总和。

马来西亚当地舆论推测，宝腾未来只要能占据中国汽车市场 1%

的份额（30 万辆汽车），加上马来西亚本国 60 万辆的汽车市场，丹戎马林工厂的产能就不用担心没有用武之地了。这还不包含将近 500 万辆的东南亚汽车市场。

另外，宝腾所在丹戎马林地区不仅是一个汽车工业中心，还承载着马来西亚本国电子业、高科技产业的转化功能，是马来西亚未来产业升级的希望所在。

目前，马来西亚同中国的年贸易额在 1000 亿美元左右，其中最强劲的就是电子产品，占贸易总量的 40%。但令马来西亚苦恼的是，这 40% 的体量都是外资工厂创造的，马来西亚只是外资全球产业链中的一个下游被动环节，本国电子产业的竞争力严重不足。马来西亚甚至已经做好了准备，随时应对电子行业的主要投资者美国的撤资风险，因此瞄准了平衡美方投资震荡的下一个经济增长点——航空制造业。

黄家泉认为发展航空制造业与吉利宝腾的合作关系密切。在他看来，汽车零部件与飞机很相似，德国奔驰等公司的辉煌历史也佐证了这一点。马来西亚 365 天没有冬夏，不分四季全年恒温，利于精密仪器的生产，是美国波音与欧洲空客投资建厂的重点对象。对于丹戎马林地区的开发，黄家泉希望吉利有朝一日制造飞机，将丹戎马林从马来西亚的"底特律"变为"西雅图"。

谈到未来，黄家泉内心对吉利宝腾有着宏伟规划："将来的汽车是可以飞的，将来的吉利也许会造飞机，看看丹戎马林吧。马来西亚有这样优越的地理环境，吉利有优秀的技术，除了汽车，我们以后还可能拥有更高科技的航空制造业，希望马来西亚的未来，和中国一起起飞！"

留住这些"汽车技术活化石"

说到丹戎马林宝腾工厂，必须要提宝腾沙加南工厂。在吉利与宝腾股东 DRB-HICOM 的合作沟通中，丹戎马林工厂属于吉利，即将拆迁的沙加南工厂所属土地归属 DRB-HICOM，地面工厂则拆迁后迁至丹戎马林。

很多马来西亚当地研究人士不理解吉利放弃沙加南工厂的原因。沙加南工厂所在的雪兰莪州是马来西亚最富裕的地区，国内生产总值在 13 个州中排名第一。"雪兰莪州和丹戎马林相比，有些像中国浙江和安徽的经济水平差异。"一位马来西亚资深研究者透露，从土地价值来说，沙加南工厂是宝腾最优质的资产。

以工业用地为例，雪兰莪州一块 470448 平方米的地块价值 4700 万林吉特（折合人民币 7597.2 万元），折合单价每英尺 1720 元人民币，大概比丹戎马林土地贵 10 倍。雪兰莪州比较便宜的住宅用地约为 5000 元人民币 1 英尺，而丹戎马林贵的住宅用地平均价格为 2900 元人民币 1 英尺，价格差一半。

根据分析师评估，宝腾老厂房在 DRB-HICOM 重新规划后用于房地产开发，整体价值高达 40 亿林吉特（折合人民币 64.66 亿元），按照房地产商毛利润 40% 计算，可以实现 16 亿林吉特（折合人民币 25.86 亿元）的利润，这相当于吉利并购宝腾的一半价格。

从互惠互利角度看，作为宝腾的合资方，持股 50.1% 的大股东 DRB-HICOM 是马来西亚举足轻重的大财团，除了汽车产业，还涉及军工、航天、港口、银行、资源等多个国民经济命脉。获得 40 亿林吉特（折合人民币 64.44 亿元）工业用地后，DRB-HICOM 也会给予新生的宝腾更多援助，与吉利开展全方位深入合作。

即使这样，40 亿林吉特依然不是小数字，房地产开发的一系列后续价值更是显而易见，是什么原因让吉利作出这种程度的让步？

从之前吉利的一系列国际化并购分析，算小账与算大账，看眼前还是重未来，这可能是李书福不同于别人的地方。与宝腾合作后，李书福更看重的是马来西亚乃至整个东盟市场的未来，这些也将由宝腾人才梯队来实现。

与欢欣鼓舞的丹戎马林人相比，雪兰莪州宝腾沙加南老工厂中的气氛低沉而压抑，自从知道工厂即将搬迁的消息后，宝腾制造总监

◎宝腾沙加南工厂的高环试车道，未来 DRB-HICOM 将把这一跑道完整搬迁到丹戎马林工厂

◎宝腾工程部主管、制造总监 Hazrin Fazail Haroon 与我们交流

Hazrin Fazail Haroon 的脸上已经很久没有笑容。

作为 1983 年第二批赴日本三菱公司学习的马来西亚 13 位汽车骨干之一，这位 1984 年 10 月 15 日正式入职宝腾的制造总监，在 8 任宝腾 CEO 的先后变迁中始终没有离开过这个岗位。在所有宝腾高层中，没有人比他在宝腾的资历更深，也没有人比他对宝腾的感情更浓。

翻开历史，宝腾曾经同很多知名汽车公司有过各种合作，包括雷诺、雪铁龙、三菱、本田、铃木等世界知名企业。在 30 多年的合作过程中，宝腾积累了相当丰富的国际化合作经验。

"创办初期，宝腾的工人都是到三菱学习培训的，我是第二批。"制造总监 Hazrin Fazail Haroon 回忆。当初宝腾共分 6 个批次派遣 61 名优秀员工赴日学习，包括维修、焊装、总装，这批人回来后成为了宝腾各部门的业务主管，将日系车制造标准和管理带给了马来西亚汽车产业。

自 1995 年至 2002 年，整个宝腾在与三菱的合资过程中，系统学习了日系汽车工艺的各项流程。1996 年，销量大涨的宝腾在沙加南新建了占地面积 32294 平方米的工厂，这座产能达到 6 万辆的厂区配备了当时世界上最先进的生产线，是宝腾巅峰时期的缩影。至今，宝腾 Exora、SAGA 和中高端产品新型 Perdana 还在这里生产。

"2000 年年初，我到马来西亚和宝腾交流，对于这个品牌和工厂是仰望的态度。"在浙江吉利控股集团总裁安聪慧的记忆中，当年宝腾可谓风光无限，技术、实力远远超出同一时期的吉利。

如今的宝腾已经不复昔日辉煌，最初的 61 名骨干也各奔东西，即使留在宝腾也临近了退休年龄。"时代在进步，尤其是智能化技术的浪潮无可阻挡，宝腾需要新的血液，为这座有着良好工业基础的企业发展找到出路。"这也是制造总监内心真实的想法。在技术能力、管理水平全面领先的吉利面前，老一代宝腾人留下的经验仍然宝贵。

这位 30 多年沙加南工厂的制造负责人很清楚，宝腾的未来在丹戎马林。他希望延续日系企业工匠精神的宝腾中青代员工意识到学习的重要性，也希望吉利可以给宝腾员工更多发挥才能的空间："吉利与宝腾合作之后，特别是在沙加南至丹戎马林的搬迁过程中，尽可能保留中层团队，这对未来宝腾的发展绝对是一笔财富。"

造马来西亚自己的国民车，是宝腾品牌的核心价值观，也一直是宝腾人的梦想。

现任宝腾制造总监 Hazrin Fazail Haroon 就是有着这样想法的典型人物，这个大眼睛、梳着传统背头的马来人，是马来西亚"向东学习"战略时期的第一批公派留学生。20 世纪 80 年代被马来西亚政府保送到日本广岛大学就读机械工程学，毕业后在日本汽车公司马自达工作了 6 年，积累了一定经验后于 1996 年返回马来西亚，投身汽车行业，属于马来西亚制造业的第一批海归人才。

"我希望的第一份工作是研发工程师，但宝腾总经理给我安排了设备修理师的工作。"谈及年轻时的求职经历，Hazrin Fazail Haroon 颇为自嘲。

曾自认为是海归精英的他希望到宝腾研究院工作，但当时刚收购路特斯的宝腾人才济济，他给人事部经理打了几十个电话都没有收到回复。

颇感失落的 Hazrin Fazail Haroon 只得选择加入同在雪兰莪州的另一个汽车制造企业——马来西亚第二汽车公司，也就是现在马来西亚市场占有率最高的汽车品牌北鹿大。工作 10 年后，他在 2006 年离开北鹿大，加入宝腾工作。

无论过去还是现在，这都是一个让人很难理解的选择。2006 年，正是北鹿大发展的高峰，而他却选择了连年销量下滑的宝腾。"我选择回到宝腾，是因为只有在宝腾才能造马来西亚自己的车。"在 Hazrin Fazail Haroon 眼里，北鹿大的股东是丰田，这家企业的发展思路就是引入丰田大发车型，这与设计师的工作理念差异太大，很多和他一样的马来西亚汽车人选择加入或留守宝腾，是因为这里能提供一个独立造车圆梦的机会。

"人力资源是宝腾最大的价值，宝腾有最好的国际化员工团队。"第 8 任宝腾 CEO 阿末弗亚将宝腾当下的价值说得非常直白。这位原 DRB-HICOM 集团的 CFO，被派驻宝腾前就已经是两届宝腾董事局成员。阿末弗亚来宝腾的使命，就是让宝腾变得更有价值。

阿末弗亚非常清楚，仅仅土地和固定资产，对于已经拥有沃尔沃、年销量过百万辆的吉利而言并没有足够的吸引力。在吉利这种着眼全球发展的国际企业眼中，国际合作中最看重的还是合作对象的发展潜力，特别是两家企业的价值观融合。

从吉利收购沃尔沃的经验分析，文化差异和地方法规是跨国合作中最容易碰到的问题，特别是合作初期会对双方造成极大的影响。

这恰恰是宝腾员工的核心竞争力。自 1985 以来，经历了贴牌生产日系车、国际并购超级跑车品牌路特斯、自立门户开拓市场，折戟沉沙却在苦苦支撑，宝腾培养了一批具有很强忠诚度、对品牌理念和企业文化非常认可、有丰富国际工作经验的团队。尽管近年来宝腾的业绩不佳，流失了不少人才，但还有不少对企业有感情、认可宝腾自主研发理念的员工。

"制造总监和工程主管都是很典型的宝腾员工。"阿末弗亚表示，吉利与宝腾未来合作中，具有国际化经验的宝腾员工将起到衔接作用，提高沟通效率，帮助吉利尽快了解当地法律和生活习惯，在最快的时间内开展工作。

事实上，整个 DRB-HICOM 高层都深知，对已经将目光锁定东南亚市场的吉利来说，莎加南工厂员工队伍的价值远高于工厂设备，正是为了东南亚市场 500 万辆的市场规模，吉利才会不计较 40 亿元的"小账"。

正如李书福多次强调，吉利有自信将宝腾做好，要做到马来西亚市场第一，还要做到东南亚市场第一。

挖掘全球第五大汽车市场

DRB-HICOM 总部大楼前，迎风飘扬的宝腾旗帜似乎在表明，占股比 50.1% 的 DRB-HICOM 依然是宝腾的最大股东。

DRB-HICOM 总部大楼对面的公路边上，路虎、三菱、本田，以及中国上汽大通等各种品牌组成一系列 4S 店集群。竞争对手"追"到家门口来了。

马来西亚是东盟 10 国中汽车产业的龙头国家，虽然仅有 3000 万人口，但千人汽车保有量接近 400 辆，平均每 3 个马来西亚人中就有 1 个拥有汽车。1996 年至 2003 年，宝腾作为东南亚汽车企业代表，一直是马来西亚汽车销量最大的企业，保有量接近 400 万台，占据整个东南亚汽车保有量的 1/3。进军东南亚，成为整个东盟的汽车品牌老大，是宝腾汽车长期的经营目标。

遗憾的是，受规模效应和成本控制等因素制约，宝腾制造成本居高不下，性价比不具备优势。2003 年后，在日系车的竞争下，销量

◎马来西亚当地华裔宝腾经销商赖健祥父子

大幅滑坡，利润暴跌，无力进行新产品的研发投入。

现在，随着吉利成为合作伙伴，马来西亚各方人士对双方合作前景充满信心，认为宝腾将是吉利进军东南亚市场的桥头堡。

对于马来西亚和整个东盟 10 国而言，高关税壁垒是守护本国民族汽车工业的"盾牌"。在当地，如果购买一辆发动机容量 2500cc 的进口越野车，要缴纳高达 141% 的税费（30% 的整车税 +105% 的消费税 +6% 的营业税）；即便是低于 1500cc 的低排量小车，税费也达到了 96%（30% 的整车税 +60% 的消费税 +6% 的营业税）。这意味着每一辆进口品牌汽车，在马来西亚的售价都要比国际市场贵一倍。

宝腾经销商赖健祥的观点非常有代表性，虽然马来西亚年人均 GDP 在东盟 10 国里排名较高，2017 年已经超过 1 万美元，但马来人将资金更多用在了旅游、健身上，对于汽车消费认知还处于代步工具阶段，5 万至 8 万林吉特（折合人民币 8.09 万至 12.94 万元）的车辆是首选。

以月收入 5000 林吉特（折合人民币 8085.8 元）的卡耶夫为例，这位马来西亚标准工薪族购车第一标准是性价比："进口车的高税率让我必须放弃同等价位的外国品牌。宝腾或派洛多是我们的首选。"

这面高关税壁垒的护盾，让外国公司在马来西亚很难有所作为。美国通用、福特、克莱斯勒，都曾经试图打开东盟市场，结果无功而返；德国大众、韩国现代，几番尝试后也纷纷知难而退。

高关税的另一面，是东南亚巨大的市场蛋糕。2016 年东盟 10 国汽车市场总销量为 316 万辆，2018 年有望增长至 470 万辆。按照这种势头，东盟 10 国有望在 2019 年成为全球第五大汽车市场。

2018 年，拥有 6.2 亿人口的东盟 10 国将全面实行零关税贸易协定，这意味着谁能通过合作融入马来西亚一国市场，另外 9 国的市场壁垒也同样敞开。对当地市场占有率低于 0.1% 的吉利而言，这是合作伙伴宝腾带来的最大机遇。

当然，谁都清楚，巨大的市场机会面前一定是巨大的挑战。盯紧东南亚市场蛋糕的不仅是中国车企，早在吉利之前，日系车企已经在这里进行了 40 年的战略布局。在本地化生产、投资、政府关系、汽车金融服务、二手车等多个领域形成了系统的产业链纵深。据了解，部分日系车零部件本土采购率高达 98%。

通过合作绕过高关税壁垒，使日系汽车成为马来西亚市场最大的赢家。2017 年 1 月—6 月，马来西亚市场占有率的前五名车企分别为：北鹿大（39%）、本田（20.5%）、宝腾（15.4%）、丰田（13.2%）以及日产（5.3%）。

排名第一的北鹿大成立于 1992 年，是目前马来西亚最大的汽车生产商，主要股东为马来西亚和顺公司与日本大发、三井物产，所有产品具有明显的日系品牌基因。与之形成鲜明对比的，是在中国热销的德国大众品牌，2017 年上半年在马来西亚只卖出 2717 辆，市场占有率仅为 1.1%。

日系品牌不仅在马来西亚保持强势，在新加坡、越南、菲律宾、印度尼西亚、泰国等市场占有率也都达到了 80% 以上，在部分国家甚至达到了 95% 以上的市场占有率。

宝腾经销商赖健祥认为："日系车这么受欢迎理所当然。他们的产品布局早，性价比好，售后服务到位，最重要的是针对不同区域市场的产品营销尤其到位。"

东盟 10 国的消费水平各不相同，产品消费需求结构也各有不同：在马来西亚，经济型轿车消费占到市场份额的 60%；在泰国，40%的市场消费为皮卡；在印度尼西亚，经济型 MPV 是市场主流；在菲律宾，紧凑型 SUV 占到 30% 份额；在越南和缅甸，最受欢迎的则是摩托车。而日系车企在东盟各国有意识地进行差异化布局，形成了区域互补的产业链结构。这一运作形式使得日系品牌在东盟的地位似乎难以撼动。

挑战与机遇并存。尽管日系车企在东南亚有着不错的市场基础，但落后的车型、不健全的渠道网路以及对消费者性价比的片面认知，给包括宝腾在内的其他企业留下了发展机会。相比之下，他们欠缺的，恰恰是宝腾所擅长的。截止到 2017 年 7 月，宝腾在马来西亚有 411 个服务网点在运营，其中包括 20 家 4S 店、65 个分部、346 家经销商，拥有东南亚市场最大的销售网络。

时任宝腾 CEO 阿末弗亚表示，在马来西亚市场，宝腾拥有人才、网络、国民情结等多方面优势，之前存在的最大问题是产品和技术，但吉利的到来将改变这一切。

问题的答案就在吉利的销售成绩单上。2017 年在中国市场吉利总销量 124.7 万辆（含吉利品牌 124.1 万辆，领克品牌 0.6 万辆），领军车型博越全年销售 28.69 万辆。作为一款质量过硬的 SUV，9.98 万元人民币的售价相比日系车优势明显。这款产品也将作为宝腾引进马来西亚的首款车型。

本土品牌、明星产品、服务网络，吉利宝腾手握三张好牌，也是双方对宝腾打开东盟市场充满信心的根本原因。

1979 年出生的李逸川是宝腾处理中国事务的资深员工，经常往返穿梭于东盟各国。在他看来，高关税壁垒的确保护了本国汽车企业，但在另一方面也妨碍了市场的进步。中高收入群体希望以更经济的价格买到欧美品牌的车——这种需求在高关税壁垒政策下无法被满足。而宝腾与吉利的联手，让他看到一种可能，可以不再用奢侈品的价格，在本国产品上享受到沃尔沃的欧洲汽车技术。

吉利并购宝腾路特斯的十大价值

1.打开东南亚市场，吉利并购宝腾后，吉利能够迅速辐射三大极具潜力的汽车市场，第一，辐射整个东盟；第二，辐射整个穆斯林国家，全球一共有53个穆斯林国家，共20亿人口，马来西亚是温和的穆斯林典型代表；第三，辐射印度。

2.逐步完善吉利全球化布局，吉利完成宝腾路特斯并购后，吉利控股集团将拥有吉利汽车、领克、沃尔沃、伦敦出租车、宝腾和路特斯六个汽车品牌，产品将覆盖中低端品牌、豪华品牌、超豪华跑车品牌，主要战线从中国、欧洲拓展到东盟各国。

3.提供整套零配件配套体系，宝腾汽车在马来西亚经过20多年的发展，拥有比较完整的产业链基础，也就是说宝腾在马来西亚拥有完整的零部件供应体系。吉利完成并购后，将车型导入宝腾生产，在零部件供应上宝腾能够提供坚实的零部件供应。

4.东南亚市场零关税优势，马来西亚是东盟自由贸易区成员，这使得未来吉利在宝腾工厂生产的汽车可以零关税出口东盟各国，从而规避高达30%的税费成本。同时，吉利可以直接利用宝腾在当地建立起来的采购、生产、经销体系以及一定的品牌影响力，快速完成在东南亚各国市场的布局。

5.近60万辆年产能的本土工厂，宝腾在马来西亚拥有一家工厂，该工厂拥有年产60万辆汽车的产能。当吉利完成收购后，或许吉利将借助宝腾现有工厂，迅速导入博瑞、博越等产品。但具体导入车型、产品售价，以及具体车型在不同地区的定位还需要等吉利官方的信息。

6.打开右舵车市场，吉利收购宝腾后，宝腾工厂可以为吉利提供右舵车生产经验，从而实现右舵车的生产，销售至东南亚、南亚和澳大利亚市场。据数据统计，右舵车市场拥有每年 800 万辆级的市场份额。

7. "一带一路"的示范作用，中国机械工业联合会会长王瑞祥曾指出，"汽车产业应当抓住'一带一路'的战略机遇，努力实现汽车产业的转型升级"。而此次吉利收购宝腾更是可以看作为"一带一路"下的重要成果，此外也为"一带一路"其他项目起到了示范作用。

8. 技术输出摊薄成本，吉利并购宝腾后，吉利会向宝腾提供 CMA（紧凑模块架构设计平台）的相关技术和原型车（帝豪、博越），这也就意味着吉利成为第一个在海外开启"以技术换市场"之路的中国汽车品牌。而技术输出带来的最直观的好处就是可以摊薄技术研发成本。

9. 吉利品牌形象提升，完成宝腾的并购后，吉利的品牌形象无论是在国内市场还是国际市场都会有显著的提升。此外，通过收购宝腾汽车以及路特斯汽车，也提升了吉利整体的品牌知名度，其中最为主要的就是凭借宝腾的良好口碑和知名度，提升自身品牌知名度。

10. 提升全球并购经验，无论是并购沃尔沃、收购英国伦敦出租车公司，还是此次并购宝腾汽车和路特斯汽车，为吉利控股集团提供的不单单是技术的累积和市场的开拓，还为吉利积累了宝贵的全球并购经验。

各方聚焦吉利并购宝腾路特斯

　　吉利并购宝腾路特斯的价值是什么？吉利进军东盟市场的时机是否成熟？此次合作对于中马两国经济合作的影响是什么？马来西亚当地如何评价此次吉利与宝腾合作？吉利与宝腾的合作未来会走向何处？

　　这些都是吉利并购宝腾路特斯后舆论关心的问题。一场跨国经济合作本身就有着多种复杂的关系，而这背后涉及的绝不只是吉利和宝腾两家企业，更关系到中国汽车发展、中国密集型工业发展变革、中国全球化并购、中马两国经济合作等各个领域。

　　为此，我们通过采访时任中国驻马来西亚大使黄惠康，参与并见证此次吉利宝腾合作的时任马来西亚内阁成员、贸工部长黄家泉，时任马来西亚总理对华特使黄家定等中马两国政府高层，以及著名经济学家、清华大学中国与世界经济研究中心主任李稻葵，中国汽车工业协会常务副会长董扬为代表的汽车行业专家，还有吉利控股集团总裁安聪慧，常务副总载、首席财务官李东辉和宝腾背后股东方 DRB-HICOM 集团 CEO 等多位企业人士，希望对外展现各方对此次吉利宝腾合作的看法，让舆论对此次并购合作有一个精准的定位，让外界对中国汽车、中国企业走出去、中国密集型工业乃至中马两国的经济合作有一个全新认识。

时任中国驻马来西亚大使黄惠康的一封信

2017 年 6 月 24 日上午，马来西亚吉隆坡，在吉利与宝腾合作协议签署现场，时任中国驻马来西亚大使黄惠康全程见证了此次中马经济合作落地。而此前在吉利与宝腾合作协商的多个关键节点上，黄大使多次与吉利高层进行交流，并对双方合作给予指导。对吉利宝腾合作，黄惠康指出此次合作的"五个三"利弊和影响，对外界重新认识吉利宝腾合作有着重要参考意义。

2017 年 8 月 24 日，黄大使接受了我们的请求并回复信件，就此次并购对中马两国经济合作的示范意义做出高度评价，同时对吉利与宝腾未来发展也做出嘱托。以下是信件全文：

愿中马汽车产业合作插上腾飞的翅膀

今年 6 月，吉利正式收购马来西亚宝腾公司 49.9% 的股份和英国跑车品牌路特斯 51% 的股份，成为宝腾汽车的独家外资战略合作伙伴。宝腾汽车公司之于马来西亚，相当于红旗汽车之于中国，是第一民族汽车品牌。吉利和宝腾的联手是中国同马来西亚"一带一路"务实合作的又一硕果，是开展国际产能合作的有益尝试，也是中国汽车企业首次以知识产权、管理运营经验等作为投资成功实施海外并购，意义非凡。

这一合作的实现，得益于中马深厚的政治互信、紧密的经济纽带、友好的民意基础，得益于"一带一路"倡议的深入推进和中国国际影响力的空前提升，得益于中国汽车产业综合实力跨越式的发展。

我作为中国驻马大使，对此深感欣慰，对吉利和宝腾的未来合作寄予厚望。

通过这一合作，吉利和宝腾能够充分协调技术资源，统筹各自优势，实现互利双赢。吉利得以利用宝腾在马的产品生产线，拓展拥有6亿消费人群的东南亚市场。宝腾则能获得先进的技术水平和前沿的运营管理理念，为企业持续发展注入新的生机和活力。长远看，中国企业在马投资项目已覆盖钢铁、玻璃、能源等领域，汽车产业的加入有望与相关中资企业项目打通上下游供应链，提升整体竞争力和产业活力。双方合作潜力巨大、功在长远。

我衷心希望，吉利能够用好马来西亚当地政策和资源，遵守当地法律法规，"入乡随俗"地开展属地化经营，推动与宝腾的合作早日落地，促进当地经济发展和民生改善。希望吉利和宝腾的携手能够壮大彼此的羽翼，让拥有三十多年历史的宝腾焕发新生，让中马汽车产业合作乘着"一带一路"之东风，展翅腾飞。

中国驻马来西亚大使
黄惠康
2017 年 8 月于吉隆坡

此前，在吉利与宝腾合作谈判过程中，黄惠康大使非常关心双方合作过程，还曾专门召见吉利方面商务谈务人员详细了解情况，并给出指导性意见。以下是吉利项目组成员接受采访时回顾与黄大使交流谈话的要点整理。

黄惠康大使总结吉利并购宝腾路特斯的"五个三"

1. 三点合一。周边外交关系稳定是第一点合作基础；"一带一路"

是第二点合作基础；产能合作是第三点合作基础。

2. 三好定位。吉利与宝腾的合作有三个好的定位：①马来西亚是中国的好邻居，中国的好朋友；②马来西亚是战略合作的好伙伴；③马来西亚是所有东盟国家里面最亲华的国家。

3. 三大辐射，潜力巨大。①吉利宝腾合作辐射整个东盟；②辐射整个穆斯林国家，全球共有 53 个穆斯林国家，覆盖 20 亿人口市场，马来西亚是最温和的穆斯林典型代表，吉利可以借此发展穆斯林市场；③辐射印度市场。

4. 三大风险，但总体可控。包括经济风险、安全风险等。

5. 三大优势。①马来西亚政治稳定；②中马经济互补性强，马来西亚与中国的贸易额在一千亿美元量级，是中国第七大经济合作伙伴；③人文相通，马来西亚是全球唯一具有完整华文教育系统的国家。

吉利与宝腾合作是"一带一路"发展中的一颗钻石——对话时任马来西亚内阁成员、贸工部长黄家泉

6 月 18 日，父亲节，但对位于马来西亚首都吉隆坡南部的霹雳州丹戎马林来说，小城和平常一样冷清。距离首都吉隆坡将近两小时车程的这座半城乡地区，工业的稀少使得这里没有太多的就业机会，也使得很多年轻人不得不离开父母，去往周边的大城市谋求发展。

就在这一天，吉利与宝腾合作的见证与参与者、时任马来西亚国际贸易与工业部第二部长黄家泉却很激动。作为马来西亚内阁排序第八的政府高级官员，他凝望着这片信任他（作为国会议员，由当地选

民选举支持进入国会）的土地，内心不断地勾画着未来这片土地上会诞生哪些奇迹。

"我相信在父亲节这一天送给每一个家庭最好的礼物是把你们的孩子留在身边。"庆祝父亲节的仪式上，黄家泉向所有人做出承诺，而这个承诺在之前的母亲节他也曾讲过。这句话背后，是黄家泉已经能够预见到吉利与宝腾合作将为这座城市带来的变化。最立竿见影的就是将为这里带来更多就业机会、更具活力的人口以及更加繁荣的经济来往。

作为宝腾汽车最重要的生产基地，丹戎马林曾经享受过马来西亚汽车工业发展鼎盛期的活力，这里的人太熟悉一旦汽车工业振兴将会为每一个家庭带来什么。黄家泉庆幸自己为宝腾所做的一切：他说服宝腾在这里建设新工厂，带领政府建设"宝腾城市"，形成一个集整车制造为核心的汽车产业园。"一切准备就绪。"在他看来，这些只需要吉利为他注入"新鲜的血液"就可以变得活力十足。

吉利与宝腾的"联姻"，或许在接近 3000 万辆年销量的中国汽车思维下算不了什么，但对于吉利、宝腾甚至对中国与马来西亚两国经济合作，都有着太多的意义与故事。黄家泉如此评价："吉利与宝腾的合作是中国'一带一路'下一颗璀璨的钻石，将会在马来西亚工业发展史上写下辉煌的一页。"

2017 年 6 月 23 日晚上 10：30，这位时任马来西亚国家内阁成员出乎意料地在我们临时请求下答应了采访，他这样形容："我愿意在任何时刻去探讨吉利宝腾的合作。"2 个小时的时间内，他详细介绍了吉利与宝腾合作为中马两国带来的价值与意义。在他看来，这一合作已经跳出了汽车工业本身，是中马两国经济合作出现的一次化学反应。

◎时任马来西亚内阁成员、贸工部第二部长黄家泉接受我们的采访

吉利是宝腾最后的机会

"汽车正处于从胶卷相机向数码相机转变的变革时代，我告诉宝腾，如果失去与吉利合作的机会，未来不会再有人与你合作！"

作者：是什么原因让宝腾开始思考寻找国际合作伙伴？

黄家泉：宝腾创立初期使用日本三菱的技术，由于当时宝腾管理层自身不了解掌握汽车技术的必要性，因此在逐渐拥有一定市场后终止了与三菱的技术合作。

其实马来西亚的汽车市场并不大，在历史最高峰整个汽车市场年销量也没有突破 60 万辆。这么小的市场环境根本无法支撑企业形成一套具备深度与力度的研发体系。因此，宝腾失去三菱技术支持后，在产品开发与市场推进上始终无法突破，尽管尝试了很多办法，但最终效果并不理想。

在这样的发展背景下，如何寻求国际化汽车企业的技术支持，从而在技术与成本双赢的层面下将宝腾汽车振兴，成为大家都在思考的问题。在我担任国际贸易与工业部第二部长后，我认为寻求外界合作是值得尝试的。

作者：在寻找合作伙伴上，宝腾希望改变什么？

黄家泉：振兴宝腾出于两个方面考虑：第一，为了国家，因为宝腾作为马来西亚汽车产业的象征，是国家工业发展的明信片；第二，宝腾所处的丹戎马林地区是我的国会选举区域。根据马来西亚国会选举制度，我应该为选区发展负责。丹戎马林区域建立的"宝腾城市"曾经有 1.4 万工人，加上上下游企业，可以说这是一座以汽车产业带动经济发展的城市。

作者：能否介绍一下宝腾工厂所在的丹戎马林地区发展现状？宝腾对于这座城市的发展有哪些影响？

黄家泉：位于吉隆坡北部的丹戎马林，处于马来西亚半城乡地区，这座并不大的城市一直以来没有留住人才，一般受过教育的人都会移居到大城市，因为在这里找不到合适的工作。这与中国的人口流动非常相似，在这里留下的都是没有儿女在身边照顾的老人。

一方面是经济没有发展导致人才的流失，另一方面是建设好的工厂以及基础设施没有合理地运转。

我一直在呼吁，我们最高峰时有 1.4 万名汽车相关产业工人，如果将汽车产业振兴，将原有工人翻倍就是 2.8 万个就业岗位，这会带动整个地区经济与人口的大变革。相反，这些人去吉隆坡带来的经济变化意义并不大，无非是增加城市的拥挤。这就是在丹戎马林的经济效应。

在调研后我发现汽车不能再用老的观念发展，尤其是这一行业正处于一个大的变革时代背景下。有变革就说明还有机会，而变革本身需要得到外界的帮助，而且在我的分析中这种机会今后不会太多。

作者：*在与多家国际汽车企业的沟通中，宝腾为什么最终选择中国企业？*

黄家泉：经过与各方探讨后我们发现，与宝腾有合作基础的企业并不多。我们也与欧洲很多车企进行过沟通，但都没有达成很好的共识，原因在于欧洲市场也不大，整个欧盟国家仅仅拥有 5 亿人口。因此对比后我们发现，在中国市场环境下发展起来的中国优秀企业比较适合我们。要知道中国现在的汽车年销量已经达到 3000 万辆，这比美国与日本两大市场销量最高峰的总和还要大。

因此我提醒宝腾以及股东方 DRB-HICOM，无论你是否喜欢，中国都是必须要探讨的重要战略合作伙伴。经过不断探讨后，2014 年 DRB-HICOM 董事会主席终于与吉利正式接触，参观了吉利的工厂。他们的结论也认为吉利是一个不错的战略伙伴人选。可是很多人仍然有很多担忧。

作者：*担心什么？*

黄家泉：主要担心三方面，1. 宝腾以及马来西亚部分人士被民族工业情结束缚，担心与吉利的合作会失去马来西亚汽车工业独立性。

2. 他们看不清整个科技在汽车行业中带来的变化，目前德国在讲工业革命 4.0，中国在讲工业制造 2025，这说明智能化和自动化是一个大方向，但是他们仍旧抱着汽车产品效益与成本的简单理解在看待世界汽车业。

3. 对中国发展的认识偏见。认为中国从改革开放到现在不过四十年，进入 WTO 也不过十几年。在他们看来，一个进入世界发展标准不过十多年的国家，即使发展再快都不可能成为汽车制造强国。因此马来西亚很多人认为中国汽车企业可能无法完全支持我们崛起，因此合作的前景也不被他们看好。

作者：您如何看待这些声音？

黄家泉：这些都是对中国汽车以及中国经济发展的一种不正确看法。尤其是我出席中国"一带一路"高峰论坛后，这种体会更深。

我告诉宝腾以及股东方，如果不与吉利合作将会错失一个好的时机，未来也不会再有人与你合作。因为汽车技术和过去的胶卷相机转向数码相机、电话从有线向无线变革的时代一样，发生了巨大的变革。如果再看不清这一方向的话，宝腾未来会一无所有。

经过我的分析，他们也恍然大悟，认识到留给他们的时间不多了。因此 DRB-HICOM 主席也到访杭州与李书福董事长见面，并正式表示希望与吉利开展合作，这才有了今天吉利与宝腾的合作。

宝腾要找合作伙伴，不是收购者

"我们不是要找一家企业收购宝腾，而是要找一位帮助宝腾发展的伙伴。首先他能够给予宝腾技术支持；其次他能够给宝腾寻找市场，这是合作的重要基础。"

作者：宝腾寻求合作的过程中，是向全球多家企业提出竞标的，这种思考是基于宝腾哪些方面的优势？

黄家泉：很简单，我们需要寻找最具实力的合作伙伴来帮助宝腾。另外，宝腾背后一笔看不见的资源是东盟这一全球第六大汽车市场。2015 年东盟十个国家结成共同体，这一共同体约有 6.2 亿人口，其中 35 岁以下人口比例达到 65%，表明东盟成员国地区是一个新兴市场。因此我们希望与宝腾合作的企业，能够构造出一个适合东盟汽车市场的品牌，抓住东盟市场机遇。

作者：传言在并购宝腾股权的竞标中，欧洲很多车企给出的价格可能是吉利的数倍，但是为什么最终选择了吉利？

黄家泉：首先你要明白，我们不是要找一家企业收购宝腾，而是要找一位帮助宝腾发展的伙伴。第一，他能够给予宝腾技术支持；第二，能够给宝腾寻找市场，这是合作的重要基础。

如果竞标企业只是来参股、注入资金，而不能提供市场，不能给宝腾今后发展一个方向，这种合作完全背离了宝腾寻求国际合作的初衷。所以很多欧洲车企都参与了竞标，可是最后在谈到市场开发时他们都没有把握，因为他们本身也面对市场的局限，最终这方面没有谈判成功。

吉利的胜出，是因为这家企业在中国快速发展的市场下，产品与技术得到了快速认可，吉利市场普及速度以及扩充能力都非常高效，提出的合作规划也十分具有建设性，因此吉利最终获得了认同。

另外，在"一带一路"的沿线国家也希望与中国这些具备潜能的企业达成合作。相比之下，欧洲市场基本出现老化，与新兴市场相比已经出现疲态。经过这些评估，我相信宝腾选择吉利而不是欧洲车企是有原因的，这是在短线与长线中做出的评估，最终选择吉利说明宝腾认识到吉利是最好的策略伙伴。

作者：如何看待欧洲车企？

黄家泉：我认为活力与创新力是中国车企最大的优势。当然欧美车企很先进，但是在推动前沿技术的基础上必须有市场的支撑，这是前提。中国拥有年销量突破3000万辆的市场，这是了不得的。

我曾经到访德国大众汽车，他的一座工厂是1948年建成的，一年的产销规模在80万辆左右，可是大众汽车在中国建设的工厂仅仅用了20多年便已经达到年产销规模200万辆，这样的规模效应拉动技术的成长是不可想象的。

我看到宝马、大众都是希望在中国市场卖得好，但并没有第一时间在中国开展技术前沿的推进。吉利与他们恰恰相反，他用自己对汽车技术的理解，加上与沃尔沃等国外先进技术的探讨融合，形成了适合中国市场的产品，这对于宝腾来说有着现实的示范意义。

吉利在中国的发展样本给了宝腾很大的信心，因为马来西亚乃至东盟共同体的市场几乎处于尚未开发阶段，如何挖掘这里的潜力，相信吉利可以给宝腾很好的指导。

作者：对于宝腾来说吉利是很好的合作伙伴，但对于吉利来说合作能带来什么？

黄家泉：吉利在未来与宝腾的合作上重点突破两个方向：一个是协助宝腾走向国际化市场，因为宝腾自身没有这个能力，只能在国内销售，这不足以支撑一个汽车品牌的长远发展，一定要到国外与国际品牌竞争，才能够取得更大的成绩。

另外，吉利也可以借此机会开拓右舵车市场，这对于一直发展左舵车技术的吉利来说是两条腿走路。

吉利让出控股权是大智慧

"我相信如果吉利坚持控股，宝腾也很难拒绝，因为宝腾没有技术。可是吉利没有，这必须有大胸怀、大视野的企业才能做到，从这一刻起，宝腾甚至包括我在内都已经从心底认同了这家中国企业。"

作者：外界对于吉利与宝腾的持股比例有些看法，认为吉利似乎更应该占据控股权，这种股权分配的深意是什么？

黄家泉：宝腾在创立初期是依靠马来西亚整个国家资源与税收发展的，因此马来西亚各方人士对于宝腾是有民族工业情结的。这里不得不说吉利在这方面的理解与大度，用中国话来形容是对马来西亚汽车人的一种情分的认同。

当然这个股权比例在谈判的过程中经历了一些周折，也很艰辛。但最终各方都为了能够继续维护马来西亚人民的民族汽车工业感情达成协议，这非常了不起。当然吉利获得49.9%的股份并非外界所说中国车企只是来打工的，宝腾充分授予了吉利管理权与经营权。

达到这样的多方平衡，我认为吉利有着非常大的胸怀。其实在马来西亚另外一家国产汽车企业是被外资控制51%股权的，因为人家直截了当地表示技术是人家的。我相信如果吉利坚持控股，宝腾也很难拒绝，因为宝腾同样没有技术。可是吉利没有，这必须有大胸怀、大视野的企业才能做到，从这一刻起宝腾高层甚至包括我在内都已经从心底认同了这家中国企业。

作者：这和谈判最初的设想一样吗？

黄家泉：我必须讲一句公道话，对中国的崛起其他国家是有很多看法的，都认为中国是来侵犯他国的产业，来侵蚀别国的拥有权。

可是吉利与宝腾合作就是很好的例子，我相信如果吉利坚持控股甚至占有绝对控股权，宝腾是没有任何办法的。可是考虑到宝腾对于马来西亚工业的这种荣誉与情怀，吉利理解并尊重了马来西亚工业的发展，它是真正的一次合作。反过来宝腾也十分信任吉利，给予吉利充分的管理权与经营权，所以我相信这项合作是圆满的。

作者：路特斯作为合作的另外一个主体，对于双方合作谈判的推动意义在哪儿？

黄家泉：路特斯作为世界三大跑车品牌，其市场很小，当宝腾买过来的时候，大概一年销售4000台，亏损是很大的，现在只卖到不到2000台。

所以当时我告诉宝腾主席，要用路特斯来换宝腾，我指出路特斯放在吉利手中比放在你的手中更有价值，宝腾拿着路特斯没有作为。我这样说服宝腾以及股东方，路特斯在宝腾手里很像一块冰块，越来越小，到最后会变得一无所有；但在吉利手中路特斯会变成一个雪球，越滚越大。因此，路特斯为宝腾与吉利的合作增加了很大的谈判筹码，也让双方看到了对方更大的价值。

作者：作为政府部门，对于吉利与宝腾合作接下来是否有相关配套政策推动？

黄家泉：当然，有各种不同的配套，比如节能减排上一旦达到标准都会获得税收上的减免。另外，例如长期设厂我们会根据价值来设置 5 年或者 10 年免税政策，如果有创意的工厂落地比如自动驾驶等，我们会有额外的优惠。

作者：吉利与宝腾合作您认为能对当地经济带来什么改变？

黄家泉：我曾在与李书福董事长交流中提到，我所在的地区政府愿意配合吉利的技术开发一个高科技工业园，也希望吉利提出意见并配合发展。

汽车工业链是很长的，从汽车零部件一直到电子配套产品，涉及的上下游体系非常庞大。一旦这种产业链在丹戎马林地区建成，对于这一半城乡地区的发展是巨大的影响。既解决了当地的发展与就业问题，让更多年轻人回到乡下与双亲团聚，有利于家庭稳定和社会和谐，同时分解了吉隆坡等大城市的人口压力，这是改变整个社会问题的好事。

在当地，我把这一想法透露给大家后，得到了很大的支持，毕竟老人们年纪大了，都希望一家人团聚在一起。在庆祝父亲节的活动中，我在不同场合向大家宣布，我认为我能够送给在座为人父母的最大礼物是为你们的孩子创造更多的就业机会，把孩子留在你们的身边。这让大家非常感动，很多人都流下了眼泪。所以我相信吉利会为马来西亚带来很大的变化，不只是汽车工业技术，也会给我们更多的发展变革。

作者：对于吉利的决策者李书福，您的评价是什么？

黄家泉：吉利董事长李书福给我的印象是思维敏捷，学习能力很强。记得 2016 年参加博鳌论坛时，李书福对于新能源的论述使我耳目一新。他认为现在电动汽车不能算作新能源汽车，因为电动汽车仍然会产生一定的污染与能源消耗，在他看来新能源应该是太阳能、风力甚至于空气动力。

接触下来我发现这位企业家的思维很有远见。他提出的新能源方向恰恰是人类未来希望发展的，我很钦佩他。他在商不一定言商，除了在商业领域施展才华外，竟然有世界环保的胸怀，这很难得。

从他的身上可以看到我们华人倡导的修身、齐家、治国、平天下的价值观念，新中国有这样的企业家出现，会充满希望。

包括现在的马来西亚政府，对于吉利也非常注重，甚至希望李书福董事长成为马来西亚政府很好的科技与汽车领域顾问。

为什么吉利宝腾合作是"一带一路"下的一颗钻石？

"我认为此次吉利与宝腾的合作是'一带一路'国际化合作中的一颗钻石。可以说这是中国在密集型工业领域的一次对外合作的典型。"

作者：谈到了很多吉利宝腾合作的希望，但在中国很多人认为车企还没有到走出去的时候，从您的角度是否认可这一观点？

黄家泉：我不同意这种看法。相反对于中国企业而言，现在是走出去的最好时机。

仔细研究会发现，过去中国很难看到在国际上开展高科技项目的海外投资，但现在是时候了，尤其是在"一带一路"的大环境下，沿线 65 个国家都希望在各领域与中国开展合作。在"一带一路"的倡议中提出 5 年内中国将进口 2 兆（兆＝万亿）美元的货物，对外投资 1500 亿美元的基建，向海外到中国的留学生提供 1 万个奖学金机会，这是中国在"一带一路"高峰论坛上的承诺。

在这样的大背景下看待吉利与宝腾的合作，我认为这是"一带一路"国际化合作中的一颗钻石。因为中国这样的海外投资很少见，中国一般是亚投行或者丝路基金用于基础建设投资，例如修路和修建水库、发电站、钢铁厂等。而此次吉利与宝腾的合作可以说是中国较早在密集型工业领域的一次对外合作，在"一带一路"的框架下是一次具有代表意义的合作。

作者：作为马来西亚贸工部部长，您刚才谈了很多的内容，对于马来西亚经济而言，与中国有哪些互补？

黄家泉：目前中国与马来西亚每年贸易额大概在 1000 亿美元，其中占据份额最大的是电子业。不过这 1000 亿美元的贸易中 40% 都是外资获得的，例如美国在马来建厂组装占据一大部分份额。

中国市场很大，我们的互通可以建立在产业链中如何分配，例如有些部件可以在马来西亚制造，在中国组装；或者在中国制造，可以利用马来西亚的原材料资源。

目前国际化生产联线是很流行的，哪里有资源就在哪里生产上游零部件，最终组装放在距离消费市场近的地方，这可以是中马两国探讨的方向。例如我们最近发现一个很具潜能的工业就是航空制造，我们发现航空零部件与汽车部件制造十分接近，马来西亚已经成为波音一个重点投资地方，因为马来西亚 365 天都是一个季节，可以全年开厂运转。

在寻找零部件合作伙伴时我们发现，很多汽车零部件是可以生产对接的。所以今后可以与吉利探讨在航空领域的合作，这不失为吉利进入更高领域的一次机会。既然马来西亚有优越的地理环境，吉利有技术，我们可以探讨更多互补发展的方式。

作者：您不止一次谈到"一带一路"，如何认识"一带一路"？

黄家泉："一带一路"将会成为一个最大的世界自由贸易体系，

对比美国提出的泛太平洋贸易伙伴，你会发现其他国际贸易体制是有选择性的。为什么美国要选择谁能成为泛太平洋贸易伙伴？因为在自由贸易谈判过程中，如果经济落差大会让类似美国这些发达国家感受到压力，他们认为欠发达国家只会向美国要东西，而美国从他那里得不到回报，因此他们有选择性地建立了一个所谓的自由贸易联盟。

相比之下中国没有，中国为了克服国家经济落差问题成立了亚投行，合作的国家经济欠发达无所谓，中国先期帮你把基础建起来，等发展了我们再合作。这很像一对情侣在谈恋爱，男孩经济不好，女孩经济不错，女孩为了爱情给男孩一点资助让他经济发展起来再结婚。我把"一带一路"的方针称之为东方智慧，有情有义。

作者：如何看待"一带一路"的未来？

黄家泉：我认为未来十分明朗，可以看到"一带一路"将成为世界经济发展的一个方向，一个融合的模范。这里有一个小插曲，之前在英联邦的一次部长会议上有人提出是否可以效仿"一带一路"形成一个经济体，结果在讨论中相互之间的矛盾十分突出，谁都不肯让步，结果不欢而散。

他们没有中国的霸气，更没有中国这样包容的心态，这是"一带一路"的核心推动力，也证明中国正朝着一个真正世界大同的方向迈进。

时任马来西亚总理对华特使回答外界关心的吉利并购宝腾路特斯的 7 个问题

作为时任马来西亚总理对华特使，华裔出身的黄家定参与并见证了一系列马来西亚与中国的经济合作。同样，此次吉利与宝腾的合作也有他的身影，从首次结识李书福，到牵线李书福与宝腾最大股东方DRB集团领导者萨义德相识，再到见证双方正式签署合作协议。在此次中马合作中，黄家定既是参与者也是见证者。

吉利宝腾合作的利与弊是什么？马来西亚政府如何看待此次中马汽车合作？如何看待中国汽车走向国际？马来西亚需要吉利做什么？马来西亚又能给吉利什么帮助？没有谁比黄家定更适合回答这些萦绕在中国舆论中心的问题。

通过梳理外界对此次并购关心的话题，我们整理出最重要的7个问题，黄家定以文字采访的形式毫不避讳地回答了这些问题，同时也讲述了此次合作中的一些细节故事，其中很多内容对于判断未来中国汽车乃至密集型工业与马来西亚甚至东盟市场合作有着重要的借鉴意义。

作者：如何看待吉利与宝腾的此次合作？对于马来西亚以及东南亚市场会带来什么？

黄家定：马来西亚自2008年以来，一直是中国在东盟国家中的最大贸易伙伴，而中国自2009年以来也一直是马来西亚最大的贸易伙伴。马来西亚是中国的战略合作伙伴，两国关系也处于历史的最好阶段，因此吉利控股集团和宝腾在汽车制造业的标志性合作将有利于推动两国企业工业的合作，增加两国的贸易往来，这对中国、马来西亚乃至东南亚市场都是利好的因素。

作者：据了解，此次合作中您扮演了重要角色，其中记忆深刻的事情是什么？

黄家定：我有幸和广西壮族自治区副主席张晓钦一起努力，协调吉利和宝腾在最初阶段的合作。2014年7月12日，我们共同促成李书福董事长和宝腾的最大股权持有人萨义德，在南宁会面并探讨合作可行性。我和张晓钦副主席的原意，是要为"两国双园"——中马钦州产业园区和马中关丹产业园区引进两国汽车工业的合作模式。这个重要的开端，奠定下了吉利和宝腾在日后的合作基础。

作者：在宝腾寻找合作伙伴期间似乎也寻找过中国其他车企，从您个人的角度来看吉利与其他合作伙伴的不同特点是什么？

黄家定：我认为吉利和其他合作伙伴比较，有几个不同的特点：（1）吉利有显著的国际合作成功记录，尤其是收购沃尔沃汽车并让它在短期内转亏为盈，以及收购伦敦出租车等。这些成功案例都显示了吉利拥有实力、创新能力和执行力，以实质的成绩说服全球市场用户；（2）吉利在中国从小做大，从默默无闻到举世闻名，吉利的品牌在中国已经是家喻户晓。我认为宝腾要进入中国市场，吉利一定是最有条件、能力及最可信赖的战略合作伙伴；（3）宝腾在东盟市场有一定的经济、网络知名度，加上马来西亚在东盟国家中的影响力，吉利和宝腾的合作配合肯定对开拓东盟市场会起着如虎添翼的作用。

作者：在中国有这样的评价，认为中国汽车目前还是以中国市场为中心的研发生产，因此在全球市场还无法适应不同市场的需求，您考察吉利后如何评价这一观点？

黄家定：中国的汽车是"左驾右行"，而东盟大部分国家是"右驾左行"，吉利和宝腾在这方面有合作互补的切入点。双方可针对中国和东盟这两个不同的市场需求进行新产品的研发。宝腾可以借助吉利的强项和能力，改善产品以适应中国市场的需求；吉利也可以借助宝腾对东盟市场的熟悉度，进行互补互助的合作。强强合作，可以兼顾中国和东盟的广大市场，以此作为学习的经验模式，作为日后进军全球更大市场的基石。

作者：吉利与宝腾的合作在中国国内有着"叫好"与"唱衰"两种声音，舆论既对东南亚市场有着期待，同时又对不同的汽车文化和市场有些担忧。您如何看待吉利与宝腾合作未来的发展机遇和挑战？

黄家定：商场如战场，每个行业都有不少的对手，既有看好的支持者，也有视为威胁的唱衰者，这是很自然的。吉利用行动和成绩来让更多人支持叫好，才是务实的应对策略。在未来发展机遇方面，吉利和宝腾必须共同迎接 20 亿人口的中国—东盟大市场，开拓实用的产品，提供大部分汽车使用者都能负担得起、成本也不太高的汽车，另一方面也对较高经济能力的汽车用户提供高档产品，只要在这些高中低各端用户之间取得平衡点，机遇就非常大。

在挑战方面，吉利面对众多的竞争对手，既有来自日本和韩国的，也有来自中国国内的，在强调绿色环保科技和可持续发展经济的新趋势下，汽车品牌要脱颖而出，就必须生产符合世界环保潮流的节能产品，另一方面又能兼顾市场消费者不断追求的高尚品位。目前全球的城市化进程日新月异，即使在公共交通日益普及的情况下，私人汽车使用者的需求也还是相当高的，如何让这些汽车用户选择使用某个特定的汽车品牌，这就是吉利和宝腾必须携手合作的重点内容。机遇和挑战并存，成功属于积极进取的企业。

作者：如何评价吉利控股集团董事长李书福？

黄家定：我是通过广西壮族自治区副主席张晓钦认识李书福董事长的。我与他的正式接触过程中，观察他的举止谈吐，对他印象非常深刻。我认为他是个行事果断、思维敏锐、判断力强、方向明确、有勇有谋的企业家。李董事长说话不拖泥带水，做决定不拐弯抹角，做事情很有逻辑，立下目标时要设定时限来完成。他的成功经验不愧被称为现代的中国汽车大王。他靠个人努力成立工作团队，重视研发、相信科学、爱惜专才、懂得用人，这才能领导团队完成大事业，不愧是有远见的企业家。

作者：如何理解中国企业走出去的机遇和挑战？

黄家定：在中马合作互利共赢的大前提下，中马两国除了在双边贸易具有突出的成绩之外，在直接投资方面也有很好的建树。在"一带一路"的新形势下，马来西亚会继续成为中国在东盟区域的战略合作伙伴。吉利和宝腾的合作能有效带动两国汽车工业以及有关联的产业领域发展，如汽车零配件供应、技术交流、创新产品开发等。中国拥有 13 亿多人口，东盟拥有 6 亿多人口，这 20 亿人口的大市场对汽车的需求量越来越大，吉利和宝腾的合作肯定具有非常大的潜能。

DRB-HICOM 集团 CEO 拿督斯里赛法依沙的大实话：宝腾只是吉利与 DRB-HICOM 合作的一个开始！

DRB-HICOM 集团，宝腾控股母公司，也是吉利并购宝腾路特斯的谈判对象。在吉利并购宝腾路特斯的整个过程中，DRB-HICOM 才是吉利面对的真正合作者。这家企业的背景是什么？这家企业的"主人"萨义德在马来西亚是一个什么样的商人？除了宝腾路特斯，这家企业还涉足哪些产业，在马来西亚 DRB-HICOM 代表着什么？……或许这一切问题对于中国舆论来说太过陌生，但答案揭晓时会发现，这家企业在马来西亚似乎"无所不能"。判断吉利未来在马来西亚的发展前景前，有必要先去读懂这家企业对马来西亚意味着什么。

7 月 21 日，穿过吉隆坡一条被汽车经销商包围的街道，进入视线的是一座被绿树环绕的大厦。和中国办公环境的拥挤不同，这座没有特殊标识的建筑明显有了一定年代，宽阔的视野中给人一种庄严。

这里就是宝腾股东方 DRB-HICOM 集团总部所在地。

萨义德，DRB-HICOM 集团真正的掌控者，这位马来西亚十大首富豪中仅有的 2 位非华裔企业家将目光聚焦在工业与服务业，用 DRB-HICOM 集团 CEO 拿督斯里赛法依沙的话形容，DRB-HICOM 从诞生开始就注定与马来西亚工业经济转型绑在一起。也正因为如此，他的掌舵者萨义德始终将自己放在幕后，毕竟在集团旗下如此复杂的事务中，如何冷静地分析这一切，需要他跳出来看问题，正因为如此，我们始终没有见到这位多少有些神秘的"大老板"。

电梯到达大厦的最高层，几分钟的等待后，DRB-HICOM 集团 CEO 拿督斯里赛法依沙微笑着进入会议室。和预料的一样，尽管之

◎ DRB-HICOM 集团 CEO 拿督斯里赛法依沙与我们沟通

前做了详细的沟通，但最终萨义德仍旧选择在幕后看待这一切。

说明来意后，拿督斯里赛法依沙卸下了面对媒体时的防备，他长吁一口气，将西装脱下，随手挂到椅子靠背上。正式交流前，他表示希望向中国介绍宝腾，更希望中国认识站在宝腾背后的这家资产超过644亿元人民币的企业。

"吉利不只是在与宝腾合作，这背后更是吉利集团与DRB-HICOM集团在马来西亚工业领域的深层合作开始。"拿督斯里赛法依沙这样形容吉利宝腾合作的影响。

与他的沟通中可以读出，几乎垄断跨国车企在马代工生产、销售的DRB-HICOM，不仅可以为吉利提供很好的市场与生产资源，同时涉足的汽车零部件、飞机零部件也可以帮助吉利未来实现本土化开发。另外，DRB-HICOM集团垄断马来西亚物流，涉足银行、地产建筑，可以帮助吉利宝腾在马来西亚各方面取得发展优势。总之，拿督斯里赛法依沙在交谈中释放了一个强烈的信号，吉利与DRB的合作绝不只是将宝腾扭亏为盈，而是要在东盟市场合作创造出一系列新的工业发展化学反应。

扫描 DRB-HICOM 集团

宝腾控股母公司DRB-HICOM集团，简称DRB，是一家在马来西亚覆盖多产业领域的集团企业。

相比金龙鱼、利星行等品牌和企业被中国熟知，查阅中文资料，DRB除了此次与吉利的合作外少有关于这家企业的介绍，在中国可以用陌生来形容DRB。

但在马来西亚，DRB几乎是这个国家不可或缺的企业，它的业务涉及国家的方方面面，从汽车、飞机、火车、轮船等密集型工业到房产、邮政、银行等服务领域，DRB在马来西亚"无所不在"。

DRB 集团 CEO 拿督斯里赛法依沙如此形容："这家成立于 20 世纪 90 年代的企业见证了马来西亚从农业向工业化经济的转型，这家企业的发展伴随着马来西亚国企改革的步伐一同前进。"

DRB-HICOM 由两家企业合并组成，分别是 20 世纪 90 年代成立的以能源为主的 DRB 集团与 20 世纪 70 年代由马来西亚政府成立的重工业集团 HICOM。目前集团旗下许多涉足国计民生的业务都曾来自 HICOM。1996 年，由于 HICOM 集团在经营效率上难以提高，最终在政府的主导下与 DRB 合并，才诞生了今天的 DRB-HICOM 集团。

根据 DRB 提供的一份资料显示，DRB-HICOM 集团目前总资产约为 644.6 亿元人民币，旗下拥有 90 余家分公司，业务覆盖 60 多个国家，总员工超过 6 万人，2016 年营业额约为 184.2 亿元人民币。

作为马来西亚一家上市公司，除了萨义德持有的 55.9% 的股份、21.28% 的自由流通股和 8.78% 的海外投资者持股外，其他股份由马来西亚政府相关领域投资持有。可以说这是一家由政府入股，涉足国家能源、核心重工业、前瞻发展服务业的集团化公司。

DRB 集团 CEO 拿督斯里赛法依沙介绍，目前集团业务分为三大板块。第一板块是汽车、飞机、轮船等密集型工业和国防工业；第二板块是服务业，包括邮政和教育领域；第三板块是房地产、资产投资与能源领域。

汽车板块中，DRB 除了拥有宝腾和路特斯两家整车企业外，同时持有马来西亚本田、三菱股份。另外，DRB 也是大众、奥迪在马来西亚的独家代理经销商。除了整车生产销售业务，在汽车零部件配套上 DRB 也有介入，包括摩托车生产、航空领域、国防工业等。

在服务行业，DRB 拥有马来西亚邮政局公司，相当于中国邮政，他们也拥有废物回收公司。同时 DRB 也拥有马来西亚汽车验证中心。在教育领域，DRB 开设了汽车大学。房地产板块下，DRB 涉足商品房与酒店等，拥有宝腾城市的房地产开发公司。

"DRB 的历史就是马来西亚在经济发展中的一个缩影。"拿督斯里赛法依沙说，"我们希望中国看到的不只是吉利与宝腾合作本身，更应该看到合作的深远意义。"

在交流中发现，DRB 集团的整个业务具有高度的关联效应。首先从教育基础做起，DRB 开设大学培养人才；同时在汽车等主营业务周围打造零部件产业、外国车企代工组装、销售等业务，形成汽车产业基地，以规模化发展降低成本。在此基础上，通过参与国防工业和飞机零部件制造，提升工业发展技术水平。另外，DRB 利用掌握的马来西亚物流体系、银行金融、地产能源，形成多产业布局、全方位互助的矩阵，最终形成闭合式发展。

"我们的多领域业务对于吉利未来在马来西亚发展有着很好的帮助。"拿督斯里赛法依沙谈到，"吉利未来与 DRB 合作的范围不只是有宝腾。"他提出在飞机零部件制造领域，未来 DRB 也可以和吉利合作。据 DRB 了解，飞机零部件与汽车零部件的共通性很强，吉利可以通过这一机会提高自身发展的能力。

李书福与萨义德的"杭州情缘"

果断务实、注重效率、智慧真诚，这是拿督斯里赛法依沙给予吉利控股集团董事长李书福与 DRB 集团真正掌控者萨义德的一致评价。也正是在吉利与宝腾的合作协商过程中，李书福与萨义德成为了很好的朋友，两家企业领导者甚至用"兄弟"彼此称呼。

DRB 集团的真正领导者名叫萨义德，是马来西亚十大富豪中仅有的 2 位非华裔商人之一。萨义德行事低调，除了持有 DRB55.9% 的控股权外，他在公司不担任董事长职务，也几乎不参与任何企业公开活动。包括此次吉利宝腾合作签约仪式上，他也不愿公开露面。但这不代表萨义德处于局外，DRB 的许多关键决策都由他亲自敲定，例如吉利与宝腾的合作，就是萨义德在杭州与李书福进行了关键性的沟通，最终才由两人亲自拍板决定。

2017 年，萨义德乘专机来到杭州。这一次的会面在萨义德看来是一次挺尴尬的谈判，因为这一次萨义德的任务是说服吉利同意不控股宝腾。而在此之前 DRB 一方给吉利的要求是必须控股，吉利也已经答应了这一要求，说合作主要条件是吉利必须控股是自己，最后要求不能控股的还是自己。萨义德对自己的变化能否让李书福接受惴惴不安。

萨义德明白，放弃控股对于吉利宝腾的合作有好处，但如何让合作伙伴接受这一变化需要一个过程。与其弯弯绕，不如开门见山，用家人的形式真诚地沟通，他相信凭借他对李书福的人格判断，这是一位有情有义、拥有大智慧的商人。

果不其然，在仅有一位翻译在场的半个小时封闭沟通中，李书福与萨义德在这件事情上没有任何争执。萨义德说明这一情况后，李书福拍着胸脯向这位比他年长的马来西亚企业家说："你比我年龄大，我听大哥的。"这一句话将双方的所有隔阂全部打破，也从那一刻开始，两位不同国度的企业家以兄弟相称。DRB 集团 CEO 拿督斯里赛法依沙感慨道："这是不可能在谈判桌上达成的共识。"

李书福后来回忆起这件事情时表示："我们真诚一些，让出一些股份，保留人家国家的工业象征，这没有任何的不好，换作我们也希望获得对方尊重。这是一场生意，持有多少股份就意味着承担多少的风险。对方愿意控股，说明他没有直接把风险扔给我，对方希望和我们一起做大做强，这些因素我们都要考虑。只要劲往一处使，没有什么细节是不能变的。"正是两位高层这次的会面，将后面所有谈判引向一个非常明朗的方向。

"萨义德与李书福身上有一个同样的特点，在他们的意识中生意并不只是赚钱，而是在公司所在地做出一个全面的贡献与带动作用。"谈到吉利与 DRB 的这两位舵手，拿督斯里赛法依沙认为，这就是两家企业始终具有发展活力的原因。在他看来做到这些不容易。时至今日，与萨义德同时期的马来西亚商人很多已经沉沦，只有萨义德还在为各方事业奋斗着。

DRB 为什么选择吉利？

"吉利是最合适的合作伙伴。"拿督斯里赛法依沙这样形容，在他看来，吉利能从 20 家竞标车企中脱颖而出有三方面因素：

第一，吉利作为中国汽车企业，可以给宝腾未来的发展带来市场保障。中国如此庞大的市场将有效解决宝腾的规模效益问题，而且在未来也可以帮助宝腾拓展更广阔的海外市场。

第二，吉利拥有将沃尔沃汽车、伦敦出租车等亏损公司转亏为盈的历史，这一丰富经验是宝腾最需要的，也是其他竞标者的短板。

第三，也是最重要的一点，吉利拥有最具前瞻性的文化，为了综合效益和长远发展能够快速反应，这是其他 19 家竞标者做不到的。

对于接下来吉利与宝腾的发展，拿督斯里赛法依沙认为可以分三步走：1. 夺回马来西亚市场份额，强化宝腾产品技术；2. 宝腾进入东盟市场；3. 吉利做大做强路特斯。

宝腾近几年在马来西亚市场份额已经下降至百分之十几，在与当地其他车企竞争中处于疲态。不过其他车企的产品多依赖于日系廉价产品，与吉利的产品相比没有优势。目前马来西亚国内汽车年销量约为 60 万辆，根据 DRB 的判断，吉利的新产品、新平台和全新的供应商会让宝腾在短时间内重新拿下马来西亚市场。

随着马来西亚市场布局完成，约有 6 亿人口的东盟市场是宝腾开发的下一个区域。根据东盟自由贸易协定，宝腾在这些国家发展可以免去高税收障碍。另外，宝腾目前掌握 200 多家经销商，拥有东盟区域最完善的汽车销售渠道，可以快速在这一市场布局。

而在路特斯方面，DRB 集团认为这是一份宝贵的资产，不过由于 DRB 内部希望专注将宝腾做强，因此路特斯成为给予吉利发展的一笔资源。在拿督斯里赛法依沙看来，这笔资产放在吉利手中发挥的作用将更大、更有前途。

参与并购宝腾那一刻，吉利已想好如何让宝腾成功——对话吉利控股集团总裁安聪慧

十年前，在位于马来西亚宝腾的工厂门前，一位中国汽车人曾仰视着这家汽车企业；十年后，这位汽车人带领着一干人等来到这里，等待他的是夹道欢迎，以及没有任何限制地参观工厂的任意区域。唯一改变的是到访身份，十年前他是学习者，十年后他是宝腾的"拯救者"，他就是吉利控股集团总裁、吉利汽车集团总裁兼 CEO 安聪慧。

面对本书采访小组，安聪慧放下了以往接受公众"审视"的不自然，用他的话形容，他适合与工程师对话。"安工"，这是安聪慧最习惯也是听到最顺耳的称呼，他希望人们把他看成一位产品经理，他希望整个吉利在李书福董事长战略思考的引导下，用市场的思维设计出符合战略的战术。

22 年的吉利生涯，安聪慧见证并参与了吉利所有的成功与坎坷，他太明白现在的吉利，也了解李书福为何走出并购宝腾路特斯的这步棋。或许很多人有担心、有质疑，但在安聪慧看来，首先吉利非常

◎吉利控股集团总裁、吉利汽车集
团总裁兼 CEO 安聪慧

了解自己，其次他带领的吉利所有员工能够读懂李书福的战略，正如他所讲的，在正式参与并购宝腾的那一刻，吉利已经想好如何让它成功。

作者： 如何看待宝腾这家企业？宝腾走到现在的境地在你看来原因是什么？

安聪慧： 我记忆里宝腾的故事讲起来很长。2005 年左右自由舰投产以后，在中国这款车单月销量最高卖了 1.2 万辆，我们兴奋得不得了。当时吉利规划向国际市场发展，恰逢马来西亚一位商人也有意把自由舰引进马来西亚，由吉利来承担建厂和生产。吉利当时想得很简单，这一项目在当地已经和经销商、政府都沟通完毕，认为没什么问题，可以接。不过在准备进入马来西亚市场最后关头，马来西亚政府将原来 100%在马来西亚销售的条文修改为 90%产量出口，导致这一项目最终流产。不过在考察马来西亚市场的过程中，也第一次结识了宝腾这家企业。

当时我是仰望宝腾的，他们在当地卖得很好，就像十年前看中国的一汽一样。我记得站在宝腾老工厂门前想进去看看他们车间，他们以工厂技术不便对外透露为由拒绝了我的请求。当时我从这家企业身上得到两个启示：第一，一定要用自己的技术力量发展；第二，要用开放的心态面对市场竞争。

作者：在你看来，宝腾最终选择吉利作为合作伙伴的原因是什么？

安聪慧：我们对宝腾在马来西亚市场、东南亚市场的情况也做了一些了解，包括产品我也看过，基础很好，但确实需要补强。选择吉利作为合作伙伴我认为有三点因素：第一，宝腾对于吉利技术的认可。第二，双方文化风俗习惯的相近，在马来西亚的生活环境里中文是广泛使用的语言，有助于更透彻地沟通。第三，吉利并购沃尔沃起到良好的示范作用。此外吉利对合作者的尊重也感化了对方。并购过程中，尽管双方洽谈一波三折，但吉利始终保持着诚意与尊重，我们希望最终达成共赢。

作者：并购后，宝腾应该在什么领域下功夫？

安聪慧：宝腾总体上是一个很好的公司，它的关键在于战略和产品。战略是什么？是在好的发展时机下注重产品研发，注重新技术的投入。这一问题是宝腾急需改变的一点。

作者：吉利如何在供应链以及成本效率的把控上改变宝腾？

安聪慧：供应链以及成本把控是吉利的强项。宝腾未来要经历类似于吉利从自由舰升级到 3.0 系列的过程。吉利经历过产品质量不可靠、成本高、没钱研发的阶段，懂得怎么去改变，吉利过去的经验教训都对宝腾下一步的发展有益。

产品问题是由设计造型、成本、质量几个方面决定的。质量再好，造型丑绝对卖不好；造型漂亮，质量跟不上同样不行；造型和质量都跟上了，成本高消费者也不会买单。因此这些都要进行整体考虑。

首先，在产品规划上，宝腾需要一些 SUV 车型，马来西亚以及东南亚市场很像前几年的中国，要快速把 SUV 提上日程。前期先尽快引入 SUV，我相信吉利博越引进后一定会有竞争力。2018 年吉利将帮助宝腾投放一款 A0 级 SUV。同时马来西亚当地的 MPV 市场也很大，吉利现在在做两款 MPV，一年之内在马来西亚也将开发MPV，虽然是同样的架构平台，但要进行深度重新开发。

其次，零部件决定了车辆的成本。根据马来西亚本地的零部件资源，需要考虑泰国、印度尼西亚零部件如何运到马来西亚最合适。另外吉利国内的核心供应商要进去，带动宝腾整个采购体系能力得到提升，迅速解决整车质量和成本问题。

最后，质量是关键问题，包括质量体系的建设和人的思想观念。吉利可以派更专业、更强大、全球公认最好的国际化质量团队帮助解决宝腾的质量问题。但质量要有体系，体系搭建吉利很清楚。质量还与供应商相关，供应商决定质量和成本。

作者：这些终归需要人来做，那么吉利文化体系对于宝腾的发展会有什么影响？

安聪慧：我相信吉利能用文化引导宝腾，以身作则带着大家一起做，这需要一个过程。这期间，文化可能会晚一步，但会同步推进，而且一旦形成是很强大的基因。

吉利现在的员工士气高出了我的想象。原因在于集团的战略越做越好，员工认同集团的做法，个人收入在提升，社会地位也在提升，出去受人尊重。那么反过来员工做事就更加努力更加积极了。金融危机提出信心比黄金重要，就是士气、信心。有些东西要靠文化，所以吉利的整个文化布局都在我们的规划之中。

当然，宝腾100%按照吉利文化运营是不可能的。我相信宝腾有自己的长处，有些东西不是说取得好的结果就是有好的文化，没有好的结果就是文化不行。比如说效益方面，我们这里干部以身作则带头上一线干，可能周末也干。但在马来西亚不能强求加班，不过这种工作氛围都是在熏陶下慢慢地形成的，大家可能看到有人在加班，可能更多人参与进来，为了增加集体荣誉感逐渐形成一种文化。

文化体现在具体的行动中，不是在口号中，这需要一个过程。有了文化加战略的规划，就可以让企业改变得更快、更加合理科学。

作者： 据了解，吉利保证 4 年内不进入东南亚市场，这一协议的目的是什么？

安聪慧： 用四年时间让宝腾发展壮大，四年后吉利有可能进入马来西亚。这四年实际上可以体现吉利对宝腾的尊重和重视，我们的核心一定是先支持宝腾发展起来。以往很多企业并购完成后直接把对方品牌消灭发展自己的品牌。这四年对宝腾很重要，吉利的产品引进去能得到很好的市场体现。未来宝腾发展好了，吉利其他产品也可能会进去，发挥吉利品牌的联动效应。

另外我们再想想马来西亚人民，想想宝腾，吉利还是有义务、有责任把这个品牌做好。宝腾做好了，吉利汽车未来在这一市场也有好的发展基础。宝腾做不好，新进的品牌也不可能有好的市场回馈。未来产品都是吉利研发，管理也是吉利，所以吉利要把眼光放长远，要有胸怀才可能做大事情。要认识到宝腾做好了，吉利的品牌价值才会更高。

作者：未来路特斯如何与吉利协同发展？

安聪慧：路特斯是国际三大跑车品牌之一，吉利根本目的是让路特斯恢复到应有的品牌地位。当然这需要一个过程，我相信联合沃尔沃的技术可能会让路特斯发展得更加顺利。

现在的吉利与当时收购沃尔沃相比有更多的资金和人才，同时中西方文化融合也多了，吉利的技术也有了突飞猛进的变化，因此各项基础条件都比原来要好。我们很有信心将路特斯的品牌发展起来。钱不是最主要问题，沃尔沃当年一年亏损那么多吉利都能够恢复，这就是吉利的竞争力。

吉利近些年也在不断成长，吉利和沃尔沃 2017 年利润达到 200 多亿，利润上涨的同时规模也起来了。2017 年吉利和沃尔沃销量约 190 万辆，2018 年可能到 200 万辆以上。在不同的品牌和市场定位前提下，做到资源共享是吉利控股集团一直研究的问题。

未来路特斯也一样，路特斯在底盘方面是佼佼者，以后吉利研发底盘可以借用路特斯的技术。大家一定要看到 1+1>2，我们的目标是希望路特斯恢复到应该有的地位，我相信这一天会到来。

作者：刚才谈到了战略和机遇，在风险评估上双方如何考虑并购宝腾后的减值风险？

安聪慧：现在宝腾不属于上市公司。对吉利来说，我们严格遵照各项规定，执行财务独立核算。我明白外界担心将来宝腾是否会拖累吉利汽车。这个问题在并购初期吉利就充分考虑到了，在谈判初期已经制定好了扭亏为盈的规划等，这些不用担心。

作者：对于李书福对吉利的战略思考外界很多人并不能完全读懂，作为集团总裁，如何看待李书福董事长的战略思考？

安聪慧：一家企业的成功需要战略和执行的有机结合。战略第一，别人看不到的你看到了这叫战略，看到了把它做到这叫执行。李书福董事长是非常有前瞻性、战略性的人才，有些东西我认为是不可复制的，一些伟大的人都是不可复制的。

李书福董事长有非常敏锐的眼光和判断力，我们执行团队需要正确地、很好地领悟，坚定不移地执行。我在吉利工作 22 年了，与董事长也有了 22 年的配合，这也是一种文化。战略好的话，执行也相对好做。如果战略欠缺，执行起来就要付出更多努力。但战略根本上是错误的话执行就无从谈起。

战略和执行也是要沟通的，实际上，从收购宝腾的那一刻起整个执行方案轮廓就出来了，从哪里切入、怎么去做基本都想清楚了。比如讨论宝腾项目时，大家讨论如何增加盈利、在哪里执行、我们该怎么做、产品该怎么规划、规章体系该怎么走、他们存在的问题在哪里、我们该怎么布局、这个价格行不行、是不是可以再下降 20% 的收购价格等，可以说从确定参与并购宝腾的那一刻起，吉利就已经想好了未来如何让宝腾成功。

没有东南亚市场，吉利全球化会有一个巨大的缺憾——对话并购宝腾路特斯项目组组长、吉利控股集团常务副总裁李东辉

掌管吉利的钱袋子，李东辉比任何人都明白吉利的钱花在了哪儿。作为吉利控股集团常务副总裁、首席财务官，始终保持微笑的他却对每一个负责的项目有着不同的视角，甚至偶尔还有些"专断"。

作为此次并购宝腾路特斯项目组组长，李东辉太明白吉利最容易打动对方的是什么。在他看来，宝腾绝不是烂摊子，吉利的谈判竞争

◎并购宝腾路特斯项目组组长、吉利控股集团常务副总裁李东辉

者也有着足够的实力，但最核心的是吉利基于沃尔沃的合作给外界释放的信号，真诚沟通与帮助并购方长远发展，仅这一点就足以打败任何对手。

　　吉利并购宝腾路特斯的目的是什么？在谈判中李东辉为谈判小组定下了什么原则？与沃尔沃的合作给予此次并购的帮助是什么？吉利的资本运营原则是什么？作为吉利控股集团首席财务官，李东辉向作者讲述了这些问题背后的来龙去脉。

并购宝腾路特斯的难度并不小

作者：吉利此次并购宝腾路特斯的目的是什么？

李东辉：吉利海外并购是服务于吉利汽车主业发展的。收购沃尔沃对吉利来说从技术到品牌各方面都有巨大的收益；并购宝腾汽车，吉利又收获了马来西亚、东南亚乃至扩展到全球的新市场机遇。同时宝腾的技术对吉利也很有价值，虽然技术上吉利更有优势，宝腾的研发投入不大，但实际上宝腾有它的技术沉淀，包括高环跑道，这也是吉利多少年的梦想。未来宝腾的很多研发资源也可以为吉利所利用，最主要的是我们看到东南亚的市场机遇。另外一个收购对象路特斯在品牌上有巨大的价值。

资本运作方面，吉利并购宝腾是为了支持汽车主业占有市场的机会提升。至于说从股权上市等狭义的资本运作角度来讲，应该说吉利收购这些海外公司首先是要帮它们止血，扭亏为盈。这无论是为了吉利集团的财务状况，还是为了收购方公司具备单独的融资能力与运作都是一个重要基础。

作者：并购中吉利是如何研究对手的？靠什么打败了其他竞争者？

李东辉：谈判中我们面对的是全球最强大的竞争者。首先我们组建了一支强大的投行顾问、会计师、律师谈判队伍。对方第一轮从全球车企中选出 20 多家竞标者，第二轮留下 8 家，第三轮正式进入到严肃激烈的竞标的有 3 家企业。

什么叫严肃激烈的竞标？每一家不仅仅是自己的团队与对方团队谈判估值报价，而是利用三个领域的顾问，这是通常国际大并购项目的标配：投行、会计师与律师。投行涉及交易结构的建议、沟通的协调；律师负责法律与合同；会计师负责财务的估值分析、审计调查报告等。所有竞标者都各自聘请了世界知名顾问公司，吉利也聘请了汇丰银行作为财务顾问，金杜作为律师顾问，德勤做竞标会计师。

这里有一个小插曲，组建并购宝腾路特斯谈判团队中，一家世界投行没有接受吉利的邀请做顾问，对方给出的理由是全球总部已经提前接受了其他竞标者的要求，因此无法再加入吉利的项目组。实际上后来得知主要原因还是对中国企业竞争力认识的不一致。对方全球总部认为其他竞标者取得成功的概率更大，因此他们选择胜算更大的一方。这是典型的资本市场参与者选择合作伙伴的想法。

此次并购宝腾路特斯的难度并不小，吉利能拿下来很不容易。因为竞争对手都是花很多钱请全球顶级的顾问来做这个项目，谁都是志在必得。

作者：*作为并购项目组组长，对于谈判中遇到的问题我们的原则或者底线是什么？*

李东辉：在宝腾路特斯谈判中我们为项目组定下几个原则：第一要首先说服自己的顾问团队，吉利的顾问来自各个国家。如果说他们不了解吉利，那么在帮吉利与对方顾问沟通的时候也会缺乏足够的信心，对方从他的眼神表情上都可以看得出来，或者讲的东西讲不到要害，不能展现吉利的核心能力。这是对我们不利的。在此之前大家都缺少这方面的经验，简单认为花钱请顾问，顾问自然会帮我，至少不会说我们的坏话，可是他不知道怎么说吉利的好话同样对我们不利。

我去调研路特斯时，汇丰银行负责全球汽车业务的总裁陪着我，回来的路上我们在火车上深度沟通了三个小时。我不只是回答他的问题，我给他讲了三个小时的吉利，让他认识到为什么吉利有竞争力，为什么宝腾路特斯与我们合作是最好的，使得他的态度和看法彻底改变了。这使他对此次并购表现得更加有信心，能够在跟对方沟通的时候表现得更好，同时很重要的一点是他也下决心把他最好的资源用到这个项目中。

第二点，吉利不靠报价取胜，报价只要在合理区间就可以，甚至合理范围内吉利是偏低的。但是一定要让对方从文化的契合度上跟着吉利发展，要用未来的前景吸引对方。尤其是对方的管理层，股东如果说100%收购也就意味着未来企业与他无关了。负责任的股东是要关心收购后企业发展是否成功，毕竟还有一个社会责任。尤其像宝腾路特斯都在当地有巨大影响，更何况合作是合资的形式，我们是收购一部分股份。

作者：在并购宝腾路特斯的过程中我们曾提到退出，当时出于什么考虑？

李东辉：其实也就两次，一次是李书福董事长在两会期间提及"我们现在没有计划，或者说现在没定，因为对方总变"。还有一次是在香港吉利 3 月份发布 2016 年年报业绩时安聪慧总裁谈到了变。这在一定程度上也符合吉利的心态，谈判对方再想玩谈判的技巧、再想抬高要价吉利就放弃。我们要向他们说明，此举在浪费时间的同时也白白把市场耽误了，吉利还有很多其他的项目要做，团队给予宝腾项目的时间也是有限的。

吉利在对外谈判的海外项目中，在坚持报价和对方合作态度的问题上，始终如一，不情绪化用事，也避免试图使用一些谈判技巧。在此前的谈判经历中，我也曾主导收购广州博世，后来在华晨宝马谈判中，已经有了确实的经验教训，只要双方不是发自内心地坚持契约精神，你用什么谈判技巧都没有用。要么影响最后合同的签署，要么影响到未来的合作，这个都是不必要的。所以在谈判过程中吉利没有刻意玩谈判技巧，但是高层的发声实际上与我们形成了一种很好的默契。对方一方面很紧张，另一方面也表达了一些顾虑，也是有很多担忧，是不是吉利在故意施加压力玩什么谈判技巧？其实并没有，我们始终保持开放态度，信守原来的承诺，这使对方很感动。

全球并购为了汽车主业

作者：作为财务负责人，请介绍一下吉利全球化和资本化的过程。另外，吉利在全球合作中成功的秘诀是什么？

李东辉：实际上企业并购本身就是一种资本运作，资本运作不仅仅是公司上市发行股票。从海外并购资本运作角度来看，主要为了支持吉利主业的发展，通过并购获得相应的技术、品牌、市场等，这也是吉利全球并购的出发点。像吉利并购沃尔沃六七年时间过去了，外界看到了双方整合非常成功。无论是中国还是世界，从政府到媒体或学术机构以及各个投资银行，各方对吉利与沃尔沃的全球并购合作都给予了肯定。

基于吉利与沃尔沃整合的成功，让吉利拥有了最宝贵的信誉，在做其他并购时能够取得优势。比如并购宝腾路特斯，吉利能够从复杂的三轮竞标过程脱颖而出，与收购沃尔沃之后获得的全球信誉以及运营能力密不可分。即便是非汽车领域，大家也都知道吉利与沃尔沃并购之后非常成功，吉利对于合作伙伴和当地社会、政府、工会方方面面都很尊重，这都是让外界对与吉利合作充满信心的基础。

作者：这些经验对吉利的发展有什么影响？

李东辉：吉利与沃尔沃的合作，外界不会想到今天双方的技术合作是从当年的财务合作开始的。吉利收购沃尔沃之后，李书福董事长的想法是吉利是吉利，沃尔沃是沃尔沃，这是非常重要的一个战略，这个战略对于当时沃尔沃的稳定，尤其是赢得沃尔沃员工工会各个方面的支持非常重要。

2011年当时外界质疑吉利的资产负债率，吉利与沃尔沃沟通后认为要把这场危机变成一个机会，我们主动与沃尔沃表态，财务上要密切协作，包括融资安排、盈利预测和业务计划，以及当年的预算都要与控股集团紧密合作进行协调，这对双方都有好处。

合并报表后吉利从财务上给予沃尔沃一些支持，比如说为了解决SPA平台的研发费用等，吉利控股集团出面帮助与银行谈判，获得了国开行20多亿欧元的支持。这使得双方财务建立了很好的信任。

作者：吉利与沃尔沃成立技术合资公司，双方迈出这一步用了多长时间？

李东辉：这是一个漫长的过程，在探讨技术合作上需要统一意见，当时沃尔沃很多董事有顾虑，认为从品牌到产品吉利与沃尔沃没有技术合作的基础。我作为沃尔沃董事，先期按照集团规划与沃尔沃董事会的每一位成员都建立了非常良好的关系。在交流中我告诉大家为什么要合作、合作的好处是什么。这是吉利与沃尔沃沟通的第一步。

吉利首先将沃尔沃的每一位董事分别请到中国，让他们了解吉利的技术体系，让他们明白吉利与沃尔沃的合资是共赢的。我们举例大众旗下奥迪与大众品牌的差距也很大，但它们同样存在平台共享，用这些故事去打动每一位沃尔沃管理层。

作者：沃尔沃如何看待合作对双方的影响？

李东辉：这里有一个故事，现任沃尔沃全球 CEO 汉肯·塞缪尔森当时在参观完吉利的技术研究院后发现，吉利的整个零部件供应商和研发体系与沃尔沃有着许多共同的地方，甚至有些成本细节值得沃尔沃学习。

例如当时吉利的 EC7，全球 20 个顶级供应商有 16 个是 EC7 的供应商，汉肯因此得知给吉利供货的人不是原来董事长的街坊邻居，同样都是全球顶级供应商。他很惊讶，同时他感叹这些供应商给吉利供货的价格比沃尔沃低得多，这彻底改变了他的看法，也让他彻底转变思路支持吉利与沃尔沃技术合作。

吉利全球化布局是从沟通出发，从财务和战略每一层面让双方都形成很好的互信互动，从而发挥各自优势与影响力，促进技术上的合作交流。这些都是吉利全球化发展的宝贵经验。

吉利资本运作核心是服务汽车主业？

作者：在全球化发展中资本运作对吉利有什么帮助？

李东辉：应该说六七年以前要谈吉利对沃尔沃有什么资本计划，基本上没有谈的基础。现在沃尔沃实现了非常好的盈利，并不意味着吉利一定要让沃尔沃上市，目前它是没有上市计划的。沃尔沃现在所有的运营管理、治理架构都是按照上市公司的规范治理体系，比如从董事会的结构来说外部董事占多数，每个季报、半年报、年报都是按照上市公司的规范来发布。

导入上市公司的运营管理理念，吉利作为百分之百的股东，同样尊重外部董事的意见，一切都是按照合法合规的模式来运作的。只是说现在不需要沃尔沃马上去资本市场拿一笔钱，因为现在沃尔沃有充分的资金能支持自身的发展。为了改善沃尔沃的股本结构，吉利2016年12月份做了一个优先股的融资，金额相当于40亿元人民币的优先股。这就引起了前个别投行或财经媒体猜测，沃尔沃是不是要IPO？1%的融资远远说明不了什么，真的要IPO起码要10%、20%的股份融资。当时做这件事不排除未来依然按照这个方向有所增加，这是为了改善沃尔沃的股本结构。换句话说，就是提高它的资本比率或者降低资产负债率，这是一个主要目的，而并非一定为IPO做准备。

作者：并购宝腾路特斯对吉利的全球化有什么意义？

李东辉：并购宝腾，是为了吉利20200战略之后的思考。没有宝腾汽车，吉利20200战略已经完全可以实现。但吉利绝对不会停留在这个目标上。如果要想进一步形成规模，300万辆只能使吉利进入世界前10名汽车企业左右，这远没有达到吉利的目标。如果想进到世界汽车企业前5、前6的位置，同时一个品牌要想在全球具有影响力，没有东南亚市场绝对会是一个巨大的缺憾。日本车在全球发展那么好，东南亚市场对于日系车企来讲是非常重要的一块。美国和欧洲的这些汽车企业，不是不重视东南亚市场，而是竞争激烈，有日本车奠定了基础，使得他们比较难进入。这次最终进入到最后三家与吉利展开竞争的还有两家法国汽车企业。这说明大家都表现出了极其浓厚的兴趣，东南亚的地理覆盖空间、覆盖的人口、品牌的影响力，包括它一年300多万辆的市场空间，如果吉利占了10%的份额都是不可小视的。

作者： 包括沃尔沃、领克再加上现在的宝腾和路特斯，媒体都在说吉利集团已经形成了一个大众模式。从全球市场来看，吉利目前的发展方式对资本的需求依赖度高吗？

李东辉： 目前全球有些大的车企已经到了年销1000万台的规模，他们觉得自己"大而全"没有必要并购。但是吉利现在才100多万辆，我们在往200万辆、未来要到500万辆这个台阶去发展。这与其他已经到达山顶的企业不同，我们这么迅速地增长，资本回报也巨高，有22%的资本回报，吉利必须走出去。

从另外一个角度看，吉利通过并购沃尔沃形成了全球信誉，包括并购能力以及在资本市场上的融资能力，如果不抓住这个好时机是很可惜的。吉利要充分发挥无形资产的作用。

而且吉利现在总的资金控制在比较合理的水平，目前一年利润有100多亿，我们现在才花了一点点。很多公司真正做并购，实际上可能要花几倍的利润去做，不排除有一天我们做一个大的全球并购业务。

作者： 很多人都在问一个问题，为什么总是吉利？为什么总是李书福？如何评价吉利的全球化并购进程？

李东辉： 李书福董事长是特别有战略眼光与胸怀的人，这是两个不同点。战略眼光说明他看任何问题都比平常人要快一步或者快几步，总是领先于一般人的思维。比如说对汽车行业的发展趋势，对于全球整合的机遇等。他不是2010年才说收购沃尔沃，而是在2005年就向福特讲要收购沃尔沃，甚至当时我们吉利内部很多人认为这是梦想。事实证明他是特别有战略前瞻性的。当然，在敦促吉利研发、促进与沃尔沃的合作等一系列布局上，董事长也都展现了战略前瞻性。

另一方面，李书福董事长特别有胸怀，非常善于授权。沃尔沃的管理层与李书福董事长工作交流都很开心，每个人都感觉到自己做的工作很有价值很有意义，这是他一个高超的管理技巧。我认为这是一个最高水平的领导者。作为企业管理布局者，他用的都是中国乃至全球高水平的职业经理人，这在中国汽车行业很罕见。

中国汽车走出去要学习李书福的"戒骄戒躁"——对话中国汽车工业协会常务副会长董扬

从"给我一次失败的机会"，到并购沃尔沃汽车时那句临场发挥的"I LOVE YOU"，再到如今并购宝腾路特斯，可以说吉利从诞生发展到今天都有着很多故事，而见证这些故事的人当中有一个人始终保持着理性和客观，在李书福与吉利处于低谷时他没有唱衰，在吉利收购沃尔沃后他提出吉利需要注意的细节，对于此次并购宝腾路特斯他同样坚持着不同于他人的态度，他就是中国汽车工业协会常务副会长董扬。

"诚信是吉利此次合作的关键。"面对抛出的问题，他并没有对吉利并购宝腾本身发表更多看法，而是预测五年后这一合作的发展走向。在董扬看来，中国汽车走出去需要坚持全球视野，而做到这一点的前提是诚信与本地化发展。这看似简单，但中国企业能做到的并不多，"如果换作是别人我会担心，但李书福是失败与成功都经历过，他知道如何与失落者打交道"。

作者：和收购沃尔沃汽车相比，外界对于吉利并购宝腾路特斯的反应弱了很多，您如何看待吉利此次的并购行为？

董扬：恰恰相反，我认为这是值得汽车行业关注的大事。吉利并购宝腾的价值体现在中国汽车走出去。吉利并购沃尔沃从发展的角度来看，主要是发展技术，找一个更大的公司来共同推动技术合作。而这一次吉利和宝腾合作是对国外市场的一次探索，有着全新的意义。

作者：如何看待吉利进入东南亚市场的机遇与挑战？

董扬：机遇是吉利借助与宝腾的合作避开了东盟市场高关税，东盟是全球第六大汽车市场，有很大的开发价值。另外，东南亚多为发展中国家，市场对汽车产品的性价比要求比较高，对品牌认知度会低一点。这对吉利在当地与丰田等日系车竞争有一定的优势。

作者：如何看待中国汽车从"引进来"到"走出去"角色的变化？中国企业应该保持什么样的心态与海外合资伙伴合作？

董扬：我认为首先要尊重对方，尊重伙伴。答应的事情一定要好好做，同时要有长期发展的思想准备，不要紧盯着短期目标。这一问题背后人的观念因素很强，企业如果没有保持好的心态，只是看到一个市场机遇、一个赚钱的机会是干不成大事业的。所以我希望走出去的汽车企业应该保持一颗平常心，认真地对待合作伙伴，把他们看成朋友。

作者：过去很多中国车企也曾经有过并购行为，但似乎在运营中都是围绕着中国市场推进，很少有人在国外市场做工作，造成这种收购结果"国产化"的原因是什么？

董扬：原因很简单，因为中国是全世界汽车发展最快的市场，现在也是最大的市场。中国企业关注中国市场，甚至收购海外企业也在中国市场发展，这并不奇怪，主要是中国市场比较大。

作者：吉利要想进入全球汽车举足轻重的位置，对于李书福来说考验是什么？

董扬：走向全球化对任何一家企业都是很大的考验，但我认为李书福在这方面很聪明。他认真研究合作伙伴，对于沃尔沃，刚开始很多人认为李书福对沃尔沃太过迁就，现在实践证明他的做法是正确的，一步步地将两家企业有机地融为一体。至于考验，我认为李书福可以打好这场攻坚战，吉利做好宝腾胜算很大，李书福是强者、弱者都做过，他非常清楚如何将一家企业从弱走到强。

作者：您曾经谈到改革开放以来中国汽车在与"请进来"的强者合作中做得不错，如何"走出去"与弱者合作是一个难题，这个难题难在哪儿？

董扬：难题还是在如何设身处地为对手着想，中国汽车一直以来有一点不好，就是"以我为主发展"的思想。强调抓住机遇，强调以我为主，不讲诚信，不讲规则，不讲契约精神，这在中国市场经济里非常普遍，这个问题必须解决。既然要走出去，就要真诚地与人合作。弱者不一定弱，在当地做了这么多年，品牌在当地影响力应该很强，所以一定要尊重对手。

作者：此前您对未来吉利宝腾长远的发展有所担心，这一担心指的是什么？

董扬：宝腾是马来西亚的民族品牌，人家也会有自己民族品牌发展的设想，这个过程中吉利与宝腾建立起彼此的信任非常重要。要把赚钱和建立信任放在同等高度，建立起信任，吉利才能长期在当地发展下去。如果只是赚钱了，而没有发展信任，那么五年后会被人家以各种理由请出来。

作者：我们都看到了吉利与沃尔沃合作的优秀成果，李书福与吉利做到这点的秘诀是什么？

董扬：我很难说吉利与沃尔沃有今天优秀的成功典范背后具体经历了什么，毕竟我们是外人。但有一点，这中间一定是争议中求共识，才一步步走到今天。李书福的成功就是明白对方需要什么，沃尔沃需要理解、尊重和发展，吉利恰恰给予了充分尊重，所以双方走到了今天。

作者：中国汽车要想从大到强，走出去是否必须迈出像李书福这样的一步？

董扬：我认为必须要迈出这一步，必须和对手合作。汽车单纯卖产品是不可以的，一定要走出去。当初中国汽车发展时，我们可能很多人不理解引进外资的作用。今天来看，当初大众福特也是在教会我们东西，才有了他们在中国市场的成绩，才有了中国汽车市场的发展。所以中外合作一定是共赢，千万不要用短浅的目光去看。

作者：中国汽车企业走向国际化进程中您认为要从根本上改变什么？需要注意什么？

董扬：中国企业在国际发展中需要改变的是过去以中国市场为主的思想，要把心态放平和，对于发展速度不要有太高期望，要认真做事，不要太急躁浮躁。我们必须正视，像中国这么快发展的机遇几乎是独一无二的，不可重复不可复制，企业在中国发展成功的经验在国外是不能用的。

中国汽车这些年的发展环境使很多企业家有了浮躁情绪，中国汽车走出去一定要克服这一毛病。吉利收购宝腾路特斯，给中国企业开辟了一条新的路子，全行业都可以吸取很多经验和教训。

（董扬会长评论吉利入资宝腾的文章详见附录二）

中国汽车走出去的"吉利模式"——对话清华大学中国与世界经济研究中心主任李稻葵

作为最懂汽车的经济学家，清华大学中国与世界经济研究中心主任李稻葵在爱车、玩车的同时，往往能从经济学家的角度剖析汽车事件背后的经济动因，并以此判断中国汽车乃至世界汽车的未来走势。那么对于吉利并购宝腾路特斯这一中国汽车行业的里程碑事件，李稻葵又有哪些独特的见解？

作者：对于吉利并购宝腾路特斯事件，以经济学家的身份，您的关注点在哪里？

李稻葵：从吉利并购宝腾路特斯事件可以看出，中国自主品牌汽车在全球布局的速度正在加快。这也透露出吉利汽车征战全球汽车版图的野心和雄心。同时，也说明目前吉利已经在国内市场站稳了脚跟，特别是在 SUV 市场和 B 级车市场。

在我看来，未来中国会有两到三家世界级的汽车品牌，吉利汽车就是其中之一，它会成为全世界举足轻重的一个汽车厂商。2010 年，吉利收购了沃尔沃，第二年沃尔沃就扭亏为盈，这也从另一个角度证明了吉利汽车的实力和潜力。

作者：有人说吉利并购宝腾路特斯，开创了中国品牌汽车"技术换市场"的先河，您怎么看？

李稻葵：我同意这个说法，但还不够精准。严格意义上讲，吉利汽车是在用中国的综合优势换市场、打市场，我觉得可以将它总结为中国汽车走出去的"吉利模式"。这个模式的特点就是雄厚的资金、领先的商业模式、优秀的成本控制、浙商的管理模式等。李书福正在以中国的庞大市场为基础，完善自己的汽车版图，并进一步整合全球的优秀技术。

作者：吉利并购宝腾路特斯，也正是中国大力倡导"一带一路"之时，以东南亚市场为例，您认为潜力和市场有多大？

李稻葵：吉利并购宝腾路特斯对于中国企业，特别是中国汽车企业践行"一带一路"有着十分重要的示范作用。东南亚市场是"一带一路"最大的桥头堡，也是最重要的桥头堡。

据我判断，东南亚市场是世界经济发展中的"下一个中国"，其经济发展地位远比印度重要。目前，东南亚已经处在一个飞跃的节点。东南亚大约 6 亿人口，在市场一体化的大背景下，真正有购买力的人口数量远远超过印度。从某种意义上讲，东南亚未来二十年给世界经济带来的变化和过去二十年中国带来的影响相当。所以说，李书福和吉利的这步棋走得很有智慧。

作者：对于布局"一带一路"的汽车企业，您有哪些建议？

李稻葵：最关键、最重要的就是做好本土化发展，很多跨国汽车企业在中国的发展也证明了这一点。在本土生产，用本土的人，这考验的是一家企业和领导人的智慧。另外，东南亚的汽车条件比较特殊，环境湿热，在这些方面要充分考虑。此外，要多倾听当地消费者的声音。

作者：在吉利汽车频频出手布局全球时，大洋彼岸的美国通用汽车正在全面收缩，如何看待汽车企业在这一时期两种不同的发展策略？

李稻葵：通用收缩一个简单的原因是本土市场没做好。要扩张，前提是大本营的市场要做好。也正因为如此，从成长性来看，一些老牌车企未来的前景可能已经不如吉利汽车了。

从更深层次的原因看，全球制造业的中心在中国。不管从绝对量还是技术赶超的速度都是如此，而且趋势越来越明显，速度越来越快。因为中国的市场足够大，中国培养的工程师足够靠谱，劳动力的成本足够低，又便宜又好用。

以清华大学为代表的工程师教育非常成功，所以他们投入中国企业中，自然会产生一大批优秀的中国制造业企业，像华为、大疆，当然也包括吉利，这是一个大现象、大趋势。德国和日本都有他们的传统优势，也搭上了中国市场的便车。美国尽管特朗普一直在呼吁，但从趋势来看，其制造业还会进一步地萎缩。

作者：近年来中国品牌汽车的进步非常快，而吉利汽车更是其中佼佼者，是什么原因让李书福的吉利汽车能有如此快速的发展？

李稻葵：中国人以前觉得汽车很神秘，好像我们就是搞不过美国、搞不过德国，现在以李书福为代表的中国汽车人也基本看透了，其实没什么好神秘的，无非是如何将汽车产品生产得又好又便宜。

汽车的发展一个是核心技术，另一个就是配套，配套搞得好，成本就低，质量就好。中国在这两个方面的优势正逐渐凸显出来。特别是在智能网联汽车时代，我们已经有了一定的优势。可以乐观地说，汽车行业中国已经基本搞定了。下一步就是大飞机，德国、美国要注意了，中国来了！

为什么又是李书福？

一个企业家的自我修养

当李书福在人们的讥笑中喊出"给我们一个失败的机会""通用、福特迟早要关门""汽车不就是四个轮子一个发动机""吉利要收购沃尔沃"时，人们看到了"汽车疯子""汽车狂人"李书福。

当李书福成功收购沃尔沃汽车，并让这个拥有近百年历史的豪华汽车品牌再度焕发生机，做到福特汽车都没有做到的事情时，人们开始重新审视李书福。

当李书福成功收购 DRB-HICOM 旗下宝腾汽车 49.9% 的股份以及豪华跑车品牌路特斯 51% 的股份，实现中国汽车技术输出和人才输出时，人们开始惊呼：为什么又是李书福？

这个问题的答案有很多，但最绕不开的一个答案是：因为他是李书福。

云端对话

用全球化视野和国家战略角度去审视吉利汽车的每一步对外发展，是解开李书福汽车思维的重要密码之一。很多人不理解李书福经常挂在嘴边的"中华民族伟大复兴""在党和国家领导下发展"含义是什么。

"在座的都是中国人，中华民族伟大复兴的中国梦，有些人觉得是崇高的理想，有些人觉得就是一场梦。"2017 年 6 月 22 日下午，从北京飞往马来西亚的飞机上，李书福神情严肃，直了直腰，与我们以这样的形式开始讨论吉利宝腾合作项目。

虽然已经习惯了李书福一贯以来天马行空的言辞，但还是没想到，到了万米高空，李书福会以这么一句有"高度"的话作为开场。

"中国梦和我们每个人都有关系，包括在座的各位、我个人、吉利汽车的员工，也包括吉利整个企业。可能很多人会讲和个人有啥关系，我只要考虑怎么赚钱、买汽车、买房子，怎么让生活过得好一点就行了。这种想法没错，但问题是怎么才能实现？如果说全球到处都是硝烟弥漫，到处都是战争恶魔，到处都是不讲道理，到处都是动乱，那么个人的想法能实现吗？如果大家重心不是放在经济建设，不是放在创新创业这个领域，这想法能实现吗？"李书福发出了一连串的疑问。

除了是民营企业家，李书福还有不少身份，其中最有代表性的有两个：全国两会代表和全国工商联副主席。每一年的两会，李书福都是媒体围追堵截的明星人物。这几年来，李书福的两会提案内容既有与汽车相关的自动驾驶、甲醇汽车，也有大气质量立法、个税等社会问题。

十九大结束后，浙江省工商联邀请李书福谈谈学习贯彻党的十九大精神体会，他在台上一句"听党的话，跟党走"，引起了现场雷鸣般的掌声。

吉利这几年的发展已经证明，李书福这些话不是说说而已。从收购豪华汽车品牌沃尔沃汽车，到收购以英国伦敦出租车著称的英国锰铜集团，再到此次并购宝腾路特斯，李书福都是站在国家战略高度的层面上审视每一次商业行为，并以此谋篇布局。

"如果吉利并购沃尔沃失败了，中国的形象、改革开放的信心、中国企业走出去都会受到打击。并购沃尔沃时全球收购都处在冰冻状态，很多人拿并购双龙的失败案例来判断吉利收购沃尔沃的未来不会成功。但事实并非如此，通过大家的坦诚沟通、真诚合作，项目成功了。这让中国企业走出去有了更大的信心。"在李书福看来，并购宝腾路特斯表面上看是吉利汽车和马来西亚 DRB-HICOM 集团两家公司的事，但背后是关系中国和马来西亚两国经济合作的事，"李克强总理和马来西亚政府领导人曾反复讨论过这个事情，这不是一个简单的商业决定"。

在飞往马来西亚的飞机上，李书福内心仍然没有将宝腾路特斯"落袋为安"的念头。"双方接下来的合作很关键，一定要将它搞好。因为它涉及'一带一路'倡议。'一带一路'国际合作高峰论坛在北京召开以后，在全球范围内引发了广泛关注，但最终还是得落实到具体的项目上，落实到如何给沿线国家经济、给中国经济带来好处。如果说宝腾路特斯的项目能够做得风生水起，我相信会给整个'一带一路'起到非常好的示范作用，给中国经济发展带来更大自信。这是不是与整个国家利益、民族利益，与我们每个中国人的利益都息息相关？"

显然，在李书福看来，吉利并购宝腾路特斯不仅仅是一个企业的概念，背后还有一个很大的命题。

这次"云端对话"的一个多月后，2017 年 9 月 19 日，李书福在甘肃敦煌举行的 2017"一带一路"媒体合作论坛上总结道："吉利积极响应'一带一路'伟大倡议，我们签订了马来西亚宝腾汽车公司和英国路特斯跑车公司的收购合同，完成正式交割并且开启新的征程。

这也是吉利在'一带一路'倡议背景下实现合作共赢的新项目，中国和马来西亚、英国的汽车产业将会因此更好地协同发展，大家取长补短，各取所需，发挥各自优势，在'共商、共建、共享'的前提下，做大做强英国、马来西亚及中国的汽车产业。"

全球化的胸怀与视野

研究吉利的发展必须要了解李书福这个人，了解他的想法与胸怀。换句话说，今天吉利每迈出的一步，每一次在外界看来理解不了的决定，都和李书福对世界经济发展规律、对中国改革开放的社会主义道路独到而又详细的认识有关。吉利要成为一个全球型公司，而不仅仅是一个跨国公司。这是李书福心中潜藏许久的愿望。伴随着他的汽车帝国版图不断扩张，这一曾经埋在他心里的想法逐渐展现得越来越大。决定这两者区别的关键，就是领导者是否具备全球化胸怀与视野，能看到比别人更多、更深、更远的东西。

当地时间 2017 年 5 月 24 日中午 12 点，DRB-HICOM 集团在马来西亚新行政中心布城召开新闻发布会，宣布吉利控股集团将收购 DRB-HICOM 旗下宝腾汽车 49.9% 股份以及英国豪华跑车品牌路特斯 51% 股份，吉利控股集团将成为宝腾汽车独家外资战略合作伙伴。

这意味着吉利并购宝腾路特斯阶段性落地。但与此同时，"为什么是 49.9%"这个问题在很多人心头盘旋。甚至有人质疑，吉利花了大价钱，却依然没有得到控股权，这笔买卖是不是亏了？

对于外界的疑虑，李书福有自己的理解："合作一定是共赢的，任何单边的机会，任何单方面的成功都是不可持续的。商业合作前提必须是双赢、共赢、可持续；必须是发自内心的合作，而不能表面的合作，面和心不和。表面合作握手很紧，其实内心抗拒，埋下隐患，这是不可持续的，也没有前途。"

李书福还有更深层次的考虑："汽车行业是一个高度竞争、完全市场化的产业，机遇与挑战并存。合作当然能带来机会，但同时也潜藏着挑战、风险。与其在股权上锱铢必较，倒不如以'共商、共建、共享'原则，让大家相互尊重、相互认同，发自内心地拥抱在一起。"

"宝腾代表马来西亚的工业精神，是整个马来西亚的工业象征，也代表着整个东南亚本土品牌的形象。我们同意马来西亚方面控股50.1%，就是要把宝腾的优越性、特殊性，把它的国家精神、民族形象以及民族自豪感继续保留下来，毕竟这也是它的优势之一"。

这就是李书福。在大多数人眼睛盯着股权、控制权和眼前利益博弈时，他的着眼点却是建立在这些独特的思考上，天马行空而又具有哲理。

位于杭州市滨江区江陵路1760号的吉利大厦10楼，李书福办公室入口挂着一幅他手书的字：各美其美，美人之美，美美与共，天下大同。这是1990年80岁高龄的著名社会学家费孝通先生总结出的处理不同文化关系的十六字"箴言"，李书福一直奉为圭臬，并在多个场合反复提及。

"各美其美"指认识到不同文化之美；"美人之美"指尊重、欣赏他人文化之美；"美美与共"指相互欣赏、赞美；"天下大同"指最终达到一致和融合。将这一思想作为信条的李书福，也确立了将吉利打造成为"全球型公司"的战略目标。

在李书福看来，"全球型公司"淡化或打破了原有的国家、民族、宗教信仰、语言和局部文化特征，逐渐形成一种全新的企业文化和价值理念。其核心特点是尊重、适应、包容与融合，最终目标是达到合作共赢和实现企业在全球市场的成功。而"全球型企业文化"是指跨越国界、跨越民族、跨越宗教信仰，放之四海都受欢迎的企业形态。

李书福的"全球型公司"和"全球型企业文化"愿景并非无本之

木，而是根植于李书福的人生哲学和商业逻辑之中。

熟悉李书福的人都知道，外表憨厚朴实的他，内心装着一个大大的世界。他常常讲，人类将拥有无数个星球。他说，人类最终要干两件事，一是生命科学，延长人的生命；二是开发外太空。在李书福眼中，人类是一个有限的数量群体，而宇宙是一个无限的数量世界，无数个恒星与行星等待着人类开发利用。人们不能过度地在一个有限的地球上抢夺资源。

这种放眼浩瀚宇宙的视角，让李书福对全球经济走势的新动态和新变化有着敏锐的洞察，也造就了他独特的商业逻辑："现在很多人都在讲区块链，核心就是在新知识、新技术的推动下实现去中心化，就是在思想、战略的安排下，实现资源的全球配置。"

也正因为如此，李书福和吉利的全球化冲动远比人们想象的要早得多、坚定得多。

2002年，刚刚拿到"汽车准生证"不久的李书福就在内部会议上宣布"我们要收购世界名牌沃尔沃"；同样是在2002年，李书福还曾谋划收购英国罗孚汽车，只是因为其他原因而未能如愿；2006年，他又将目标对准了Smart，但因为对方苛刻的条件不得不放弃。

尽管经历了不少失败，但多年的准备、筹划也让李书福和吉利在跨国并购、合作方面积累了丰富的经验。

2009年，李书福在金融危机的大环境下，拿下了全球排名第二的澳大利亚DSI自动变速器公司；2010年3月28日，沃尔沃汽车情定吉利，让全世界开始对李书福和吉利刮目相看；2013年，李书福又收购了英国百年企业锰铜控股的核心资产与业务，将有着百年历史的伦敦出租车彻底收入囊中；2017年3月22日，英国伦敦出租车考文垂工厂正式建成投入使用，这是英国近10年来建立的首座全新整车工厂；2017年6月28日，在瑞典首相斯特凡·勒文见证下，吉利宣布将在哥德堡筹建吉利欧洲创新中心，这是截至目前吉利在欧洲大陆单体设施最大投资，也是哥德堡有史以来首次和一家企业合作建立国家级的创新中心；2017 年 6 月 23 日，吉利控股集团成功并购宝腾路特斯；2017 年 11 月 13 日，吉利宣布收购美国 Terrafugia 飞行汽车公司全部业务及资产；2018 年 1 月，吉利成功收购沃尔沃集团 8.2%股权，成为第一大持股股东……

时光回转到 2012 年 2 月 17 日，吉利控股集团宣布在海南三亚学院建立"全球型企业文化研究中心"，并在北京和瑞典哥德堡建立研究基地，致力于开展跨国家、社会和企业文化的对比与研究，推动建立一种全新的全球型企业文化，为中国企业走出去和更多跨国企业进入中国提供文化融合和管理经验。

李书福在致辞中说："目前世界上的跨国企业，几乎都有强烈的'原产地'国家背景和鲜明的局部文化。我主张的全球型企业文化是一种超越国界、宗教信仰、语言和本土文化的全新型的企业文化和价值理念，其核心特点是尊重、包容与融合，最终目标是达到合作共赢和实现企业在全球市场的成功。"

在吉利汽车跑遍全世界的过程中，这个目标也越来越近、越来越真。

"汽车狂人"背后的逻辑

谁来读懂李书福？今天看来已经成为一个必须要解答的问题。外界似乎也开始重新揣摩当年李书福"口出狂言"背后的深刻含义，但读懂却不是一个简单的事。

2001 年 4 月 22 日，一场在当时别开生面、在后来更被视为经典的"中国汽车高峰对话"在北京上演。

别开生面，是因为这场由时任中国汽车报副总编吴迎秋主持的高峰对话嘉宾，以及加入 WTO 背景下的"挑战"这个时髦话题，在当时极具代表性和象征意义；经典，则是因为李书福"汽车狂人"的形象就是从这场对话中诞生。

参与对话的五位嘉宾中，时任上海通用汽车有限公司总经理陈虹刚过完 40 岁生日。风华正茂的他带领上海通用经历了别克新世纪和 GL8 的成功，而号称 10 万元"小别克"的赛欧也即将登场。此时的陈虹"风头正劲"。巧合的是，这一年当选"柳州市十大杰出青年企业家"的沈阳同样正值 40 岁。时任柳州五菱汽车有限责任公司总经理的他或许已经得到消息，就在一年后，柳州五菱将与上汽通用以"中中外"的首创合资模式成立上汽通用五菱，他的职位也即将变成上汽通用五菱总经理。此时茅晓鸣执掌下的江苏南亚自动车有限公司正与菲亚特处在合作蜜月期；而时任长丰汽车（集团）有限公司副总经理的潘惠强正兴奋于猎豹汽车在越野车领域的成功。

与这几位的意气风发、踌躇满志相比，此时 38 岁的李书福在汽车行业并非名不见经传，"要制造世界上最便宜的汽车"的口号、39800 的价格，以及民营造车企业的身份都为李书福赚足了眼球。但在汽车行业外，很多人依然抱着看新鲜，甚至是怀疑的态度看待李书福。

身穿主办方提供的白色长袖 T 恤，李书福背靠在椅子上，双手交叉抱在胸前，脸上依旧挂着那特有的笑容，只是与 10 年后的今天相比，少了些许从容和淡定，多了几分"年少"气盛的倔强。

在吴迎秋以"挑事"著称的发问下，李书福那极有特点的台州普通话在场中飘荡："（我们）要求平等，要求自由，如果这个问题不解决的话，我认为中国的汽车工业死路一条。"

"汽车就要到中国来生根落脚，中国人为世界汽车用户提供服务。

从这个意义上讲，无论是美国的通用也好，福特也好，我认为这些汽车厂迟早是要关门的。"

"第一，汽车从一诞生到现在哪一辆轿车是五个轮子的，加备胎是五个，除了备胎是四个轮子；第二，轿车从一开始到现在都是一个发动机，哪个厂的汽车是两个发动机？我没有看见过。"

李书福并非无的放矢。此时的吉利汽车尚未登上当时国家经贸委发布的中国汽车生产企业产品名录公告，也就是俗称的"准生证"。吉利并不是国家承认的"正规军"，所以李书福呼吁自由与平等。此外，在当时很多人眼中，吉利汽车就是在模仿夏利。对于这个新生的民营汽车企业，人们充满了好奇，但更多的还有质疑。摆在李书福面前的首要任务是打破汽车的"神秘"。

正是在多重压力之下，一向善于利用时机的李书福在这个特殊的场合发出了自己的呐喊。其中，关于"通用、福特迟早要倒闭""汽车就是四个轮子一个沙发"的论断，一直流传至今，也成就了他"汽车狂人"的称号。随后的 2009 年，在金融危机重压下，美国克莱斯勒汽车、通用汽车先后进行破产重组，尽管李书福预言中的福特汽车幸免于难，但仍让人们对他的预言惊愕不已。

熟悉李书福的人都知道，他并不是在"作秀""博眼球"。当初讲这些话，李书福不能说不了解汽车，而是经过研究后得出的结论。"世界汽车工业最后发展方向就是模块化生产。就像小孩搭积木，同样的零部件通过不同的装配与设计，最后生产出不一样的汽车产品。这是汽车行业的一个规律，到那时，汽车制造就相当于电脑 DIY 一样，大家都可以自己组装，而且这一天不会很遥远。"李书福事后解释称。

在这场经典的"中国汽车高峰对话"上，还是"汽车新人"的李书福讲述了自己对汽车行业的深刻理解："我认为汽车工业的发展只有一条路，怎么样把质量做好，价格控制好，新产品开发得快，技术进步得快，符合中国的市场，符合世界的市场。"

对于汽车行业的未来，他更有着颠覆性的判断："一百年以后，汽车工业是不是还是这样呢？我认为肯定不是。现在问我，我当然也不知道。但一百年以后的汽车工业，肯定要发生翻天覆地变化，也许就这边买一个发动机，那边买一个方向盘，一装就好了。"

这一年，距吉利汽车正式进入汽车行业刚刚过去不到 4 年，距第一辆吉利汽车在浙江临海市下线刚刚过去不到 3 年。就在不到半年时间后，2001 年 11 月 9 日，国家经贸委发布第六批汽车产品公告，吉利 JL6360 型轻型客车（"豪情"）榜上有名。巧合的是，第二天，中国在多哈会议上被正式批准加入世界贸易组织。

进化的梦之队

加入吉利的人很多，离开吉利的人也很多。但李书福每一次的知人善用都推动了吉利进入一个又一个全新发展阶段。每一个企业在不同的历史阶段应该有不同的人才需求和用人策略，李书福深谙此道。

2017 年 9 月 29 日，签订收购协议 100 天后，吉利控股与 DRB-HICOM 集团正式完成了对宝腾汽车和路特斯汽车的股权交割，同时也公布了宝腾汽车、路特斯汽车新的国际化管理团队。

在这个国际化团队中，熟悉的面孔除了担任宝腾控股董事会董事的吉利控股常务副总裁李东辉，吉利集团副总裁、首席技术官冯擎峰，时任吉利控股集团总裁高级顾问余宁外，还有新任宝腾汽车首席执行官、"东风老兵"李春荣，宝腾控股董事会独立董事、前大众中国总裁、前斯柯达全球 CEO 范安德。

48 岁的李东辉是汽车行业少有的具有国际企业经验的高级管理人员。早在 1999 年，年仅 29 岁的李东辉就曾以拯救濒临破产的亚新科制动系统珠海有限公司蜚声业界。在那个外刊很少关注中国企业的年代，英国《经济学人》杂志都曾对此进行过报道。

此后，李东辉曾历任华晨宝马项目办公室总经理兼金杯汽车股份有限公司董事，金杯通用汽车有限公司董事，华晨宝马汽车有限公司董事、高级副总裁兼财务总监，美国康明斯发电机事业部中国区总经理兼执行董事，广西柳工机械股份有限公司副总裁兼财务总监。

2011 年 4 月，李东辉加盟吉利时，正值吉利与沃尔沃整合的关键时刻，在财务管理、企业并购等方面有着丰富经验的他发挥了重要作用。此后，李东辉先后担任吉利汽车控股有限公司执行董事、锰铜控股公司非执行董事以及沃尔沃汽车全球董事等职位，并负责收购了英国锰铜公司和英国电动车企业绿宝石汽车公司，成为李书福核心管理团队中的重要一员。

2014 年 5 月至 2016 年 6 月期间，李东辉因个人家庭原因返回北京。2016 年 6 月 20 日，李东辉再次返回吉利，出任吉利控股集团常务副总裁兼首席财务官，负责集团财务和金融系统的全面管理工作，同时还兼任吉利控股集团董事和沃尔沃汽车全球董事。在吉利汽车并购宝腾路特斯的过程中，李东辉以谈判小组组长的身份扮演着关键角色。

46 岁的冯擎峰是吉利汽车的一员老将。1999 年加盟吉利，历任集团销售公司总经理、宁波公司副总经理、吉利汽车研究院副院长和帝豪汽车公司总经理等职务，具有丰富的汽车研发、制造、销售和管理经验，是一位难得的全能型人才。

特别值得一提的是，担任帝豪汽车公司总经理期间，冯擎峰在时任副总裁安聪慧的带领下主导了帝豪 EC7 车型的开发、制造和供应链体系打造，将帝豪 EC7 打造成为吉利产品 2.0 时代最成功的车型之一。而在担任吉利汽车研究院院长期间，冯擎峰重点打造了博越、博瑞以及新帝豪车型的开发，同时大力推进了与沃尔沃的研发进展。

如今，担任吉利集团副总裁、首席技术官（CTO）的冯擎峰主管集团技术、研发体系建设与管理、产品战略规划建设与管理，分管集团战略市场部、集团技术部、吉利汽车研究院、制造工程中心（ME）、集团供应链质量中心（SQE）、零部件事业发展中心，是推动吉利汽车技术创新，提升技术实力及全球研发能力，助力吉利控股集团成为具有国际竞争力的全球化汽车集团的关键人物。

2014年加入吉利的余宁曾任浙江吉利集团总裁高级顾问，负责开展吉利控股集团国际业务以及不同品牌之间的协同与合作。1998年，余宁从戴姆勒-克莱斯勒开启了汽车职业生涯。此后，还曾担任菲亚特动力科技公司亚洲区董事长、总裁，管理着30亿元人民币的业务、近3000名员工以及两处合资生产基地。

在并购宝腾路特斯的过程中，余宁曾担任项目组执行组组长。从2015年开始，余宁参与并购过程。

如果说吉利并购宝腾路特斯被视为中国汽车技术输出的代表，那么担任宝腾汽车首席执行官的李春荣则代表着中国汽车的人才输出。

1987年，李春荣从位于武汉十堰的东风汽车公司开始自己的职业生涯。1997年，他被晋升为董事会秘书办公室副主任，担任首席执行官助理。在该岗位上，李春荣在公司的每一项业务中都扮演了重要的角色，包括参与管理公司与标致雪铁龙、本田、尼桑、起亚、康明斯等六家国际品牌的合资企业发展，以及东风一系列自有品牌的发展。

2002年，李春荣开始担任东风悦达起亚汽车有限公司执行副总；2007年，调任东风乘用车公司担任副总直至党委书记、总经理。从加盟到2009年全面负责销售和运营业务，李春荣在东风乘用车的产品规划、技术研发和渠道网络等方面都起了至关重要的作用。东风乘用车在他的领导下也经历了蓬勃的发展。2017 年 6 月，李春荣岗位再次调整，出任东风本田发动机公司董事、执行副总经理。此后，李春荣离开工作 30 年的东风汽车加入吉利。

相较于高管团队的前几位成员，范安德的亮相多少让人有些意外。这位在大众集团中国投资有限公司任职 5 年（2005—2010 年）、成绩斐然的"老兵"，也让宝腾汽车团队更具国际化特色。

范安德从 2010 年 5 月开始担任斯柯达汽车董事会主席，杰出的业绩和丰富的管理经验甚至一度曾让他成为大众集团全球 CEO 的热门人选。遗憾的是，最终在与现任 CEO 穆勒的竞争中败北。

2015 年 9 月，范安德接到调令，前往"排放门"丑闻全面爆发的美国担任大众汽车美国 CEO。范安德对于这个"救火"的任务显然并不满意。随后，因大众北美战略及组织架构方面与公司管理层产生意见分歧，范安德离开了供职 25 年之久的大众。

从自称"产品经理"、严谨务实的吉利控股集团总裁安聪慧，到外交官出身、有宏观视野的沃尔沃汽车集团高级副总裁、亚太区总裁兼 CEO 袁小林，到宝腾汽车董事会团队的李东辉、冯擎峰、余宁、李春荣、范安德，众多来自世界各地的汽车精英因为与李书福有着共同的梦想而走到一起。这一幕在吉利发展的不同关键时期不停上演，也不断推动着吉利向一个优秀的全球化汽车公司转变。

中国汽车的"梦工厂"

听其言而观其行。要寻找李书福的汽车密码，他倾力创造吉利汽车帝国无疑是一个必要的切入点。回顾吉利汽车二十余年的造车史，我们看到的不仅仅是李书福如何从"汽车疯子"成为"汽车先知"的历史，也不仅仅是吉利汽车作为一个民营汽车从挣扎求生到屡创辉煌的历史。它承载了一个民营企业家的中国汽车梦，李书福打造的吉利汽车梦工厂正一步一步成为中华民族汽车的梦工厂的缩影。

从"模仿秀"到"大美中国车"

2017 年 9 月 7 日，北京钓鱼台国宾馆，吉利新博瑞迎来了一批特殊的车主。他们是乌拉圭、爱沙尼亚、波黑、冰岛、尼日利亚等五国的驻华使节。就在这一天，50 辆吉利新博瑞以外事礼宾用车的身份，开始了自己的服役。

"文化传播使者""大美中国车""中国名片"……载誉无数的博瑞证明，中国制造的强国之路，不能走随波逐流的老路，要在潮流中留下民族文化独有的印记，尤其在产品理念、设计、工艺方面，中国制造更应该从传统文化与工艺中挖掘进化，形成鲜明特色的中国原创。吉利博字系列产品的出现有着双重意义：一、重振中国制造信心，深化供给侧改革；二、对外重树中国制造信誉，打开更广阔的国际市场。

"我们此前已选择了吉利博瑞作为大使用车，吉利博瑞的造型设计很有中国特色，驾乘空间与智能配置都很优秀，给我们带来了非常好的用车体验。所以我们今天再次选择吉利新博瑞作为大使用车，相信新博瑞能很好展现出中国汽车制造的实力与风采。"乌拉圭驻华大使费尔南多·卢格里斯这样说道。

正如费尔南多·卢格里斯大使所言，早在 2014 年 10 月 30 日，尚未正式上市的吉利博瑞就被外交部外交人员服务局选为外事礼宾指定用车及驻华使节用车；2015 年 3 月 20 日，首批 20 辆吉利博瑞外事礼宾用车正式交付。与此同时，吉利博瑞还先后成为首届中国—中东欧博览会官方用车、G20 杭州峰会官方指定用车，并以公务用车的身份出口到古巴，被誉为"行走的中国新名片"。

作为吉利精品汽车 3.0 时代的开山之作和首款旗舰车型，2015 年 4 月 9 日正式上市的博瑞，在吉利汽车二十余年的造车史中有着十分特殊的意义。

在相当长的时间里，"低质低价""粗制滥造""山寨""模仿秀"是人们对中国自主品牌汽车的印象，吉利汽车也不例外。进入中国车市之初，吉利汽车以低价切入市场，打着"造老百姓买得起的车"的旗号，以"鲇鱼"姿态搅动汽车市场，彻底打破了汽车的神秘。

价格战、成本战让吉利尝到了甜头。但在 10 年后的 2007 年，中国市场消费需求已经发生了巨大变化。数据显示，自 2006 年年底开始，小型车、经济型轿车的销量开始明显下滑。尤其是 2007 年上半年，1.0 升以下排量的小型轿车销量比上年同期下跌了近 30%。

一向拥有战略眼光、市场嗅觉灵敏的李书福意识到了问题的严重性：靠价格便宜打天下已经很难维持下去。2007 年 5 月 18 日，吉利汽车在宁波发布了《宁波宣言》，做出战略转型的决定，吉利开始从单纯的成本领先向技术先进、品质可靠、服务满意全面发展，决心要"以国际品牌为镜，与国际品牌同台竞技"，企业口号也从"造老百姓买得起的好车"变成了"造最安全、最环保、最节能的好车，让吉利汽车走遍全世界"。

李书福事后曾对媒体坦言："在《宁波宣言》之前，我们的发展方式还是比较粗放。简单地追求成本，没有下决心在汽车这个领域里大规模地投入，战略倾向有一点摇摆不定。《宁波宣言》之后，我们坚定一个信念，认准了一个方向。首先我们不谈简单的降价，而是强调如何提高产品的技术标准、质量标准，从产品开发、技术方向、技术路线上进行整体规划，怎样联合全球有竞争力的力量。这与之前的低质低价发展是完全不同的两个阶段。"

对于一向以成本优势决胜市场的吉利汽车来说，这是一次"伤筋动骨"的自我否定。在吉利内部，大部分人都不认同李书福的战略转型方案，时任浙江吉利控股集团有限公司董事、副总裁及浙江吉利汽车有限公司总经理的安聪慧却是少有的例外。在误解和质疑中，李书福坚定地推动着战略转型。落后的产品线全部拆掉重建，5万元以下的产品全部停产。这意味着包括豪情、美日、优利欧在内的9款当时销量不错的车型全部停产。在当时，优利欧的销量甚至已经月销过万。

幸运的是，吉利汽车挺住了。在宁波北仑基地，安聪慧带领团队在巨大压力下打造出吉利第一款中级车远景，迅速成为吉利汽车销量增长的最大引擎，直接促进了吉利汽车的成功转型。以远景、自由舰、金刚为代表的吉利"新三样"成功接棒新一轮发展。

在接下来2008年到2010年痛苦转型中，吉利汽车先后推出了全新"全球鹰""帝豪""英伦"三大品牌。随后的2015年，吉利对品牌进行重新梳理，英伦、帝豪、全球鹰回归到一个吉利，由外到内统一形象标识。在这一过程中，由安聪慧主导的帝豪品牌异军突起，成为"前博瑞时代"吉利汽车的旗舰和高端象征。

在外界看来，也正是帝豪的成功，让安聪慧得以脱颖而出。自2011年起，安聪慧开始担任吉利控股集团总裁、吉利汽车集团总裁兼CEO，成为吉利汽车新一代战术执行者。

安聪慧曾这样总结吉利汽车的产品变革："远景代表着吉利产品1.0时代，2.0时代则以帝豪为代表，3.0时代的代表就是博瑞、博越、帝豪GS。"

一向以"产品经理"自居的安聪慧相信，"一定要以产品取胜，坚定不移地以品质立品牌，品质高才能与合资品牌竞争"。在他看来，博瑞是吉利汽车进入"造每个人的精品车"时代的代表。

的确，博瑞是吉利汽车的转折点。在博瑞上市前的 2014 年，吉利汽车正值低谷，缺乏新产品，仅靠帝豪品牌苦苦支撑。数据显示，2014 年，吉利汽车销量同比下滑 22.5%，从上年的 54.94 万辆骤减至42.58 万辆。

从 2015 年开始，以博瑞为代表，吉利汽车的"精品化战略"开始显示产品力，吉利汽车也开始进入快车道。2015 年，吉利汽车实现增长 26%；2016 年销量达到 76 万辆，增长 50.2%；2017 年，吉利更是直接跨越百万辆，达到 124.7 万辆，同比增长 62.8%，斩获中国自主品牌第一。

当然，博瑞以及"精品车时代"的意义不仅仅停留在销量上。

作为中国品牌 B 级车标杆车型，博瑞的出现打破了中国品牌向上的天花板，在 B 级车市场创造了史无前例的"博瑞现象"，让中国品牌汽车的高端形象和优质品质开始深入人心。

作为中国品牌汽车设计的杰出代表，吉利汽车设计副总裁彼得·霍布里将中国的传统文化融入汽车工业设计之中，以水波涟漪、华夏云纹、西湖拱桥等中国传统文化元素，让博瑞的原创设计夺得了"大美中国车"的美誉。与此同时，吉利博瑞也是第一款能够具体诠释彼得·霍布里提出的吉利未来家族化特点的车型。

更为关键的是，正如安聪慧所言："博瑞的研发历时 5 年，既是吉利研发能力提升的一个体现，同时也标志着吉利与沃尔沃的技术共享达到了一个全新的高度。"

在安聪慧看来，博瑞是一款完完全全自主研发的车型，但采用了包括城市预碰撞系统等由沃尔沃研发的七位一体主动智能安全系统，并在设计、安全和车内空气质量管理方面借鉴了沃尔沃的理念，可以说是吉利整合全球资源打造出的一款标杆之作。

"中国智造"、对标管理与全球化视野

是什么让吉利汽车得以脱颖而出，成为中国品牌汽车的最佳代言？人们有着各种各样的解读：吉利控股集团董事长李书福的高瞻远瞩，吉利控股集团总裁、吉利汽车集团总裁 CEO 安聪慧的务实严谨，与兄弟企业沃尔沃汽车的深度协作，吉利汽车 3.0 时代产品……这些答案都对，但都不完整。而从 2011 年年底开始担任吉利控股集团总裁、吉利汽车集团总裁兼 CEO，直接操盘吉利汽车的安聪慧，无疑是最了解真实答案的那个人。

出生于新疆和静县巴仑台的安聪慧是吉利不折不扣的"老兵"。1996 年大学毕业后安聪慧就加入吉利汽车，至今已经 22 年。回顾其从集团审计处审计员到集团操盘手的经历，"老兵"、忠诚仅仅是对安聪慧最基本的形容。熟悉吉利汽车的人知道，在吉利汽车以远景为代表的 1.0 时代，以帝豪为代表的 2.0 时代，以及以博瑞、博越等产品为代表的 3.0 时代，安聪慧都在其中扮演着关键角色。

与李书福的天马行空、常作惊人之语相比，安聪慧显得内敛、低调，甚至有些不善言谈。面对吉利全年累计销量从 2016 年的 76 万辆跨越到 124.7 万辆，同比增长 62.8% 的成绩，安聪慧一再强调，一定要谦虚、谨慎、戒骄戒躁，要清楚自己的目标，不断学习和实践。

"汽车行业是一个国家支柱产业，而国家提出的供给侧改革给'中国智造'提供了很好的发展机遇。"谈到吉利汽车在 2017 年取得的成就，安聪慧首先回答道。

从 2016 年习近平总书记首次提出"供给侧改革"开始，这个听起来有些生僻的经济词汇就频繁出现在大大小小媒体的报道中。汽车行业也不例外，但鲜有像吉利汽车，像安聪慧这样有深入研究的。

"供给侧结构性改革为企业发展提供了明确的方向和目标。本质

就是淘汰落后的技术、产品和产能，提升产品的竞争力。在 2017 年，吉利汽车是供给侧结构性改革比较好的典型。"安聪慧用"比较好"三个字展现了自己一贯的谦逊。

事实上，2017 年吉利汽车旗下新帝豪、新远景、帝豪 GL、远景 SUV、博越、帝豪 GS、远景 X3 等七款车型月销过万，堪称爆款专业户。其中，博越更是连续月销超 3 万辆大关。而新上市的远景 S1 也表现抢眼，月销超过 9000 辆。更重要的是，与不少中国品牌汽车对 SUV 的严重偏科不同，吉利汽车的爆款阵营中，轿车与 SUV 产销比例各占一半，展现出均衡的发展态势。

"我喜欢被别人称为产品经理，我 90% 以上的时间都用在产品上。"安聪慧在多个场合重复这句话。尽管不是技术出身，但他"喜欢汽车，喜欢技术，喜欢产品"，并且"花了很多时间学习"。在他看来，产品经理可大可小，集团核心管理层都要成为产品经理，从为什么做这款产品，到市场规划、市场研究、消费者需求、什么节拍做什么事情等环节，包括公司总裁、CEO 在内的每一个人都必须掌控。

安聪慧信奉一个十分简单的道理：要想销量好，最有效的办法是实实在在把产品做好。自主品牌的发展是靠口碑的，自主品牌的销售最终还是把产品做好。金杯银杯不如老百姓口碑，消费者是最聪明的，他们是最懂汽车的。

在很多人看来，吉利汽车 2017 年"比较好"的成绩背后，3.0 时代产品起到了关键作用。但安聪慧认为，3.0 时代产品和吉利汽车 2017 年"比较好"的成绩都只是一个阶段性成果。

"为什么吉利汽车在 2017 年取得了比较好的成绩？回答这个问题，目光不能停留在 2017 年，这是吉利汽车整个体系力的提升，吉利汽车 20 多年来造车的努力，以及一系列全球并购、一系列合作的结果。"显然，在外界的赞誉下，安聪慧对吉利汽车的 2017 年有着更为冷静的认识。

在安聪慧看来，吉利汽车不仅在开发 3.0 时代的产品，也在打造 3.0 时代的营销服务体系，同时，在研发、制造、采购等各个链条的关键节点，他都提出了 3.0 时代的标准。

"大家都知道木桶效应，最低的木板决定了你的盛水量。通过过去 20 多年的努力，吉利的体系力得到很大提升，也拥有了比较强的竞争力。"安聪慧解释道。而体系力提升的关键之一，就是安聪慧和吉利汽车奉为圭臬的"对标管理"。

"对标管理，品质经营"，这是吉利汽车自 2012 年开始实施的管理举措。安聪慧一直视之为"战略性"举措。安聪慧认为，只有以市场为导向、客户为中心，对标管理，品质经营，才能找到差距，追赶、超越对手。在安聪慧的推动下，吉利汽车将"对标"贯彻到了企业经营管理的方方面面。

但在安聪慧看来，"对标"还不足以帮助吉利汽车引领市场。"我们需要从'对标'走向'立标'。所谓'立标'，就是要创造每个领域的最高标准。我们研发的每个车型，必须成为细分市场的标杆。吉利品牌要成为自主品牌的标杆，领克品牌要成为主流合资品牌的标杆。"

"国家支持实体经济，支持制造业，支持中国汽车产业导向十分明确；消费者对于品牌的认可，对产品的消费更加理性化；中国自主品牌对市场的认知、判断要比外资品牌强，中国品牌的成本优势在微增长时代愈加明显。"这一切让安聪慧相信，未来主导中国市场的一定是中国品牌。也正因为如此，吉利汽车的目标从来不止于中国市场。

"从进入汽车行业那一天开始，你就必须要清楚汽车行业的特殊性。必须要参与全球的汽车市场竞争，这就意味着要进入发达国家市场，要成为国际化的全球性企业，不只是简单地在中国市场玩一玩，或者在欠发达国家市场赚点钱。吉利汽车在中国市场占有率再高，不代表吉利汽车成功了。吉利汽车的根本目标不在中国市场。"言语间，安聪慧透露出了少有的锋芒。

正是在这种战略思维指引下，吉利成功并购沃尔沃，让中国汽车第一次拥有了属于自己的豪华品牌，同时也通过与沃尔沃汽车的协同效应，让吉利如虎添翼。而在 2017 年前后，吉利又通过一系列的并购和合作，展现了安聪慧口中的"国际化视野"。

收购马来西亚宝腾和路特斯股权，并将吉利汽车的技术和产品输出到东南亚市场，成功开创了中国汽车技术输出的先河；全资收购美国飞行汽车公司 Terrafugia，开始将视线从拥挤的道路转向蓝天白云；成功收购沃尔沃集团 8.2% 的股权，以产业资本开启中国汽车合资合作新形式。而"生而全球"的领克，则"代表着中国汽车工业的最高水平参与全球汽车产业的格局重塑"。

在安聪慧看来，收购和合作只是一个开始，如何实现融合和协同效应才是关键。以沃尔沃为例，"不是简单地把已有的技术拿过来为我所用，而是将并购的企业融合在一起，共同投入，共同研发，开发未来更有竞争力的技术和产品"。正是这种协同效应让吉利汽车与沃尔沃汽车携手打造了 CEVT（中欧汽车技术中心），共同开发了 CMA 基础架构平台，也推动了领克品牌的诞生。

"为了保证企业和产品有长久的生命力和竞争力，就需要不断地投入。吉利目前在全球拥有 4 个设计中心、4 个研发中心，1 万多个国际化人才从事着产品研发工作。不管是研发，还是制造，2018—2019 年我们将在全世界范围内打造多个全球领先的制造、研发基地。"安聪慧补充道。

对于 2018 年，吉利汽车确立了 158 万辆的销售目标，同比增长超过 25%。而根据中国汽车工业协会预测，2018 年中国车市的增速在 3%左右。吉利汽车和安聪慧的自信可见一斑。

新高端之路

在对抗品牌天花板的战斗中，包括吉利汽车在内，中国品牌汽车有过多次尝试，但大都跳不出传统汽车的制造、营销、传播模式，而"生而全球、开放互联"的"新物种"——领克，则以一种全新的模式，展现出中国品牌汽车难得的风格与调性。在某种程度上，这是中国汽车品牌向上路上最缺失的东西。

"LYNK & CO 体现的不仅仅是一个传统汽车的概念，也不是互联网软件公司所想象的概念，而是既继承了传统汽车公司的优点，又吸收、发扬了互联网企业开发汽车产品的一些诉求，并将之融合在一起。所以我认为这个汽车产品是汽车工业发展史上一个划时代的，能够真正代表当前汽车工业发展的一个里程碑的产品品牌。"2016 年 12 月 20 日，在德国柏林市中心的地标性建筑柏林老火车站（STATION BERLIN）内，李书福举起酒杯，对着在场的人们自信地说道。

就在几个小时前，炫目的声光电效果，以及柏林室内交响乐团、节奏口技大师 Shiomo、高级鸡尾酒调酒师 Purfict、天才 DJ Kayper 所展现出的现代性与多样性氛围中，吉利汽车发布了全新汽车品牌 LYNK & CO。

吉利汽车赋予了这个有些拗口的名字以丰富内涵：LYNK 寓意博采东西方汽车工业优势，融合东西方文化，通过无间连接的创新科技在人、场景和体验之间建立全新的连接模式；而 CO 代表互联网时代开放与协作的精神以及无限可能。

差不多半年时间后的 2017 年 4 月 16 日，LYNK&CO 在上海西岸艺术中心举办的互联共创之夜正式登陆中国，同时其旗下首款量产版车型 LYNK&CO 01 也正式亮相。而就在这一天，LYNK&CO 也有了它的中文名字——领克。领，代表着领先与引领；克，代表着改变与突破。

在李书福看来，领克已经不是传统意义上汽车作为人类交通工具的概念，而是在解决交通出行的前提下，发扬了汽车工业的精神，它的使命不仅体现为工匠、精益求精的精神，这些都是汽车企业百年来拥有的精神，领克把汽车文化、汽车本身的意义进行了发扬和发展，给用户和行业带来了无穷的想象空间。

李书福的自信与这三个人有关：第一位是吉利汽车欧洲研发中心（CEVT）首席执行官方浩瀚（Mats Fagerhag）和他所主导构建的CMA 平台，这是领克诞生的基础；第二位是吉利汽车设计副总裁、CEVT 设计中心负责人彼得·霍布里（Peter Horbury）和他带领团队创造的"都市对立美学"，用最生动形象的线条和设计美学，诠释了领克迥异传统汽车的理念；第三位是领克高级副总裁魏思澜（Alain Visser）和他为领克汽车打造的"轮子上的智能手机"全新营销模式。

瑞典人方浩瀚是欧洲炙手可热的研发高管，在萨博汽车研发部门工作 10 年后，他接到了沃尔沃抛出的橄榄枝，担任产品开发和技术创新副总裁一职。也正是在这一任职上，方浩瀚对技术研发的独到见解得到了李书福的赞赏。

2013 年 2 月，吉利汽车欧洲研发中心（CEVT）开始筹建，方浩瀚被任命为 CEO，同时负责开发 CMA 架构。对于一个痴迷技术的人来说，有什么比全新打造一个架构更具吸引力？"这份工作的好处是没有局限，一切从零开始，像一张白纸。"方浩瀚回忆道。

2013 年 9 月，位于瑞典哥德堡达卡特加特海峡岸边的吉利欧洲研发中心（CEVT）正式落成。与此同时，还停留在方浩瀚手中 PPT 上的 CMA 架构开始进入人们的视野。

CMA 架构的中文全称是《可扩展基础模块化架构》。在这套耗时 4 年、耗资 120 亿元打造的全新架构下，车身轴距扩展幅度可达 215 毫米，轮距扩展幅度可达 35 毫米。用李书福的话来讲，CMA 架构像魔方一样，可以根据市场的变化、用户需求的变化灵活地应用。

"相比大众的模块化平台（MQB），由于 CMA 架构是全新开发的，所以受到的限制会更少，将不会受到已有的平台限制，生产出的车型将会更多。"方浩瀚这样评价在自己手中诞生的 CMA，除此之外，"CMA 架构还能够搭载多样的动力总成、电气系统、被动和主动安全科技。得益于 CEVT 对数字模拟的关注，架构自身的质量更加优秀、开发时间也比常规汽车平台快得多。"而李书福则看得更远："这一灵活的模块化结构能像计算机软件一样不断发展升级。这是汽车工业史上的首创。"

另一位瑞典人彼得·霍布里（Peter Horbury），1974 年毕业于伦敦皇家艺术学院。1991 年加入沃尔沃汽车后，连续 11 年担任设计总监职务；2002 年到 2011 年，他主要负责阿斯顿·马丁、捷豹、路虎和沃尔沃等品牌高端车设计业务。2011 年 10 月，深受李书福赏识的彼得·霍布里被任命为吉利汽车设计副总裁。

对中西城市文化精髓有着独特见解的彼得·霍布里发现，都市生活中随处可见传统与现代、传承与创新的交织，它们充满对立又相互融合；都市人群也一直在对立与矛盾中寻找自身价值，他们外表坚强却内心柔软，忠于自我也依赖群体，渴望亲近的表达又保持安全的距离。

"我们捕捉到这样的对立情绪，将此转化为自我、尊重、颠覆与深邃的设计核心要素。"彼得·霍布里说，这四个核心要素呈现出"都市对立美学"设计理念。

在彼得·霍布里带领下，领克 01 以"都市天际"的家族式前脸，

"北极之光"的分体式车灯，独特的"撞色"设计，从视觉、嗅觉到触觉的感官享受和豪华质感内饰，从各个角度凸显着自己的年轻、时尚与个性，也征服了拥有年轻、时尚与个性心态和追求的消费者。

作为领克品牌"国际纵队"中的重要成员之一，魏思澜在汽车行业同样有显赫的经历，特别是在营销方面更是有着丰富经验。

自1986年加入福特汽车起，他先后在福特欧洲担任多个高级管理职位。2004年，他出任通用汽车欧洲首席市场营销官；2009年至2012年期间，他曾在欧宝公司担任销售、市场营销及售后副总裁，同时也是董事会成员之一；2014年，他被《福布斯》杂志评选为"全球最具影响力的CMO（首席市场营销官）"。

2015年10月，时任沃尔沃汽车集团营销高级副总裁一职的魏思澜被吉利集团"挖"到了领克，全权负责这一全新品牌的产品战略与市场营销。

结合领克的品牌和产品特点，魏思澜让领克以全面创新的经营智慧融入互联网基因，不拘泥于传统的线下分销模式，打造了全新的商业模式和用车体验。便捷的租售模式、附件定制与租赁、人性化交车方式等一系列基于互联网用户习惯的产品与服务模式让人耳目一新。

与此同时，魏思澜开始着手将"生而全球"的领克推向全球市场，"首先会是德国，我们希望能与德国的主流汽车品牌进行竞争。其次是北欧，然后是意大利、西班牙等市场"。

迎接新汽车时代

没有人可以否认，以电动化、智能化、网联化和共享化为代表的新汽车时代已经扑面而来。关于新汽车时代，有人从产品层面描述，有人从技术层面描述。而李书福却有着更为独特、更为深刻的视角——新汽车时代的关键是重构汽车、社会与人的关系。

2016 年 3 月 20 日，由寰球汽车集团主办的"思辨互联网——第三届国际汽车安全高峰论坛"在享誉世界的互联网＋小镇——乌镇举行。此次高峰论坛上，吉利控股集团董事长李书福作了题为"重构汽车、社会与人的关系"的主题演讲。

就在这个交流论坛前不久，世界互联网大会在乌镇举办，这一会议给这座汇聚古典与现代的江南古镇带来的热情尚未褪去。在那场盛会上，李书福作为唯一的汽车界代表，发表了针对自动驾驶话题的主题演讲，为自动驾驶立法鼓与呼。就在国际汽车安全高峰论坛举行期间，阿尔法狗（AlphaGo）和围棋世界冠军柯洁也在这个江南古镇展开了人机对弈，把人们的注意力聚焦在人工智能之上。

"我和美国奇点大学的教授以及世界互联网之父都有过交流，我们都认识到车联网、人工智能与自动驾驶是汽车业未来的大趋势。汽车发明 130 年之后，正在步入与移动互联网融合的大时代，将给人类和社会带来巨大的变革，我们要重构人、车和社会的关系。"李书福以他一贯的高瞻远瞩做出了如是判断。

对于未来汽车，他提出了五大畅想：

1. 主导未来汽车与交通的四大要素，一是消费者行为的变革，二是 IT 和通信技术的变革，三是基础设施的变革，四是人类文化的变革。未来汽车除了动力和工艺外，将更多聚焦时尚、科技和跨工业间的融合，尤其与 IT 和通信行业的融合。

2. 未来汽车是以人的需求为出发点，即"以人为尊"，充分体现人性关怀，而不是简单的交通工具。

3. 未来的汽车是有生命和灵魂的。它有智慧，会思考，将成为人们的一个好伙伴，解放人类在汽车中的一段时光，进一步赋予人类驾驶的乐趣。

4. 未来汽车将实现零排放（新能源化）、零伤亡（自动驾驶），安全仍是汽车的第一大标签，未来汽车将更加灵活自由、更加人性化。

5.汽车制造定制化，共享与增值服务是未来发展方向。

这是一个涉及汽车生产模式、流通模式、使用模式，以及汽车社会、汽车文化等丰富内容的判断，远比简单的电动化、智能化、网联化和共享化的解读更为深刻。

李书福指出，在当前中国"如发烧般地蔓延"的新造车运动中，很多公司往往以 Google 和 Tesla 为样板，却忽视了一个事实，"这两家公司都是一步一个脚印，不断地打基础、练内功，才能走到今天，况且十多年来 Tesla 还是年年亏损。有些人认为，只要能圈到钱就能买到一切。我认为，这种思考可能太简单了，研究汽车智能互联大趋势，首先是来自早有远见、海纳百川的汽车公司"。

李书福的自信源于沃尔沃汽车在新汽车时代的深厚技术积累与前瞻布局。

"互联化和数字化，最终会让汽车变成一辆更好的汽车，而不是一部平庸的智能手机。而更好的汽车，不仅仅是指更好的发动机、底盘悬挂还有外观内饰，当然也不仅仅是让信息娱乐系统接近智能手机的体验，也包括让汽车更智能。"面对人们对智能互联技术的误解，沃尔沃汽车集团亚太区产品部副总裁吴震皓这样说道。

正是基于这样的考虑，沃尔沃带来了科技子品牌 Sensus。通过 Sensus，客户不仅可以实现娱乐、互联、导航等特色功能，还能凭借智能手机或车内的"随车管家"Volvo On Call 服务功能与车辆连接，实现对车辆的远程控制。

与此同时，Sensus 还在不断进化当中。与谷歌公司共同开发的下一代安卓车载互联系统，将完全植入在沃尔沃汽车现有的 Sensus 智能车载互联系统上，可提供媲美安卓手机的海量互联应用与服务，使汽车真正成为继手机之后又一个连接大数据与数字生态系统的移动终端。

此外，让吴震皓津津乐道的还有沃尔沃汽车 In-car Delivery 安心到车服务。用户网购商品后只需发送授权码给快递员，快递员便可打开行李厢将商品放入车内，授权码为一次性使用，仅可解锁车门，并不能启动发动机，安全性毋庸置疑。

而在自动驾驶方面，李书福认为首先要厘清两个概念：自动驾驶和无人驾驶。所谓自动驾驶汽车，指的是车辆还是像一台普通的车，有方向盘，有刹车和油门踏板，只不过在需要的时候可以让车内的软硬件接管车辆，让驾驶员充分放松甚至于睡上一觉。而无人驾驶汽车，很有可能不需要方向盘和刹车、油门踏板，而是所有时间段依赖于车内的软硬件来驾驶车辆，不需要甚至不允许车内的人操控该车辆。

在吴震皓看来，汽车企业主要致力于自动驾驶技术商业化，而且这一天的到来可能比我们想象的要快。甚至在 3 年之内，普通消费者就能坐进一台具有自动驾驶功能的汽车。与此同时，以 Waymo 和 Uber 为代表的新兴互联网企业，正在努力将无人驾驶商业化并用于共享出行领域，这一天也似乎并不遥远。

基于此，一方面，沃尔沃汽车在积极开发自己的自动驾驶车辆。2017 年 12 月 12 日，沃尔沃汽车正式将两辆 XC90 豪华 SUV 分别交付给来自哥德堡的海因一家和西蒙诺夫斯基一家，此举正式宣告 Drive Me 全球首个真人自动驾驶测试项目拉开序幕。2018 年年初，还将有三户家庭加入其中；未来四年，预计将总共有 100 人参与该项目。与此同时，沃尔沃汽车也向 Uber 提供无人驾驶版的 XC90 汽车硬件，而且未来几年规模可能达数万辆之多。

太遥远的未来可能无法预测。吴震皓表示，至少 20 年内，自动驾驶和无人驾驶将共存。毕竟由于技术的限制，一开始无人驾驶车辆肯定只会在非常有限的地区供使用，而自动驾驶车辆，则能更加灵活地满足各种不同驾驶或出行场景的需求。

而在新能源汽车方面，吴震皓认为沃尔沃这样的传统车企也有着十分深厚的技术积累，只是相较于新造车势力的大胆，传统车企显得有些谨慎。但在强大体系力的助力下，传统车企有着强大的后发优势。其实从不少造车新势力拿出的产品来看，大多比较雷同，因为比拼的可能是同一个供应商的电池、电机和电控系统。此外，在产品质量和可靠性方面，传统车企有着明显的优势，更能取得市场和消费者的认可。

与此同时，传统车企正在加速推动产品的电气化进程。在这一过程中，沃尔沃堪称引领者。早在 2017 年 7 月 6 日，沃尔沃汽车就率先发布全面电气化战略，宣布自 2019 年起，沃尔沃汽车所有新上市车型均将配备电动机，沃尔沃成为首个宣布全面电气化战略的汽车制造商。

这一举措标志着沃尔沃汽车将终结单一纯内燃机时代，电气化技术成为其未来发展的核心。这一举措亦成为汽车行业的分水岭事件，此后其他汽车制造商纷纷紧随其后，发布了类似声明。沃尔沃也因此受到联合国盛赞。

特别值得一提的是，沃尔沃汽车凭借着电气化战略荣登《财富》杂志"2017 年 50 家改变世界的公司"榜单，成为唯一上榜的豪华汽车品牌。

世界向东　中国向西

时势造英雄，不断扩张的吉利汽车版图有着国际影响力日益强大的中国背书。在全球范围内，世界向东、中国向西，已经成为新趋势。而早在吉利成功并购沃尔沃汽车之时，面对鲜花和掌声，李书福就曾说道："讲实在话，功不在吉利，而在中国。没有中国，吉利并购沃尔沃是不可能的，因为中国的市场、中国的用户、中国的力量、中国的形象、中国的地位在发生一场巨变。"

全世界　看中国

从 20 国集团杭州峰会到亚太经合组织领导人利马会议，从达沃斯世界经济论坛年会到"一带一路"国际合作高峰论坛，从"中国制造"到高铁、支付宝、共享单车、网购这"新四大发明"，从吉利汽车并购宝腾路特斯到中国汽车品牌新一轮的向上冲动……中国已经成为全球瞩目的中心。

2018 年 1 月 23 日至 26 日，达沃斯世界经济论坛在冰雪覆盖的瑞士高山小镇达沃斯举行。在 4 天的会议日程中，来自全球 100 多个国家的近 3000 位各界领袖参与了 400 余场讨论。

值得注意的是，此次论坛以"在分化的世界中打造共同命运"为主题，聚焦在地缘战略竞争加剧背景下国际合作的意义。世界经济论坛创始人兼执行主席施瓦布表示："今年论坛的主题延续了习近平主席去年出席论坛年会时论述的'构建人类命运共同体'理念。"

时间回转到一年前。2017 年 1 月 18 日，习近平主席在瑞士日内瓦万国宫出席"共商共筑人类命运共同体"高级别会议，发表题为"共同构建人类命运共同体"的主旨演讲。此前一天，习近平主席在达沃斯世界经济论坛2017年年会开幕式上发表题为"共担时代责任 共促全球发展"的主旨演讲。

在演讲内容中，习近平主席强调要坚定不移推进经济全球化，引导好经济全球化走向，打造富有活力的增长模式、开放共赢的合作模式、公正合理的治理模式、平衡普惠的发展模式，牢固树立人类命运共同体意识，共同担当，同舟共济，共促全球发展。

当时，英国已经举行公投，决定脱离欧洲联盟；特朗普当选美国总统，"美国优先"成为美对内对外政策的核心。在这两例重大政治事件背后，全球化的逆流为世界政治、经济带来众多不确定性。世界怎么了？未来怎么办？面对这一宏大而又关键的命题，习近平主席提出了中国方案：构建人类命运共同体，实现共赢共享。这一充满责任、担当和智慧的方案，在全球范围内引起了共鸣。

"我们彼此相互需要。习近平主席提出构建人类命运共同体的伟大设想，坚持多边主义、平等对话，这为世界朝着更包容、更高效和更优质的方向发展提出了一个合理可行的解决方案。"法国前总理拉法兰对媒体说道。

"我们需要引领者，我们需要像中国这样伟大的国家帮助人类实现梦想。"联合国日内瓦办事处总干事穆勒在接受新华社记者采访时如此表示。

联合国国际贸易中心执行主任冈萨雷斯认为，中国践行"人类命运共同体"理念，是将自身发展寓于深度的国际合作和广泛的国际贡献之中：在区域合作方面推动"一带一路"建设，在气候变化问题上走绿色发展之路，在国际安全领域积极参加联合国主导的维和行动。

"中国提供了一种'新的可能'。这就是摒弃丛林法则、不搞强权独霸、超越零和博弈，开辟一条合作共赢、共建共享的文明发展新道路。这是前无古人的伟大创举，也是改变世界的伟大创造。"英国剑桥大学政治与国际关系学院资深研究员马丁·雅克这样说道。

"在西方衰弱，美国逐渐放弃领导地位的情况下，习近平主席提出的构建人类命运共同体理念是在平等、多边主义、尊重主权和地区差异的国际关系基础上，为保证和平与安全提出的'新思维'，这也使世界发展进入了新时代。"瑞士媒体刊发评论文章称赞道。

中欧论坛创始人戴维·戈塞对媒体表示，当前的国际政治和经济形势呼吁全球领导人以长远发展眼光，坚持多边主义，积极参与到构建人类命运共同体的行动中来，共渡难关，携手勾勒未来世界的发展蓝图。

而在过去一年间，中国用实实在在的成绩和实力让全世界瞩目。

国家统计局公布的数据显示，2017 年中国经济总量首次站上 80 万亿元的历史新台阶，达到 827122 亿元，按可比价格计算，比上年增长 6.9%，实现 7 年来 GDP 首次提速。

值得注意的是，在这些数字背后，中国经济先进产能、创新创业加快壮大，落后产能加速退出，优质供给蓬勃孕育，消费对经济增长贡献率超过 58%，中国对世界经济增长的贡献率已超过 30%。在成为当之无愧的世界第二大经济体的同时，中国也成为了世界经济的"稳定器"和"压舱石"。

另一方面，"中国制造"的科技含量越来越高，涌现出越来越多的创新。高铁、支付宝、共享单车、网购这"新四大发明"成为中国送给世界的礼物，在塑造中国全新创新形象的同时，也引领着全球创新的新趋势。

在汽车领域同样如此。2017 年中国汽车销量达 2887.9 万辆，同比增长 2%，再创历史新高，连续九年居全球第一。整体来看，汽车市场加速由高速增长向高质量发展转变，汽车市场的发展更加协调、平衡。

在汽车出口方面，2017 年，中国汽车出口 89.1 万辆，同比增长 25.8%，这也是汽车出口连续 4 年下降后出现的首次增长。中汽协会秘书长助理许海东表示，去年出口向好得益于全球经济形势的好转，得益于中国品牌汽车企业不断提升产品竞争力、加紧海外布局，同样离不开"一带一路"倡议为车企走出去带来的诸多政策利好。

2017 年，是中国新能源汽车突飞猛进的一年。根据中国汽车工业协会的数据，2017 年新能源汽车产销均接近 80 万辆，产销同比增长 53.8% 和 53.3%。2017 年中国新能源汽车市场占比 2.7%，比上年提高了 0.9 个百分点。

工业和信息化部部长苗圩表示，"我国新能源汽车销量已连续 3 年位居世界第一，累计保有量达到 180 万辆，占全球市场保有量 50% 以上"。数据显示，截至去年年底，全国共建成公共充电桩 21.4 万个，同比增长了 51%，保有量居全球首位。新用户私人充电桩的安装率超过了 80%。

从全球范围来看，有 4 家中国企业进入了全球新能源汽车销量前 10 名。比亚迪、北汽新能源分别以销售 11.37 万辆、10.32 万辆超越特斯拉，摘得冠亚军。其中，比亚迪自 2015 年来，连续 3 年排名新能源车全球销量第一。

2017 年是中国品牌汽车收获满满的一年。中国汽车工业协会统计数据显示，2017 年，中国品牌乘用车市场占有率延续了前两年的增长态势，实现全年销量 1084.7 万辆，同比增长 3%，市场占比达 43.9%，相比 2016 年增加了 0.7 个百分点。其中，吉利汽车、长城汽车、长安汽车、上汽乘用车、广汽乘用车等企业的表现展现出了中国品牌的实力与活力。特别是吉利汽车，2017 年销量跨越百万辆，达到 1247116 辆，同比暴涨 62.8%。

值得欣喜的是，吉利领克、长城 WEY、传祺 GS8 等中国品牌高端车型的热销打破了中国汽车的品牌天花板，同时以吉利汽车为代表的中国汽车品牌正在以开放包容的态度，以及在新汽车时代的创新实践，成为展示中国实力的闪亮名片。

乘着"一带一路"的东风

在吉利汽车牵手宝腾路特斯的同时，由习近平主席提出的"一带一路"伟大倡议正在如火如荼地实践中。在很多人看来，一向善于研究国家战略，并以此作为企业发展战略基础的李书福又一次踩准了点。但李书福显然还有着更深远的思考。

连续几天阴雨后，马来西亚吉隆坡迎来了久违的晴天。同时，迎来了一位尊贵的中国客人。

2017 年 6 月 23 日 8 点 54 分，吉利控股集团董事长李书福坐着一辆车牌为"GP1"（中文译名"将相"）的宝腾汽车到达吉隆坡君悦酒店，脸上挂着标志性的笑容，看得出来他的心情很不错。

就在这一天，吉利汽车迎来了又一个历史性时刻，继成功收购瑞典沃尔沃和英国锰铜出租车之后，吉利成功收购了马来西亚宝腾汽车 49.9% 的股份以及豪华跑车品牌路特斯 51% 的股份。

"在人类的历史长河中，汽车工业只是短暂的瞬间；人类对未来汽车工业的探索，将是一场无穷无尽、充满奥秘的长途跋涉。今天是吉利控股集团、DRB-HICOM 集团的结盟时刻，这是汽车世界的美妙时刻，是中马两国在汽车工业领域共同探索发展的历史时刻。"李书福在致辞中说道。

作为马来西亚的"第一汽车公司"，宝腾的动向的确牵动着马来西亚上下的目光。宝腾碰到了麻烦，政府需要插手进行援助。如果宝腾陷入绝境，将会导致上万名员工失业，围绕宝腾的相关行业的 20 万个岗位都会受到影响。宝腾要在全球寻找合作伙伴，实现转型。不能再依赖政府。历经几番波折之后，马来西亚政府和宝腾相信，来自中国的吉利汽车是最好的合作伙伴。

在中国和马来西亚两个国家乃至全球范围内，吉利并购宝腾都被看作是"一带一路"倡议结下的一枚硕大果实。

"吉利与宝腾的合作可以说是中国在密集型工业领域的一次对外合作，在'一带一路'的框架下是一次十分具有代表意义的合作。我认为这是'一带一路'国际化合作中的一颗钻石。"时任马来西亚内阁成员、贸工部第二部长黄家泉对吉利并购宝腾给予了极高的评价。

中国驻马来西亚大使黄惠康也表示，"吉利和宝腾的联手是中国同马来西亚'一带一路'务实合作的又一硕果，是开展国际产能合作的有益尝试，也是中国汽车企业首次以知识产权、管理运营经验等作为投资成功实施海外并购，意义非凡"。

著名经济学家、清华大学中国与世界经济研究中心主任李稻葵则表示，"吉利收购宝腾路特斯对于中国企业，特别是中国汽车企业践行'一带一路'有着十分重要的示范作用。东南亚市场是'一带一路'最大的桥头堡，也是最重要的桥头堡。"

牵手宝腾是吉利汽车积极响应"一带一路"伟大倡议的重要举措之一，而在李书福看来，他还有着更深远的思考："这些年，吉利在美国、英国、比利时、瑞典、白俄罗斯及亚洲、非洲等国的成功实践和发展，证明了全球型企业文化建设具有一定生命力，完全可以应用到'一带一路'的伟大倡议之中。我们愿意与大家分享理念，支持与帮助千百万个像吉利这样的中国企业，抓住'一带一路'伟大倡议不断深入与发展的机遇，与沿线国家展开更多更好的合作，为'一带一路'倡议伟大事业作出更大贡献，实现更大辉煌。"

"一带一路"是"丝绸之路经济带"和"21世纪海上丝绸之路"的简称。对外经济贸易大学国际关系学院国际政治学系主任熊李力教授在接受媒体采访时为我们梳理了"一带一路"倡议从提出到在沿线国家生根发芽过程中四个重要的里程碑式事件：

2013年9月，习近平就任国家主席后首次面向中亚国家发表演讲，提出建设"丝绸之路经济带"。同年10月，习近平主席在印度尼西亚国会发表演讲，深刻阐述了"21世纪海上丝绸之路"构想。

2015年3月，国家发展改革委、外交部、商务部联合发布了《推动共建丝绸之路经济带和21世纪海上丝绸之路的愿景与行动》，从时代背景、共建原则、框架思路、合作重点、合作机制、中国各地方开放态势、中国积极行动、共创美好未来八个部分，对"一带一路"进行了详细阐释。

2015年12月，由中国倡议成立、57国共同筹建的亚洲基础设施投资银行正式成立，这是首个由中国倡议设立的多边金融机构。通过亚投行的成立，"一带一路"开始产生全球效应，"一带一路"呈现可持续发展的前景。

2017年5月举行的"一带一路"国际合作高峰论坛则是首次以"一带一路"为核心议题的高端多边国际会议，众多国家的元首和政府首脑首次在共同的机制平台上就"一带一路"进行最高层次的直接沟通，为"一带一路"提供更可靠的政策沟通保障。

四年多来，正如习近平主席在"一带一路"国际合作高峰论坛开幕式上的演讲中所言，"全球100多个国家和国际组织积极支持和参与'一带一路'建设，联合国大会、联合国安理会等重要决议也纳入'一带一路'建设内容。'一带一路'建设逐渐从理念转化为行动，从愿景转变为现实，建设成果丰硕"。

"一带一路"的汽车机会

对于中国汽车而言，"一带一路"伟大倡议的关键意义不仅仅是市场和销量数字那么简单。在打造"制造强国"的过程中，"一带一路"是展现中国制造新实力的舞台，更是对习近平主席提出的"构建人类命运共同体，实现共赢共享"中国方案的伟大实践。在"共商、共建、共享"原则指导下，中国企业正在以新型的合作方式，展现中国作为大国的责任与担当。其中，李书福带领的吉利汽车堪称典范。

2015年5月8日，在对白俄罗斯进行国事访问前夕，习近平主席在白俄罗斯《苏维埃白俄罗斯报》发表题为"让中白友好合作的乐章激越昂扬"的署名文章。文中提到，"吉利汽车组装厂的产品实现了白俄罗斯的'轿车梦'"。

习近平主席文中提到的"吉利汽车组装厂"就是吉利（白俄罗斯）汽车有限公司。英文名为BELGEE，中文意为"白俄吉"，取白俄罗斯和吉利之音。该公司是在中国"一带一路"倡议的指导下，吉利汽车集团与白俄罗斯几家本土企业牵手共同投资建成，是中国与白俄罗斯的首个汽车合资项目，也是白俄罗斯国内目前唯一运行的乘用车生产企业。

随着"一带一路"建设的推进、习近平主席的亲自关心，这一项目驶上了快车道。白俄罗斯还确定由分管工业的副总理亲自联系，每月到"白俄吉"了解进度。

大约两年半时间后，白俄罗斯当地时间2017年11月17日，位于白俄罗斯鲍里索夫的吉利（白俄罗斯）汽车有限公司（BELGEE）迎来了一位尊贵的客人——白俄罗斯总统卢卡申科。

就在这一天，总投资3.29亿美元的白俄新工厂正式投产。一期规划年产6万台的整车规模，主要生产吉利3.0新车型，项目整合了白俄生产制造成本优势，以欧亚经济联盟国家为主要销售市场。更关键的是，在这座占地面积 118 公顷的工厂内，吉利汽车携手合作伙伴在不到 30 个月的时间里，完成了涂装、焊装、总装全套工艺及辅助设施的工厂建设，并计划在 2018 年实现 50% 的全年平均本地化水平，从而逐步打造和完善白俄罗斯的汽车产业链。而对于吉利汽车来说，白俄罗斯也将成为吉利汽车进入东欧乃至欧洲市场的"桥头堡"。

在厂房内，这位以强硬政治手段闻名世界的"硬汉"总统流露出了感性的一面，看着厂房内现代化的汽车生产流水线，看着第一辆白俄吉生产的 Geely Atlas（博越）成功下线，卢卡申科深情拥抱了站在一旁的吉利控股集团总裁、CEO 安聪慧。

也难怪卢卡申科有如此举动。作为全球首屈一指的卡车、拖拉机、公路施工设备以及市政车辆的出口国，白俄罗斯在乘用车生产制造领域却是一片空白。据了解，此前，地处东欧的白俄罗斯也曾向欧洲汽车工业发达国家寻求帮助，但德国、俄罗斯先后拒绝了这一请求。曾有美国福特、德国大众等汽车品牌来白俄罗斯投资建厂，但均无功而返。对于急于发展民族汽车工业，特别是乘用车的卢卡申科来说，"白俄吉"的确圆了白俄罗斯的汽车梦。

卢卡申科总统动情地说道："中白友谊源远流长，新工厂填补了白俄罗斯汽车产业空白，从这座工厂开始，白俄罗斯将通过与中国、吉利汽车的合作带动乘用车配套产业链的全局发展。"

安聪慧则在现场表示，"这样一个跨国界、跨组织、跨文化的合作，在两年半的时间里，把工厂平地而起，从工程建设、产品研发、试制生产，到最后的合格产品下线，创造了一个奇迹！从这个意义上说，我同样要感谢我的祖国的强大，感谢'一带一路'为企业提供的发展机遇。"

不只是白俄罗斯，在"一带一路"65 个沿线国家，中国汽车，展现出前所未有的热情和活力，而"一带一路"也正加速成为我国汽车出口的新引擎。

据世界汽车组织（OICA）统计数据显示，2017 年 1—11 月俄罗斯、巴西、巴基斯坦和菲律宾等汽车市场同比分别增长 11.7%、9.8%、16.3% 和 16.8%，印尼、马来西亚和南非等其他新兴国家汽车市场销量也止跌出现小幅正增长。

截至 2017 年 11 月底，我国出口到"一带一路"国家的汽车商品累计金额 266.15 亿美元，同比增长 8.89%，占汽车商品出口总额的 35.26%。其中，出口整车 57.34 万辆，同比增长 22.35%，占出口汽车总量的 59.99%。

当然，"一带一路"的关键意义不仅仅是市场和销量数字那么简单。

为促进中国制造业的跨越发展，我国政府提出了"中国制造 2025"战略，要将中国从"制造大国"打造成"制造强国"。中国制造要引领全球制造业的发展趋势，很重要的一点是要让我国企业"走出去"，参与国际竞争，而"一带一路"则是展现中国制造新实力的绝佳平台。

更重要的是，"一带一路"也是对习近平主席提出"构建人类命运共同体，实现共赢共享"中国方案的伟大实践。在"共商、共建、共享"原则指导下，包括中国汽车企业在内的中国企业正在以新型的合作方式，展现中国作为大国的责任与担当。其中，李书福带领的吉利汽车堪称典范。

2017 年 3 月，伦敦出租车安斯蒂全新工厂落成。安斯蒂工厂总投资达 3 亿英镑，是迄今为止中国企业在英国最大的一笔绿地投资，也是英国首个专注新能源汽车研发、生产的工厂。新工厂占地 10 万平方米，规划年产量 3 万辆，融研发生产于一体，专注打造全新轻量化电动商用车，将为英国创造千余个工作岗位，是中英商业合作典范。

在斯里兰卡，吉利 SKD 工厂是当地首座也是唯一一座可以进行汽车组装生产的工厂。吉利长期派遣技术人员驻场，有效提升了生产水平，推动了当地汽车工业发展。

在中东地区，吉利 3.0 车型覆盖中东沙特、阿联酋、阿曼、巴林、科威特、约旦和黎巴嫩等国。其中，沙特吉利汽车保有量超过 5 万辆。吉利在中东之窗迪拜设立了第一家区域品牌体验店，占地约 3000 平方米。

在埃及，吉利也设有 CKD 工厂。2017 年年初，吉利在埃及设立了办事处。吉利汽车在埃及年销近 2 万辆，市占率达到 8.8%，是埃及市场表现最好的中国品牌。

而在马来西亚，有了吉利汽车合作之后的宝腾汽车也正在酝酿新的篇章。

据《南洋商报》当地时间 2018 年 2 月 4 日报道，DRB-HICOM 集团正计划将宝腾汽车制造链从莎加南搬迁到国家汽车业集群——宝腾城丹戎马林，而马来西亚政府也计划为搬迁到这里的汽车零件供应商提供特别税务奖励。

此外，根据吉利与宝腾达成的协议，宝腾在东盟右舵车驾驶市场享有 5 年专利，期间吉利汽车不会在东盟市场销售吉利品牌汽车。东盟市场预计将成为宝腾未来数年市场表现的主要催化剂。

马来西亚高层在出席"国家汽车业集群——宝腾城"推介礼时也对吉利汽车愿意将部分技术转让给宝腾的行为表示赞赏，他们相信丹戎马林和宝腾将会持续发展且拥有美好未来，并许诺复兴宝腾及丹戎马林。

附录一

背景资料

全新宝腾董事会成员架构由吉利与 DRB-HICOM 分别派驻相等人员担任董事，核心岗位 CEO、CFO 由吉利派选。其他成员在 CEO 带领下由经营管理层聘任。

按照吉利宝腾协议要求，宝腾董事会成员架构以"3+3+2"组成，其中包括 2 位双方提名董事。DRB-HICOM 集团 CEO 费萨尔担任宝腾新任董事长，李春荣担任宝腾汽车 CEO。

宝腾控股董事会成员分别是 DRB-HICOM 集团产业管理、企业战略与规划首席运营官沙哈鲁法瑞哈山，DRB-HICOM 集团金融服务总监马拉拿丹托马斯，吉利控股集团常务副总裁兼首席财务官李东辉，吉利汽车集团副总裁兼首席技术官冯擎峰。另外由双方提名的两位董事分别是 DRB-HICOM 集团提名的前斯柯达汽车 CEO 范安德与吉利控股集团提名的余宁。

范安德作为中国汽车的老朋友曾担任大众中国 CEO，给中国汽车业留下了很深的印象；另外一位董事余宁则是此次吉利并购宝腾路特斯的吉利项目组负责人之一。

管理高层架构上，宝腾新任 CEO 李春荣将管理宝腾汽车，宝腾现任副 CEO 阿末拉扎夫继续留任。

以下为宝腾董事会成员简历：

李东辉，现任浙江吉利控股集团常务副总裁、首席财务官、沃尔

沃全球董事、宝腾控股董事会董事

李东辉，2016 年 6 月担任浙江吉利控股集团常务副总裁、首席财务官（CFO），现负责集团财务及金融系统的全面统筹工作，管理集团财务、成本、预算、会计核算、会计监督、内控、税务、资金、资本运作、经营风险控制及投融资等方面的工作。

李东辉在中国公司以及中外合营跨国企业中拥有丰富的高级管理经验，特别是在财务管理、融资结构、战略策划和业务发展方面。2011 年—2014 年，在浙江吉利控股集团任职期间，参与吉利并购沃尔沃汽车，并为并购后战略整合做出重要贡献。

冯擎峰，现任浙江吉利汽车集团副总裁、首席技术官、宝腾控股董事会董事

冯擎峰自 1999 年加入吉利以来，曾从事过销售、制造、项目管理、研发等方面的工作，并担任多项要职，历任集团销售公司总经理、宁波公司常务副总经理、吉利汽车研究院院长等职务，具有丰富的汽车研发、制造、销售和管理经验。他曾带领团队开发、制造帝豪 EC7 车型，并为其打造供应链体系，将帝豪 EC7 打造成为中国目前最成功的车型之一。

余宁，现任宝腾控股董事会独立董事

余宁曾负责开展吉利汽车集团的国际业务以及不同品牌之间的协同与合作。他于1993年加入国家机械部机电研究所，自此开始了在汽车领域的职业生涯，先后在美国克莱斯勒汽车公司、美国通用动力公司担任高管职务。余宁于2014年加入浙江吉利控股集团，此前，他是菲亚特动力科技有限公司亚太区董事长、总裁。

李春荣博士，现任宝腾汽车首席执行官（CEO）

李春荣博士毕业于华中科技大学，电气自动化学士学位及工业工程与管理硕士学位。随后，他进入麻省理工学院攻读工商管理硕士学位。李春荣博士于1987年在位于十堰的中国国有汽车制造商东风汽车公司开始了他的汽车职业生涯。1997年，他晋升为董事会秘书办公室副主任，担任首席执行官助理。自2002年起开始担任东风悦达起亚汽车有限公司的执行副总裁。

2007年，李春荣博士先后担任东风乘用车公司副总经理、总经理。此后，李春荣博士担任东风本田发动机公司董事兼执行副总裁。李春荣博士由DRB-HICOM集团和吉利控股集团共同选任，自2017年10月1日起担任宝腾汽车首席执行官。

拿督斯里赛法依沙，现任宝腾控股董事长

拿督斯里赛法依沙加入 DRB-HICOM 之前，2014 年 7 月 1 日至 2015 年 12 月担任 Malakoff Corporation Berhad 首席执行官；目前担任 DRB-HICOM 集团旗下多家上市公司董事职位，包括宝腾控股、PLB、Edaran Otomobil Nasional Berhad 和 Horsedale Development Berhad 的董事长以及马来西亚邮政（上市实体）、HICOM Holdings Berhad、HICOM Berhad 和多家私人有限公司的董事。

安马拉拿丹托马斯，现任宝腾控股董事会董事

安马拉拿丹托马斯于 1983 年加入 DRB-HICOM 集团，后于 2016 年 1 月和 4 月分别被任命为集团董事和主要高管之一。他拥有 25 年以上金融、会计和税务行业经验。基于他对集团业务和相关行业的丰富知识，曾主导并参与了集团开展的多宗并购、分拆和债务重组项目。目前，他担任集团金融服务部门负责人，掌管集团的会计、报告和税务事宜。

沙哈鲁法瑞哈山，现任宝腾控股董事会董事

沙哈鲁法瑞哈山于 2016 年 7 月 15 日被任命为 DRB-HICOM 集团首席运营官，负责物产管理及企业战略与规划。加入 DRB-HICOM 集

团之前，他于 2015 年 8 月起担任马拉克夫机构
有限公司执行副总裁，该公司是马来西亚领先
的供水供电商，拥有世界一流的声誉。在此之
前，他于 2008 年起担任贸易风机构有限公司首
席执行官，这是一家近年来探索许多行业的物
业与酒店管理的公司。同时，他还曾任 Pernas
International Holdings 集团的首席财务官。

范安德，现任宝腾控股董事会独立董事

范安德 1984 年进入欧宝汽车公司，任职于欧
洲投资项目分析部，1987 年担任通用汽车欧洲公
司生产战略部负责人。1990 年，范安德加入奥迪
汽车公司，担任财务控制总监，1993 年调到大众
汽车集团总部任职，担任集团财务控制总监。1995
年至 1997 年，他负责协调大众汽车品牌与大众集
团的销售业务，同时负责大众汽车在亚太地区的
销售业务。1997 年，范安德出任大众汽车巴西公
司财务总监，一年后升任大众汽车巴西公司负责
财务及企业战略的副总裁，并负责阿根廷市场。

2002 年 8 月，范安德成为斯柯达汽车公司
董事会成员，并于一年后升任副董事长。2005
年 7 月，范安德出任大众汽车（中国）投资有限
公司（大众汽车集团中国子公司）总裁兼 CEO，
同时担任大众汽车集团全球副总裁。2006 年 7 月，
范安德被任命为大众汽车集团执行副总裁。2010
年 9 月，范安德返回捷克的姆拉达－博莱斯拉夫，

并被任命为斯柯达汽车董事会主席。

宝腾汽车发展的八个重要阶段

第一阶段：宝腾的前生

宝腾的故事始于 1979 年，在当时马来西亚现代化之父达图·马哈蒂尔·宾·穆罕默德（时任马来西亚副总理）提出了建立本国汽车装备制造业的意见。马哈蒂尔的举措加速了马来西亚工业化能力的发展，使之可以与发达国家相竞争。在 1982 年马来西亚内阁批准了国家汽车项目，宝腾汽车的筹建工作正式开始。

第二阶段：宝腾正式成立

1983 年 5 月 7 日，宝腾正式成立。1985 年 7 月 9 日，宝腾的第一款车型 Proton SAGA 发布。"SAGA"一词来源于一种在马来西亚常见的种子海红豆。退役的军人 Ismail Jaafar 以此种子命名了宝腾的第一款车。"Proton SAGA"面向的第一个市场便是在柔佛海峡对岸的新加坡。

第三阶段：奠定基础

1986 年，仅仅一年时间，第 10000 辆 Proton SAGA 售出。随后，宝腾推出了 Proton SAGA 1.5L 轿车和斜背式车身小客车模型。此时的宝腾已经在孟加拉国、文莱、新西兰、马耳他和斯里兰卡生产并销售了超过 5 万辆 Proton SAGA。不久后，宝腾汽车登陆英国市场。

第四阶段：发展生产力

1988 年，宝腾在英国国际车展上首次亮相，并成功在质量、设计与制造和人体工程学三个方面揽获大奖。1989 年，宝腾的发展转向内部引擎业务。宝腾在追求提升技术能力的同时，其变速箱总成工厂也在吉隆坡莎加南建立。

1996 年，宝腾第 100 万辆汽车生产。这个成就是由几个重要的新型车，包括 Proton Tiara、Proton Wira 2.0 柴油车以及双门 Proton Putra，当然还包括现有的 Proton Wira、Proton Satria 和 Proton Perdana 共同实现的。同年，宝腾获得了莲花集团的控股权。

第五阶段：技术提升

新世纪开启，宝腾的步伐依旧没有放缓。2000 年，宝腾在英国诺里奇的路特斯工厂展示了 CamPro 发动机原型。目的是向世界展示宝腾的实力，也向世界证明他们能够生产如此高级、排放标准达标的发动机。宝腾 2004 年推出的 Gen 2 首先搭载了这款发动机。CamPro 发动机的衍生 CPS 和 IAFM 在 2008 年首次亮相。CPS 最初是在 Proton Waja 和 Face-Lift Gen. 2 上引入，而 IAFM 则搭载在新款 Proton SAGA 上。

第六阶段：市场改进

2008 年，宝腾迭代的 logo 发布。与此同时，宝腾第 300 万辆汽车生产下线。新款 Proton SAGA 是第一个使用此新 logo 的宝腾车型。2009 年，宝腾集团为了确保布局全国性的销售网络，与马来西亚最大的汽车经销商 Edaran Otomobil Nasional Berhad 签订了合理规范销售与服务的经销商经销协议。

第七阶段：自我成长

2009 年，宝腾推出了首个 MPV 车型 Proton Exora，进一步巩固了它的地位。Exora 一经推出即在国内和泰国得到了广泛的认可。值得一提的是，Proton Exora 还被《曼谷邮报》认为是"泰国十大交通工具"之一。

随着人们对环境、碳排放以及油价波动的担忧日益加剧，宝腾开始研发电动和混合动力车型。2010 年，宝腾用 SAGA EV 和 Exora Range-Extender EV 参加了伦敦皇家汽车俱乐部的汽车挑战赛。当 Exora RE EV 被授予最好的增程型电动车称号时，宝腾成功了。随后，Exora RE EV 被宣布与 2012 年获胜者丰田普锐斯混合动力汽车共同成为最节能的 MPV 车型。

第八阶段：私有化

2012 年对于宝腾来说是一个新的阶段：从国有汽车制造商的身份转变为私人集团。在被 DRB-HICOM 这个马来西亚最大的汽车制造商收购之后，宝腾和莲花汽车转变为全球认可的汽车集团。

为重申当初收购的承诺，几个月内，宝腾成功地在澳大利亚、泰国和文莱推出了 Prevé 车型。莲花集团于 2012 年 7 月在伦敦丽晶街成立了新的旗舰店。2013 年 1 月，莲花汽车在吉隆坡开设了第一家旗舰产品展示中心，并在 Sg Penchala 向马来西亚客户展示了两款新车——Exige S 和 Elise S。

2012 年 12 月，宝腾获得自 1997 年以来由马来西亚国家石油公司开发的所有发动机技术和知识，这是一座重要的里程碑，标志着宝腾永无止境。通过收购，宝腾现在拥有了一个更强大的"家庭"。它拥有自然吸气和涡轮增压 2.0 L 发动机，还有一个 2.2 L 涡轮增压版本以补充现有的 CAMPRO 发动机系列。这一举措也确保了马来西亚人能够在宝腾现有和未来的车型中体验和享受这些发动机带来的快感。

宝腾车型介绍

过去的 25 年里，宝腾汽车从第一款国产车 SAGA 开始，到最新发布的马来西亚第一个国产的 MPV Exora，宝腾仍坚定地在计划、设计、制造每一个马来西亚人想要的国产车。

© SAGA

带着成为"亚洲最初"的汽车品牌的凤愿，宝腾已经发布了 18 款车型，9 个衍生版本，共 30 个改进版、限量版和特别版。大部分车型已经成为宝腾作为马来西亚最初汽车工业的"代名词"。

宝腾第一代 SAGA 和它的衍生品（最引人注目的是 Iswara）将作为存活时间最长的车型被载入宝腾汽车的历史。第二代宝腾 SAGA 在 2008 年 1 月 18 日取代第一代 SAGA。第二代 SAGA 的原型是

1983 年三菱兰瑟车款。三菱曾是宝腾汽车的技术合作伙伴。这款新车是由韩国 LG CNS 以及路特斯工程部门合作设计研发的。

◎第二代 SAGA

　　2008 年 1 月 18 日，宝腾联合第五十届"默迪卡"购物中心促销推出第二代宝腾 SAGA，内饰设计与路特斯合作。这款车使得宝腾在国内市场站住脚，同时获得东南亚、中国、印度以及澳大利亚市场的称赞。第二代 SAGA 乃一款真正物有所值的汽车，是一款四门轿车，基于多年收集的市场反馈设计制造而成。

◎ Wira（英雄）

根据马来语"英雄"的字面意思，取名 Wira 的宝腾新车型在 1993 年 5 月作为一款基于 1992 年三菱兰瑟车的四门轿车发布，花费了四年半的时间。Wira 相较于 SAGA 来说，更动感，更宽敞。它运用空气动力学的设计，使它有更好的性能和燃油效率。Wira 有三个版本：1.5 GL 手动、1.5 GL 自动、1.6XLi 自动。

◎ Satria

1994 年 11 月推出，定义为宝腾"处女作"的三门掀背车。Satria 推出了三个版本进入当地市场：1.3GL 手动版、1.6GLi 手动版和 1.6Xli 自动版。2006 年 6 月，标志性的 Satria Neo 取代了第一代 Satria 车型。2009 年，宝腾发布了改进后的更富有运动感的 Satria Neo 衍生产品

◎ Perdana

（新版本），搭载 CamPro CPS 以及 DOHC（双顶置凸轮轴）16V 发动机。

1995 年 1 月，宝腾给马来西亚人民提供了一个拥有国产豪华车的机会，宝腾 Perdana（取名来自马来语"prime"）被推出。最开始，2.0L 的 Perdana 有 5 速 GLi 手动和 4 速 SEi 两个版本。第一代 Perdana 是宝腾第一款提供"反锁刹车系统"（ABS）和巡航控制系统的车型。作为纯正国产的高端汽车，宝腾 PerdanaV6 行政版目前主要用于政府高层，包括总理。

◎ Waja

在迎接新千年到来时的 2000 年 5 月，宝腾推出了一个真正的国民车 Waja。Waja 的亮相也迎来宝腾汽车新的 Logo，一个金色的老虎头。Logo 受启发于马来西亚的盾徽——两头老虎。Waja 的推出花费了四年的时间，用了 170 万个工时和 300 个马来西亚工程师。除了动力总成——发动机和相关组件（比如变速箱），Waja 促进了当地 95% 的汽车制造业的发展。

这款车有一个全新的平台，由本地的工程师研发，此项成果让宝腾汽车在激烈的竞争中发展了 15 年。

作为最初被命名为宝腾 Wira 的替代车型，线条流畅、时尚的 1.6L Gen.2 在 2004 年 2 月发布，使用的是宝腾和合作伙伴路特斯内

◎ Gen.2

部广泛使用的平台。Gen.2 名字是"Generation 2"的缩写，象征着会
成为第二个非常成功的 Wira 车型，Gen.2 也是第一批宝腾在丹戎马
林工厂生产的汽车。2008 年 3 月，新款 Gen.2 推出两个 1.6L 版本，1.3L
的被淘汰。

◎ Savvy

在宝腾决定停产 Citroen AX 之后，一个替代车型重新进入超级

迷你车型市场。这个替代品最开始命名为 TRM（Tiara Replacement Model），是由宝腾自己设计，使用的是雷诺的 D–Type 发动机。这款超级迷你车的车身强度是其他车的两倍，安全性能超过了相同级别的常见车。2005 年 6 月，手动版 Savvy 作为在 2005 年 11 月推出的 AMT（自动手动转换）车型之前的过渡产品被推出。2007 年 1 月，Savvy 新车型在车的前侧和后侧进行了轻微的改动。

© Chancellor V6 2.0

2005 年 12 月，为了在第十一届东盟首脑会议上给人留下积极的印象，宝腾发布了全新行政版轿车 Chancellor。Chancellor 行政版推出是为了满足政府高层官员、公司的领导以及商务人士的需要。这款车在 Waja 的平台上设计，轴距为 2850mm，搭载 20.L V6 发动机，是四座车。

2007 年 8 月，宝腾 Persona 面世。这款入门级的轿车，被看作是 Wira 的直接替代者。自从 Persona 发布一直到 2010 年 2 月，共有 110448 名注册车主，占据了 35% 的市场份额。在一份国际调查问卷中，宝腾发现将近 54% 的客户是因为 Persona 的驾驶操作性、空间、时尚而选择了它，主要消费群体是年轻人和小户家庭。2010 年 3 月，

◎ Persona

宝腾公布了全新的促进版 Persona 代替现存卖得最好的宝腾车型。

◎ Exora

　　作为宝腾第一款 MPV，Exora 于 2009 年 4 月发布。这款七座车
将宝腾带进了 MPV 这个正在上升的市场。搭载 1.6L Campro CPS 发
动机，最大扭矩 150 N·m，四速自动版。Exora 的内饰空间大于同
级 MPV 车型，Exora 还为第二排和第三排的乘客在顶棚配备独立的
空间扇。大大的车门，可以很轻松地进出，第二、三排的座位能够折

叠。此外，安全性能也很好，具有安全气囊、安全带报警器、带有电子制动力分配系统的防抱死制动系统（简称 ABS）。在安全方面，这款车获得欧洲 NCAP 的四星撞击安全测试。

路特斯汽车历史

路特斯（Lotus Cars）是世界著名跑车与赛车生产商，总部设在英国诺福克郡的 Hethel，由柯林·查普曼创立于 1952 年，旗下跑车以纯粹的驾驶乐趣和轻量化设计而著称。1996 年，Lotus 被马来西亚汽车制造商宝腾收购，2011 年 6 月 Lotus 品牌正式进入中国，并发布其中文官方名称"路特斯"。2014 年 1 月 24 日，路特斯通过官方 Twitter 账号释放一张新车 E22 的 3D 照片。

在汽车界，它是个富有传奇色彩的品牌，与保时捷、法拉利并称为世界三大跑车制造商。2011 年 6 月 15 日，Lotus Cars 携手在华的唯一官方合作伙伴路特斯中国，在北京共同宣布"Lotus"品牌正式进入中国市场，并发布 Lotus 在中国的中文官方名称"路特斯"以及专为中国市场精心打造的商标。这一系列举措标志着 Lotus 这个传承了赛车运动及顶级竞技跑车 DNA 的英国品牌正式登陆中国。但 Lotus 进入中国后并不能在车尾直接以"莲花"二字标注，而是启用了 Lotus 的音译名"路特斯"。

Lotus 进入中国市场的中文名之所以不叫"莲花"，不是因为之前传言的被青年莲花抢注了商标，青年莲花也没能成功注册"莲花"商标。早在 1984 年，国内一家发动机生产厂家广东井得机电有限公司就注册了"莲花""Lotus"商标，莲花集团在 2004 年 8 月曾申请注册"Lotus""莲花"以及"莲花图"组合，但被商标局驳回。因而Lotus 最终选择的中文名称是 Lotus 的音译——路特斯。

1952 年，Lotus 在英国成立，随后成为世界上著名的运动汽车生产厂家。

1957 年，Eleven 型赛车在赛道上取得巨大成功，在勒芒耐力赛上取得历史性突破，获 750cc 级性能指标冠军。

1958 年，查普曼成立了 Group Lotus 公司。查普曼参与开发了"Vanwall 国际大奖赛"赛车，该车随后赢得 1958 年的"汽车制造商世界冠军赛"冠军。

1964 年，路特斯开发了 Type 30 赛车，这也是其为 Group 7 大赛设计的首辆赛车。公司还开发了 Type 31、32 和 33 赛车，分别为 F3、F2 和 Tasman 汽车赛以及 F1 打造。

1970 年，1 月份，著名 Elan Sprint 赛车面世。路特斯车队首次亮相创新型 Type 72 F1 赛车，它共赢得 20 项大奖赛桂冠。

1980 年，路特斯盛宴 Esprit Turbo 在伦敦"皇家艾伯特大厅"隆重推出。路特斯公司将 Turbo 车型的底盘和悬挂系统应用到非涡轮增压的 Esprit S3 上。

1981 年 7 月，Esprit Turbo 成为明星，在 007 系列片《最高机密》中成为邦德的座驾，非常抢眼。路特斯 10 月份推出 2+2（Type 89）Excel，替代 Eclat。由 Elio de Angelis 驾驶的 Lotus Type 91 赛车在奥地利大奖赛上夺得 F1 大奖赛桂冠。

1982 年 12 月 16 日，路特斯车队的创始人兼董事会主席柯林·查普曼因心脏病突然发作而去世，享年仅 54 岁。

丰田公司接受路特斯公司的请求，收购了路特斯一部分的股份。年末，经过更新换代的 Excel 和 Esprit Turbo 在伦敦 London Motorfair 展上亮相。

宝腾成为路特斯集团国际有限公司（Lotus Group International Limited，缩写为 LGIL）股份 100％ 的股东。"路特斯汽车"（Lotus Cars）被授予女王企业奖（Queens Award for Enterprise），以表彰其对"国际贸易"的贡献。2002 年有 85 家公司获此殊荣。路特斯最后一辆 Esprit 下线，标志着 Esprit 逾 27 年生产历史的终结。除了宣布 2004 年将在美国上市销售 Elise 外，路特斯还宣布 Elise 将继续在墨西哥和俄罗斯销售。

2004 年，第 2 万辆 Elise 下线。在 2004 年日内瓦车展上，路特斯公司展示了新款 Lotus Exige。

东南亚汽车市场概况

东南亚，传统意义上指泰国、马来西亚、印度尼西亚、新加坡、缅甸、老挝、柬埔寨、越南、菲律宾等国组成的东盟国家。

东盟（ASEAN）是东南亚最重要的经济组织，共有 10 个国家，6 亿人口，国民生产总值超 2.6 万亿美元。其人口数量和经济基础决定了它作为汽车生产市场和销售市场都具有非常大的潜力。2016 年推出零关税自由贸易区后，泰国、马来西亚、印度尼西亚和菲律宾都是丰田、三菱等车企的重要生产基地。仅泰国的轻型小货车生产力就位居全球第二；同时也是全球第十四大汽车生产国，汽车工业为这个自称"东方底特律"的东南亚国家贡献十分可观。

根据东盟汽车联合会（ASEAN Automotive Federation）数据显示，随着经济的发展、个人消费能力的提高以及税费改革，2016 年印度尼西亚、马来西亚、菲律宾、新加坡、泰国、越南和文莱七国累计汽车销量达 316.5 万辆，同比增长 3.1%。2017 年首季增幅扩大至 10.2%，七国累计销量上涨至 81.7 万辆。

印度尼西亚是东盟最大的汽车市场，但近年来由于政治经济形势不稳定，印尼货币走弱，该国汽车零部件成本上升，直接导致汽车价格上涨，车市销量从 2012 年的 111.6 万辆跌至 2015 年的 101.3 万辆，直至 2016 年才有所回升。

以丰田为主导，大发、铃木、本田、日产、三菱为代表的日系车企几乎称霸印尼车市。日系品牌大多在 20 世纪 70 年代左右开始进入印尼市场，经过几十年的运营，建立起了完善的销售和售后渠道。高性价比、低保养和低售后成本帮助丰田、大发等垄断了市场，导致欧美车难觅踪迹。五年来，丰田占印尼车市的市场份额保持在三成以上，本田和大发均接近两成。

泰国是东南亚最为成熟的汽车市场。泰国在东南亚地区产量和出口量占有重要地位。汽车的类别齐全，生产能力强，所以泰国自称为"东方底特律"。跨国汽车公司将泰国作为东南亚地区的生产基地，主要生产皮卡。如丰田、五十铃、通用、福特、三菱和日产，都在泰国设有皮卡生产线。泰国产的皮卡不仅出口到东南亚各国，还远销到澳大利亚、新西兰等国。泰国劳动力相对便宜，生产成本较低，跨国汽车公司利用这一优势，将一些车型转到泰国生产。

马来西亚——民族汽车工业主导

马来西亚是东南亚的另一个汽车生产大国，情况与泰国却很不相同。马来西亚坚持发展民族汽车工业，两家主要民族汽车公司宝腾（Proton）和普罗顿（Perodua）占了马来西亚 70% 以上的市场份额。普罗顿生产的轿车面向东南亚各国销售，现在计划扩大出口，面向中东、中国和其他国家。

菲律宾——进口二手车占领市场

菲律宾人口近 8000 万，2016 年新车产量和销量仅有 8 万辆，原因是大量的进口二手车充斥市场。在菲律宾，买一辆使用过 3 ~ 5 年的日本二手车，价格远远低于菲律宾国产的新车，消费水平不高的菲律宾人更愿意买进口二手车，致使菲律宾汽车制造业发展缓慢。菲律宾主要汽车生产厂家为日本投资的丰田、三菱、五十铃和美国投资的福特。轻型商用车生产占 75%，轿车产量仅占 25%。流行的车型有 SUV、MPV 和 AUV（亚洲多用途车）。丰田来威（RevoAUV）是最畅销的车型。菲律宾政府为了鼓励本国发展汽车工业，采取了限制旧车进口的措施，并且减免部分新车购买税，鼓励国产汽车出口等。效果如何，仍是未知数。

越南——汽车工业处在初级阶段

越南近年来汽车生产发展也比较快，从 1998 年的年产仅 5000 多辆，到 2016 年已经达到了年产 4 万辆。丰田、福特等跨国公司在越南设有生产基地。从规模和效益上，越南汽车工业还处在初级阶段。由于目前越南公路基础设施落后，人均产值低于每年 480 美元，市场规模小。另外，近年来政府提高汽车消费税，都制约了越南汽车工业的发展。

宝腾汽车在马来西亚的市场表现

目前，宝腾汽车在售车型包含 Perdana、Persona、Preve、SAGA 四款三厢轿车，Iriz、Suprima S 两款两厢车，还有 Exora、Ertiga 两

款 MPV 车型。即便在马来西亚进口车高关税的保护下，最近这些年的市场占有率和销量仍一直不断下滑，2016 年的销量已经不足 10 万台，市场占有率不到 15%。

据马来西亚汽车商公会 2017 年第一季度销售数据显示，马来车市一季度共计售出 140839 辆新车，同比销量上涨 7.29%。马来西亚自主品牌车 Perodua（主要股东有日本大发和三井物产）售出 50265 辆车，同比销量上涨 6.54%，市占率微幅下挫，但还是占据 35.7% 的第一位。第二大品牌是本田，销量涨幅迅猛，市占率跟着上升，虽然离第一位还有差距，但消费涨幅却是远超 Perodua。宝腾位列第三，销量同比涨幅基本可以忽略不计，市占率则呈现下滑势头，它丢掉的市场份额，已经被本田和丰田蚕食。

马来西亚车市 2016 年销量同比下跌 13%，共计售出 58 万辆新车。宝腾 2016 年共计售出 72290 辆车，同比销量大跌 29.2%，市占率 12.5% 比 2015 年的 15.3% 有所下滑。

浙江吉利控股集团 1986—2017 年发展大事记

1986 年，伴随改革开放大潮，李书福在黄岩创办了北极花制冷电器厂，在简陋的茅草屋里开始了吉利的创业历程。

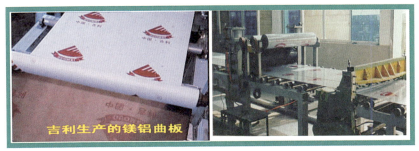

吉利生产的镁铝曲板

◎ 1989 年 10 月，吉利转产高档装潢材料，研制出第一张中国制造的镁铝曲板

◎ 1994 年，吉利进入摩托车制造业。1994 年 5 月，吉利集团有限公司成立，走
上了规模化发展的道路。1994 年 6 月，中国第一辆豪华型踏板式摩托车诞生

◎ 1997 年吉利进入汽车产业，成为国内第一家民营轿车企业

◎ 1998 年 1 月 5 日，吉利 1 号在临海试制成功

◎ 1998 年 8 月 8 日，第一辆吉利豪情汽车在临海基地下线，开启民营企业造轿车的先河。时任浙江省副省长叶荣宝出席投产庆典仪式并发表重要讲话，对吉利造汽车给予了肯定和认可

◎ 2000 年 5 月 17 日，第一辆吉利美日轿车在宁波基地下线。下线仪式上，吉利举行了誓师大会，吉利人庄严宣誓：我们是新世纪汽车婴儿，我们渴望成长、渴望关爱，更渴望强大；一年打基础，二年见成效，五年让世界震撼！

◎ 2001 年 3 月 28 日，第一辆吉利优利欧在宁波基地下线

◎ 2001 年 10 月，吉利四君子（李书福、杨健、安聪慧、刘金良）在天童寺盟誓——继续造汽车！

◎ 2003 年 8 月 2 日，吉利汽车出口海外，实现吉利轿车出口"零突破"

◎ 2003 年 9 月 28 日，首辆吉利"美人豹"都市跑车获"中国工业设计特别奖"，并被中国国家博物馆永久收藏。吉利美人豹首次将跑车设计与都市休闲驾乘体验引入中国，被誉为继红旗轿车之后，中国汽车工业发展历程中具有里程碑与阶段性成果意义的藏品

◎ 2004 年 5 月 21 日，吉利汽车第 210000 个用户产生，在台州吉利汽车城举行交车仪式。同日吉利控股集团被授予"中国汽车工业 50 年 50 家发展速度最快成长性最好"的企业奖，李书福董事长被授予"中国汽车工业 50 年 50 位杰出人物"

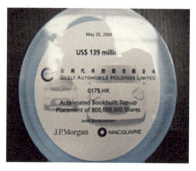

◎ 2005 年 5 月，吉利汽车在香港成功上市，在国际化道路上迈出了重要的一步

◎ 2005 年 9 月 12 日，吉利参加第六十一届德国法兰克福车展，实现了百年车展
　上首次有中国汽车自主品牌参加的历史性突破

◎ 2006 年 1 月 8—12 日，吉利参加在底特律举
　行的 2006 北美国际车展，数十万人参观了吉
　利展台

◎ 2009 年 4 月 15 日，国家工业和信息化部在北京召开"吉利汽车发展经验座谈会"，这是改革开放以来，国家部委第一次对一个企业专门召开发展经验座谈会

◎ 2010 年 8 月 2 日，吉利成功交割沃尔沃轿车 100% 的股权以及相关资产（包括知识产权），成为中国第一家汽车跨国公司，引起世人瞩目

◎ 2011年1月25日,"沃尔沃汽车集团中国区总部挂牌仪式"在上海嘉定区举行,
沃尔沃汽车集团中国区技术中心也在上海嘉定宣布成立

吉利控股集团
GEELY HOLDING GROUP

◎ 2012 年 4 月 9 日,吉利汽车控
股有限公司宣布,正式启用新
的公司标识。根据此次换标计
划,吉利汽车原来圆形的蓝白色
"6 个 6"公司标识,将被蓝色的
"GEELY"英文标识所取代

◎ 2013 年 12 月 3 日，正在中国进行国事访问的时任英国首相卡梅伦在上海会见李书福

◎ 2014 年 5 月 3 日，白俄罗斯总统卢卡申科率政府第一副总理谢马士科、工业部部长卡杰里尼奇、明斯克州长沙比尔等一行到吉利在白俄合资公司（BEL GEE）进行了工作访问

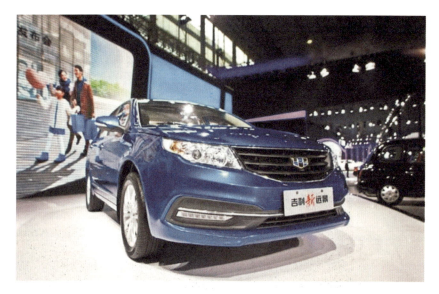

◎ 2014 年 11 月 20 日，搭载了 1.3T 涡轮增压发动机、G-Link 手机交互系统等技术的吉利新远景，在广州车展正式上市

◎ 2015 年 6 月 23 日，正在中国进行国事访问的比利时国王菲利普及王后玛蒂尔德一行莅临北京吉利学院参观

◎ 2015 年 7 月 3 日，冰岛总统奥拉维尔·拉格纳·格里姆松在冰岛首都雷克雅未克官邸会见了吉利控股集团董事长李书福，对吉利控股集团投资冰岛碳循环国际公司给予高度赞誉

◎ 2015 年 12 月 17 日，"第二届世界互联网大会"在浙江乌镇举行，集团董事长李书福作为汽车界唯一代表出席，在"互联网＋"论坛上就"智能制造转型与升级"的议题发表主题演讲，并建言及早布局智能互联汽车生态

◎ 2016 年 3 月 20 日，由寰球汽车主办的"思辨互联网汽车暨第三届国际汽车安
 全高峰论坛"在浙江乌镇举行，吉利控股集团董事长李书福应邀出席并发表了
 《重构汽车、社会与人的关系》演讲

◎ 2016 年 10 月 20 日，"吉利全新汽车品牌 LYNK & CO 全球发布会"在德国柏
 林举行

◎ 6 月 28 日，瑞典首相斯特凡·勒文一行访问集团杭州总部，与集团董事长李书福等一起见证"吉利欧洲创新中心合作签约仪式"，瑞典哥德堡市长安·索菲·海尔曼松、集团总裁安聪慧、副总裁孙宏、杨学良等陪同

◎ 2017 年 6 月 23 日，浙江吉利控股集团与马来西亚 DRB-HICOM 集团签署最终协议，收购 DRB-HICOM 旗下宝腾汽车（PROTON）49.9% 的股份以及豪华跑车品牌路特斯（Lotus）51% 的股份

◎ 2017 年 6 月 28 日，瑞典首相斯特凡·勒文一行访问吉利集团杭州总部，与李书福等一起见证"吉利欧洲创新中心合作签约仪式"

◎ 2017 年 12 月 17 日，吉利控股集团收购沃尔沃集团（AB Volvo）8.2% 的股权，成为其第一大持股股东

附录二

延伸阅读

吉利入资宝腾初议

吉利入资马来西亚著名汽车品牌宝腾，是一件值得关注的大事。经了解，大体情况是吉利入资宝腾，持有宝腾49.9%股份和宝腾旗下路特斯（原英国路特斯）51%股份，吉利拥有宝腾、路特斯全部经营管理权，但吉利承诺重振宝腾、路特斯品牌，且在一定时间内不得利用宝腾网络发展吉利品牌。

这是双方认真谈判博弈的结果。吉利方面，花钱不多，直接借船出海，进入一个较大的市场。宝腾是马来西亚前总理马哈蒂尔极力扶持的民族品牌，曾达到年产近20万辆汽车，占马来西亚市场50%的份额。如今宝腾风光不再，双方约定由吉利全权管理，不仅包括生产，还包括采购体系和销售渠道。有专家担心，宝腾项目不像沃尔沃，不是全资收购，股份基本对等，管理上有难度，但实际上，吉利拿到了全部的管理权；而宝腾方面，得到了吉利的承诺和法律保障，保证吉利在拿到资源和管理权后，只有做好宝腾和路特斯品牌这一条路。

这个项目是吉利汽车走出去的重大机遇，对于中国汽车产业也很有示范意义。中国品牌汽车企业走出去十多年的历史表明，我们的短板在于不熟悉当地文化（也包括法律、制度和政策）、不能利用好当地资源（包括人力资源）、难以有效建立采购与销售体系。

现在，吉利得到了全面掌控宝腾体系的机会，等于一下子补齐了大短板。另外，市场不单单在马来西亚，还应放眼东盟，东盟经济一体化进展很快，内部已经实施零关税。还有，如果运用得当，东南亚数量巨大的华侨华裔也可能成为重大市场利好因素。所以说，这是重大机遇，不但可能做到宝腾曾提出的 50 万产销的宏伟目标，甚至有可能更多。

另外，这个项目也是对吉利的重大考验。一句话，怎么把这个好项目做好？在中国整车企业的对外合作项目中，吉利是比较成功的。从澳洲变速箱到英国锰铜（伦敦出租车）再到沃尔沃，都做得很好。我看其基本经验，就是尊重合作对手。但是，这一次有所不同。上述三例吉利的兼并对象，都是发达国家的企业，技术与管理都有很好的基础，用李书福的话说，树是好树，因为缺水长得不好，我就给它浇水，让它长好。但是对宝腾，可能光浇水还不够，还要修枝剪叶捉虫，其难度应远大于浇水。

笔者认为，如何耐心地与合作方沟通，教会对方，扶持弱小的合作方成长是中国汽车产业共同面临的全新课题。改革开放 40 年，中国汽车产业与"请进来"的"强者"合作，已有很成功的经验，而如何"走出去"与"弱者"合作，是我们下一个难题。

最后，还有一句"后话"：假设五年后，宝腾项目大获成功，合作方会不会甘心继续由吉利全权经营？相信李书福是大智慧者，能够处理好这个问题。

董 扬

吉利入股戴姆勒

李书福参股戴姆勒，成为奔驰母公司第一大股东。这个消息无疑是这几天舆论场上最受关注的。围绕着怎么来看李书福的吉利参股戴姆勒，自然也就成为了一个核心话题。总的来说，各种分析都有一定道理，但似乎又都没彻底讲明白。在我看来，李书福下了这么大的本钱干这件事，绝不仅仅是为了干个新能源车、共享出行技术，或者说是用奔驰品牌提升吉利形象那样简单。这背后，一定有着大家没有看清楚的东西在其中。

首先一定要弄清楚李书福在想什么。很有意思，当入股戴姆勒的消息披露时，我为李书福的吉利去年并购宝腾路特斯主编的书《李书福的汽车密码》初稿刚刚合拢，正准备写前言，拟定的标题就是"李书福的汽车'野心'究竟有多大"。事实上，一直有人对李书福在国际市场上的合纵连横看不明白，有的甚至将他的一系列举动视为"买，买，买"，我想写的前言就是试图带大家探究李书福的真实想法。

接近李书福的人都会有一个直观的感受，他是一个有激情、有梦想的人。当年，吉利刚刚起步，一年卖不了几万辆车的时候，他就立下了造老百姓买得起的车、让吉利汽车跑遍全世界的誓言。从一开始，李书福的汽车梦就与世界联系在了一起。今天看，从并购沃尔沃轿车、伦敦出租车，到并购宝腾路特斯，再到成为沃尔沃集团第一大股东，他的汽车梦越来越清晰，越来越真实。今天，再次出手参股戴姆勒，这个举动一定是李书福的汽车梦使然。我更想说的是，李书福的梦既与汽车联结在一起，又似乎超出了汽车的范畴，让我们看到了一个企业家难能可贵的责任担当和强烈的使命感。与许多企业不一样，与吉利汽车一同起步的是李书福搞汽车学院、办吉利大学。在他眼里，造车、育人一定相辅相成。就说前不久，国家提出精准扶贫计划，李书福马上搞了个"吉时雨计划"，承诺培养万名以上贫困家庭孩子到吉利的学校学习，毕业后在吉利工作。这看似与汽车没有直接关系的事说明了一点，李书福的心中装的是一个与别人不一样的世界，而有梦是他一切决策的根和源。如果我们看不到这一点，就很难理解李书福参股戴姆勒一事。

爱思考，有强烈的忧患意识，在李书福身上体现得特别明显。有人曾经对我说，李书福不太好打交道，喜欢跟人争论，轻易听不进别人的建议和意见。其实不然，李书福的爱争论是因为任何简单的一个判断和结论他都不会轻易接受。他做事风格也是如此，没想明白、没想清楚的绝对不做。但这一点又不影响他接受新观点、新想法的态度。这些年国际大背景下，世界汽车业出现了许多新观念、新技术、新现象，给李书福带来了很多思考和启发。对于特斯拉，传统车企基本不看好、看不上，认为它赔本赚吆喝走不远。李书福起初也这么看，但经过一段时间思考、观察，他觉得特斯拉赔钱却能有超过宝马的市值，赢得投资人的青睐，一定有它的道理。进而他坚定了，未来汽车一定是线上线下结合的一个全新的汽车概念，他认为，在这样的挑战面前，传统汽车要携起手来，协同应对才有出路。李书福此次参股戴姆勒就是基于这样的深入思考。

未来世界汽车产业格局将会发生大的变革。国际汽车界的另一个"怪才"、菲亚特克莱斯勒集团的CEO马尔乔内不久前也是这么看的，他认为传统车企必须走联合的路。只不过在李书福眼里，对这场变革认识更清晰、更残酷。他觉得，未来只有2~3家车企能活下来。在这样的预判面前，早谋局、早动手是李书福第一时间想到的事。从这个角度看，李书福采取的一系列举措，包括今天的参股戴姆勒，都关系到未来世界汽车格局中，中国力量将会产生多大的影响。

过去，每一次李书福的出手我都会说，千万别孤立地、简单地去看他的决策。什么并购值不值得，钱从哪里来，什么会不会影响自身发展等等。这样的问题背后，都是把事看小了，看浅了。今天，当一件件、一桩桩并购、参股、协同合作的项目呈现给大家时，我们应该可以感觉到，李书福基于对世界汽车发展的观察和判断的背后，是在布一个很大的局。

参股戴姆勒真的不是一件孤立的事，而是李书福汽车梦这个局中的一步。这个局不是今天才开始的。随着全球经济发展演变，世界汽车变革的深入，这个局将会给我们呈现更多、更好看、更精彩的内容，值得我们期待！

吴迎秋

责任编辑：涂 潇

封面设计：石笑梦

图书在版编目（CIP）数据

李书福的汽车密码：吉利并购宝腾路特斯始末／吴迎秋 主编．—北京：
　人民出版社，2018.8

ISBN 978－7－01－019551－3

I．①李…　II．①吴…　III．①汽车企业－企业兼并－研究－中国

　IV．① F426.471

中国版本图书馆 CIP 数据核字（2018）第 158225 号

李书福的汽车密码：吉利并购宝腾路特斯始末

LI SHUFU DE QICHE MIMA JILI BINGGOU BAOTENG LUTESI SHIMO

吴迎秋　主编

人 民 出 版 社 出版发行

（100706　北京市东城区隆福寺街 99 号）

北京汇林印务有限公司印刷　新华书店经销

2018 年 8 月第 1 版　2018 年 8 月北京第 1 次印刷
开本：710 毫米 × 1000 毫米 1/16　印张：19
字数：246 千字

ISBN 978－7－01－019551－3　定价：60.00 元

邮购地址 100706　北京市东城区隆福寺街 99 号
人民东方图书销售中心　电话（010）65250042　65289539